台湾の治安維持法

荻野富士夫

治安維持法の歴史 V

六花出版

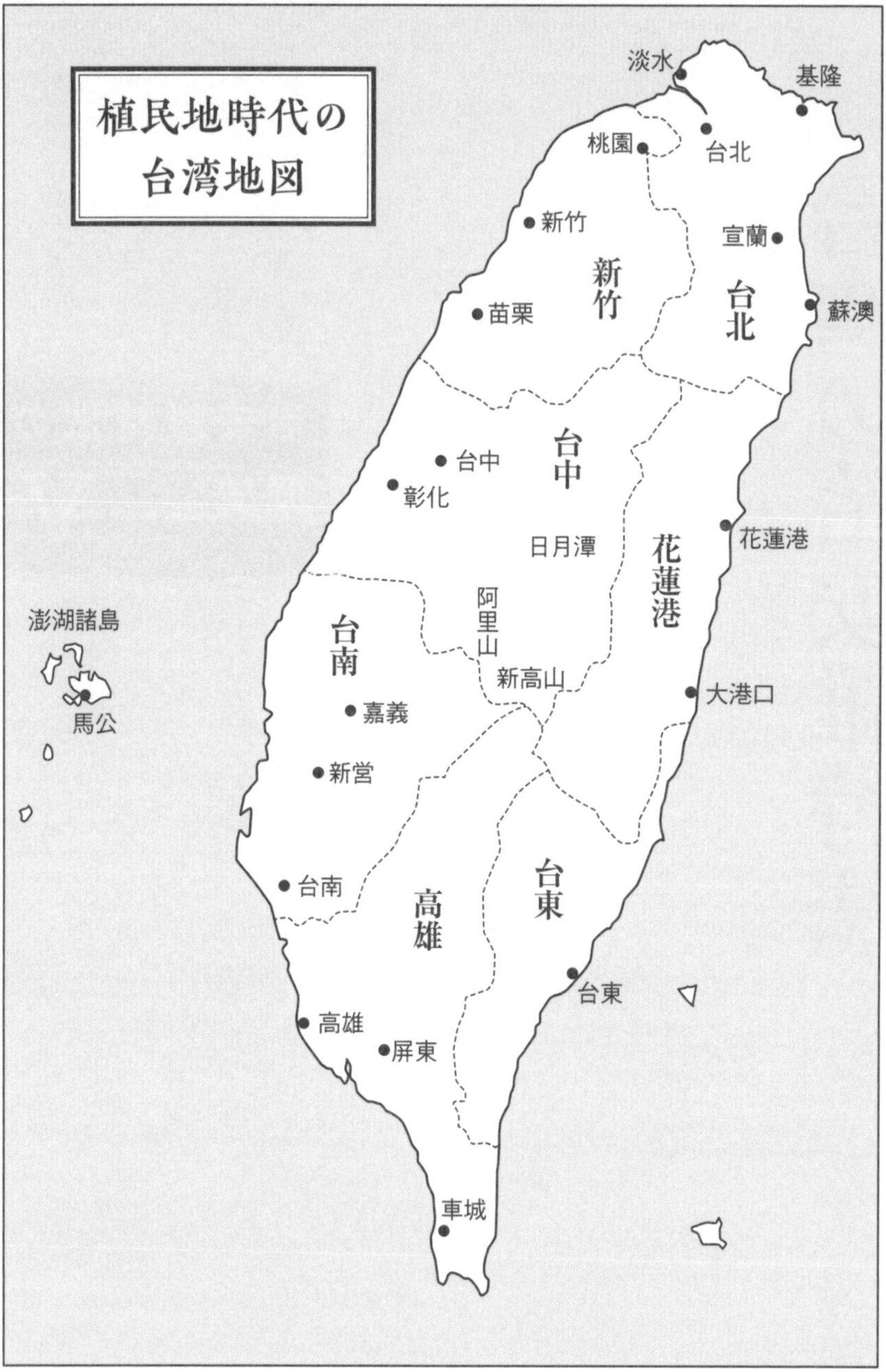
植民地時代の
台湾地図
淡水
基隆
桃園
台北
新竹
宣蘭
新竹
台北
苗栗
蘇澳
台中
台中
彰化
花蓮港
日月潭
花蓮港
阿里山
澎湖諸島
台南
新高山
馬公
大港口
嘉義
新営
台南
高雄
台東
台東
高雄
屏東
車城

治安維持法の歴史V

台湾の治安維持法

◉目次

◉凡例

一、原則として常用漢字を用いた。

二、史料の引用にあたっては、旧字旧かなは新字新かなとし、カタカナ表記はひらかな表記にあらためた。また、適宜、句読点を付した。

三、史料引用中の〔　〕は引用者による注記である。

四、本文中の難読の語・人名にはルビ（振りかな）を付した。ただし、台湾人名に関しては、台湾語／中国語の読みなど諸説があることを鑑みて、ルビを振らず漢字表記のみとした。

はじめに

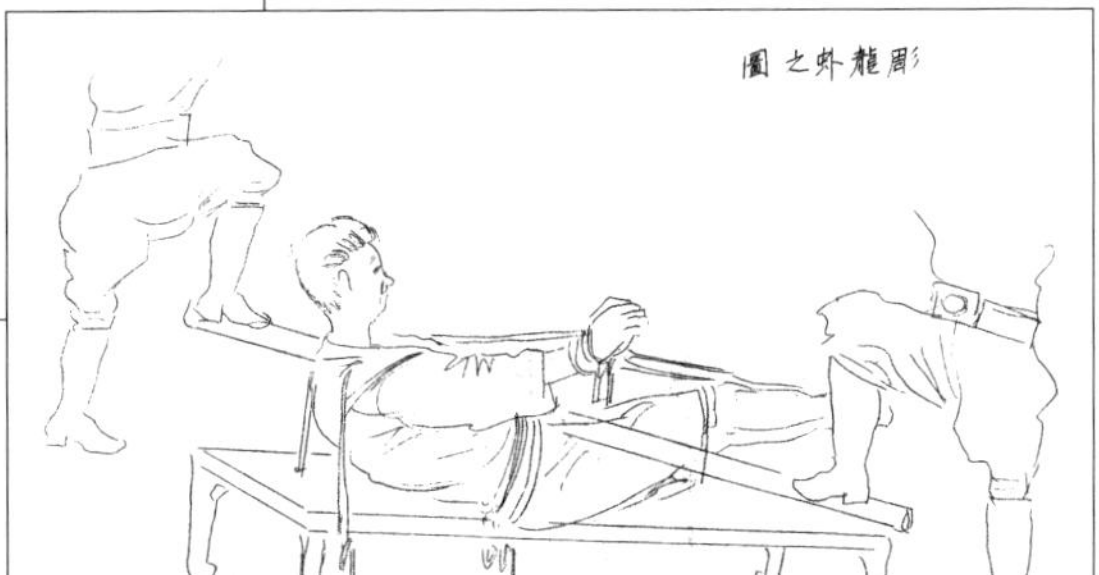

東港鳳山事件の拷問図 「東港鳳山殺人」
国家発展档案管理局（台北）所蔵

なぜ台湾の治安維持法なのか

治安維持法の「悪法」性を明らかにするためには日本国内だけではなく植民地における運用を合わせてみる必要があると考えながらも、私の念頭にあったのは朝鮮での運用であり、台湾での運用はほぼ視野の外におかれていた。かつて『治安維持法関係資料集』を編集した際、台湾については一九三〇年代前半までの司法処分上の統計表をいくつか収録するにとどまっていた。

その統計表からすぐに導かれることは、朝鮮での運用に比べて台湾における運用の規模は相当に小さいということである。また、朝鮮における治安維持法について日本国内および韓国においてすでに先行研究が多く蓄積されているのに対して、台湾における治安維持法研究はほとんど見当たらないという状況もあった。

しかし、治安維持法運用の規模は小さいとはいえ、朝鮮・台湾・関東州・樺太・委任統治領である南洋群島、さらに「満洲国」などの治安維持法の運用地域を「東亜治安体制」から「大東亜治安体制」へという仮説的枠組を構想して、それを実証していくためには台湾での運用の実態を明らかにする必要があった。

実際に着手しはじめようとしたとき、現在の台湾において治安維持法を含む日本統治時代の裁判関係資料が調査・収集整理、データーベース化され、ネット上で公開されていることを知った。台湾大学図書館の「日治法院档《とう》案」資料庫である。本書でもっとも依拠することになる「日治法院档案」資料庫の開設に至る経緯や全体像、意義については、この一連のプロジェクトを立ち上げ、推進した王泰升（台湾大学法学部教授）自身の「日治法院档案の整理と研究」（王『台湾法における日本的要素』〈日本語〉、二〇一四年）が意を尽くしている。

「日治法院档案」資料庫で確認できる現存する治安維持法違反事件の判決は二〇二二年の時点で台北地方法院・台中地方法院などの五二件、人数としては約一五〇人にのぼる（控訴審・上告審の判決も一部含まれるほか、別に予審終結決定書も存在する）。台湾の全治安維持法違反事件判決のうち、現在残存しているのは三割前後と推測される。

さらに「総督府公文類纂」などを所蔵する国史館台湾文献館や、植民地期の日本語雑誌を集めた「日治時期刊映像系統」（国立台湾図書館）もネットを通じての閲覧が可能であることを知った。

それらを閲覧するなかで、日本の台湾領有直後の「匪徒《ひと》」と呼ぶ抗日運動に対して匪徒刑罰令と臨時法院という猛烈な「法の暴力」（王泰升）が吹き荒れていたことに衝撃を受けた。ついで治安維持法違反事件の判決文を実際に読み進めていくと、件数・人数は確かに小規模ではありながらも、その処断の苛酷さ（日本国内の運用では死刑判決はなかったのに対して、戦時下の台湾においては少なくとも二人に死刑が言渡されている）は朝鮮の厳重さに匹敵するものであることがみえてきた。検挙から起訴・判決へと至る治安維持法の運用の担い手たち（高等警察や思想検察など）のありようは朝鮮の場合とはまた異なるところもうかがえた。ここからは朝鮮と台湾という植民地統治に果たす治安維持法の異同という比較の視点も浮上する。

「法の暴力」という概念についての王泰升のとらえ方にも大きな示唆を受けた。「日本植民地下における台湾の「法の暴力」及びその歴史的評価」（『台湾法における日本的要素』所収）の冒頭で、次のように記している。

今日の価値観では、統治行為とは統治される者の利益追求である。これによるならば、母国の利益のための植民地統治は、当然のことながら不道徳な行為となる。これと同様に、施政上、その植民地に元来住む人々の利益ではなく、外来者である統治集団の利益に帰着する統治者もまた譴責《けんせき》されるべきである。従って、植民地統治者あるいは外来の統治者が公布・執行した国の法は、その動機や目的が母国または外来統治集団の利益であるならば、たとえ当時は形式上合法であったとしても、今日ではやはり当時の道理は通らず「法の暴力」と批判されるものである。当時の国家立法、司法、行政等の機関が法規範を公布施行した動機、目的は何であったかは、ただ単に表面上の立法理由や法執行時の法律論証理由だけによるのではなく、当時の政治経済状況や社会状況をもあわせて解釈する必要がある

この「法の暴力」に依拠すれば、即座に日本国内の、また植民地朝鮮の治安維持法運用でそれが猛威を振るったことにとどまらず、治安維持法の「悪法」性が一段と鮮明となる。

こうして治安維持法の「悪法」性は台湾の運用のなかにも厳然と見出し得ることがわかってきた。遅まきながらも台湾における治安維持法はそれ自体として十分に考察するに値するだけでなく、「悪法」性を解明するためにも避けては通れないテーマであると気づいた。

治安維持法という「法の暴力」

後掲の**表4・7**や戦時下の数値などを総合すると、台湾における治安維持法違反事件の総数は警察から検察局への送致（検察官の受理）ではおおよそ二〇〇〇人、起訴された人数ではおおよそ五〇〇人ほどではなかったかと推測される。これを朝鮮における約二万五〇〇〇人という送致数や約七五〇〇人という起訴者数と比べると、いずれも一〇パーセントに満たない。朝鮮との人口比を加味しても、朝鮮における受理者・起訴者の三分の一程度にとどまる。

ここから導かれることは、朝鮮での治安維持法運用がいかに活発に行われたか、そして朝鮮社会において植民地統治に対する民族主義・共産主義を主な理念とする反対運動・思想がいかに大きかったかということであり、台湾の場合には植民地統治に対する反対運動・思想が押さえつけられ、封じ込められていたということである。にもかかわらず、台湾においては朝鮮に匹敵する治安維持法による厳重な処断がなされた。戦時下において日本国内にはない死刑判決と執行のほか、無期懲役・懲役一五年などの重罪の科刑がみられた。量刑の点

でいえば、戦時下の日本はいうまでもなく、朝鮮よりも重いといえる。

台湾における治安維持法運用の厳重さはどのように理解すべきだろうか。王泰升は『台湾法における日本的要素』において「植民地政府は、日本の国家体制を認めたくない政治運動に対し、さらに厳しい法的暴力を加えた」として台湾共産党への弾圧（一九三一年）をあげつつも、次のような見解を述べている。

総人口と検挙者の人数比から見ると、台湾で治安維持法により検挙された政治犯は、朝鮮より少ないどころか、日本内地よりも少ない。この原因として、一九二〇年代以後の台湾人抗日運動の主流が政府転覆を狙う武装抗日から体制内での政治反対運動へと転換し、この最も厳しい法的暴力を適用されることが少なかったためだと考えられる

日本帝国には、治安維持法に関連した思想犯保護観察法と予防拘禁の二つの思想統制制度があるが、これは台湾には施行されなかった。台湾総督府は「台湾に於ける思想犯人の現状に鑑み、当分の内予防拘禁は行わざることと為すの要あるに依る」と考えたためで、これは暗に、台湾の法律は、既に植民地の人々を管理するのに十分すぎるくらいであったことを意味している

王は「少なからぬ台湾人政治運動家たちは、国家機関による「非合法」な暴力などの厳しい法的暴力を受けた」とも指摘し、警察の残虐な取調にともなう拷問と獄中死、量刑の重さ、戦時下の冤罪と重罰に言及するが、治安維持法の施行された二〇年間の「法の暴力」の威力は、かつての匪徒刑罰令の段階に比すれば相対的に弱かったというとらえ方をしている。

しかし、実際に治安維持法違反事件の判決文や予審終結決定書などをみていくと、必ずしも「台湾人抗日運動の主流が政府転覆を狙う武装抗日から体制内での政治反対運動へと転換」したと言い切ることはできない。治安維持法が発動し、その範囲を拡大していった対象は「体制内での反対運動」ではなく、総督府政治を打倒

する反体制的な運動を志向していたとみるべきである。

思想犯保護観察制度や予防拘禁制度の未施行について「台湾の法律は、既に植民地の人々を管理するのに十分すぎるくらいであった」という側面を有したことを認めつつも、治安当局者にとってはできればいずれも実施したいものだった。また、アジア太平洋戦争下の治安維持法違反事件は取締側のフレームアップの産物ではあることに疑いはないが、それらで断罪された人々の意識には総督府の虐政への憤怒と民族独立への熱望、抵抗の意志が秘められていたことも読み取るべきだろう。

台湾における治安維持法の運用の実態は、匪徒刑罰令とは次元を異にするとはいえ、ここにも強烈な「法の暴力」が吹き荒れていたとみるべきである。

社会運動における民族意識の強調

同じ植民地とはいっても、ほぼ一五年の時間的経過があったことのほか、台湾と朝鮮のそれぞれの歴史的な成り立ちから導かれる相違は大きい。とりわけ台湾がもともと中国の一部であったことに発する政治的・経済的・文化的な関わりの深さは、同時代の治安当局者にも強く認識され、台湾の社会運動の背景や特性をその観点から把握しようとした。

一九三四年の総督府法務課「思想犯罪概説」では「本島の特殊事情」として、「先づ本島の住民の大多数は支那より渡来し、支那を以て祖国となす念《ねん》容易に去り難き漢民族の末裔《まつえい》なること」を認識しておかねばならないとする。そして、「本島思想運動は最初先づ民族意識より発したる自治運動、議会獲得運動より労働運動、農民運動と漸次複雑且つ階級意識を加え来る」ととらえている（「昭和八年至十年官制改正に関するもの」、「台湾総督府档案・法務・会計関係書類」、国史館台湾文献館所蔵）。

一九三九年刊の台湾総督府警務局編『台湾社会運動史』（『領台以後の治安状況（中巻）』（台湾総督府警察沿革誌第二編））は、「序説　第一」を「台湾に於ける社会運動考察の基礎観念」として叙述する。まず、「漢民族の系統に属する点」として、「本島社会運動も亦《また》之等不平不満を一大原因となして勃興せる処……本島社会運動の考察上民族意識の問題が極めて重要なる意義を有するを示唆しつつあり」とする。第二として次のように叙述する。

> 民族的偏見を抱く本島人中、発展過程に於ける此の過度《ママ》的政治的地位を目して直ちに本島人に対する差別待遇を叫び、指導訓練を抑圧と曲解し、毫《ごう》も国民的自覚、国民精神涵養を想わず、本島社会運動の発展過程に於て徒《いたず》らに不平不満のみ列挙して大衆に対する宣伝煽動の資料に供し、又一般民衆の不満を挑発するの態度を示せり。従って本島に於ける社会運動の合法的部門は概《おおむ》ね他〔欧米諸国〕の諸植民地に於けるが如く反母国的政治闘争の色彩を濃厚ならしめ、甚だしきに至っては本来経済闘争を目標とするに止まるべき労働運動、農民運動の分野に於てさえも内地人と内地資本に対する反対闘争等の政治運動的傾向を顕著に表現せり

さらに「台湾社会運動の根柢に流るる民族的特殊傾向」として、中国古来の政治思想である「易姓《えきせい》革命」思想の浸潤をあげ、それが「民心を支配」しているために「日支国交の危機、或は我国の戦時、事変に当面する都度、或は支那革命発展の刺戟を受くる毎《ごと》に屢々《しばしば》武装蜂起事件の勃発を見たり」とする。

治安維持法の前史と治安維持法を補完する法令

本書で解明をめざすのは、もちろん台湾における治安維持法運用の実態と役割をできる限り具体的に描き出すことにある。と同時に、二つの広がりをもって台湾統治における治安体制全般の実態と本質を明らかにする

ことに努める。

一つは治安維持法の前史というにはむしろ不適当だが、「法の暴力」の象徴ともいうべき匪徒刑罰令の制定(一八九八年)と運用(実質的に一九一五年まで。法律としては植民地台湾の消滅まで存続)について、その概要の提示を試みるということである。この法の成立と運用はあまりにも粗雑で乱暴で、合法的な形式だけを装うにすぎず、法律の名に値しないといってよいが、猛威を振るうことに加担し拍車をかけたのは警察・憲兵であり、検察であり、法院そのものであった。匪徒刑罰令が大部分を占める「匪徒」の死刑判決が四三二一人(台湾総督府法務部編纂『台湾匪乱小史』(『現代史資料』21「台湾(一)」、**表1**)にのぼるということだけでも、近代日本史上、最悪の治安法といってよい。それに匹敵するのは、「満洲国」治安維持法(一九四一年末~四五年八月)の反満抗日運動への発動である。台湾統治における治安法の役割を考えると、この匪徒刑罰令の重要性を論じないわけにはいかない。

もう一つは朝鮮においてもその手法をとったが、治安維持法を補完するものとして各種の治安諸法令を視野に入れて論じることである。具体的には「日治法院档案」資料庫中の判決文などを読み進め、全体として植民地統治を支える構造と機能を有していたことを明らかにする。刑法の不敬罪や騒擾罪、暴力行為等処罰に関する罰則(一九二六年)などのように日本国内と同じ治安法もあれば、台湾で独自に公布施行された台湾出版規則(府令、一九〇〇年)や台湾森林令(律令、一九一九年)なども ある。日本国内で一九〇〇年に制定された治安警察法は一九二三年になって台湾で施行され(朝鮮では施行されなかった)、すぐにその機能を発揮していくが、この施行自体がスタートしたばかりの台湾社会運動への迅速な対応だった。

治安維持法を基軸としてその周囲にさまざまな治安法令を配置し、それぞれを有効に発動して植民地統治の遂行を下支えした。それらを描きだすことによって、台湾における治安維持法体制の全体像もみえてくるはずである。それは、東亜治安体制および大東亜治安体制という仮説実証のための手がかりとなるであろう。

一九一四年頃から三五年頃までを叙述の範囲とした先の警務局編『台湾社会運動史』の時期区分をみると、「匪徒事件」を一掃した一九〇一年から二〇年頃までを「社会運動前史」とし、二〇年代前半を「思想運動の黎明」としている。二〇年代後半は「発展期」となる。弾圧が功を奏して運動の「沈衰期」となる三一年以降については、「民族主義系統に於ては台湾民衆党の結社禁止、共産主義系統に於いては台湾共産党の検挙に依りて開始せられたり」とし、「一般島民の傾向は我国威の発展に協調的態度を示す者増加し、本島社会運動の大勢は愈々《いよいよ》沈衰の一路を辿るに至れり」とする。

この時期区分は本書でも基本的に踏襲している。一九〇一年以前は匪徒刑罰令の制定から運用の全開にあたる。「社会運動前史」の前半一九〇〇年代は治安的には平穏であったが、後半は一九一五年の西来庵事件に代表される「匪徒事件」への大弾圧となる（Ⅰ）。「思想運動の黎明」は二〇年代前半で、台湾における治安警察法の施行を追っていく（Ⅱの前半）。社会運動の『発展期』は治安維持法の施行とその運用の最初の山となる（Ⅱの後半）。三〇年代前半の社会運動の「沈衰期」は治安維持法運用の全開によってもたらされたものであり、二度目の大きな山となる（Ⅲ）。『台湾社会運動史』の叙述範囲の先にある三〇年代後半から四〇年代前半は、戦時体制下の厳重な治安維持法運用となる（Ⅳ）。

なお、本書においてはいわゆる「台湾原住民」に対する「理蕃《りばん》警察」については対象としていない。一九二〇年代以降の台湾における社会運動の形成・展開に対応する警察・司法の抑圧取締は、「台湾原住民」に対する監視と取締を目的とする「理蕃警察」とは一線を画するという判断にもとづくもので、植民地統治における「理蕃警察」の重要性を否定するものではない。「理蕃警察」についての研究の蓄積に比べれば、本書の主題については未踏の領域が多く残されている。

また、警察の補助機関かつ行政の末端組織という機能をもつ「保甲制度」についても、本書の対象とする社会運動との関係では直接的なかかわりはないという判断から論じていない。

I

匪《ひ》徒《と》刑罰令の猛威

—一八九〇年代～一九一〇年代

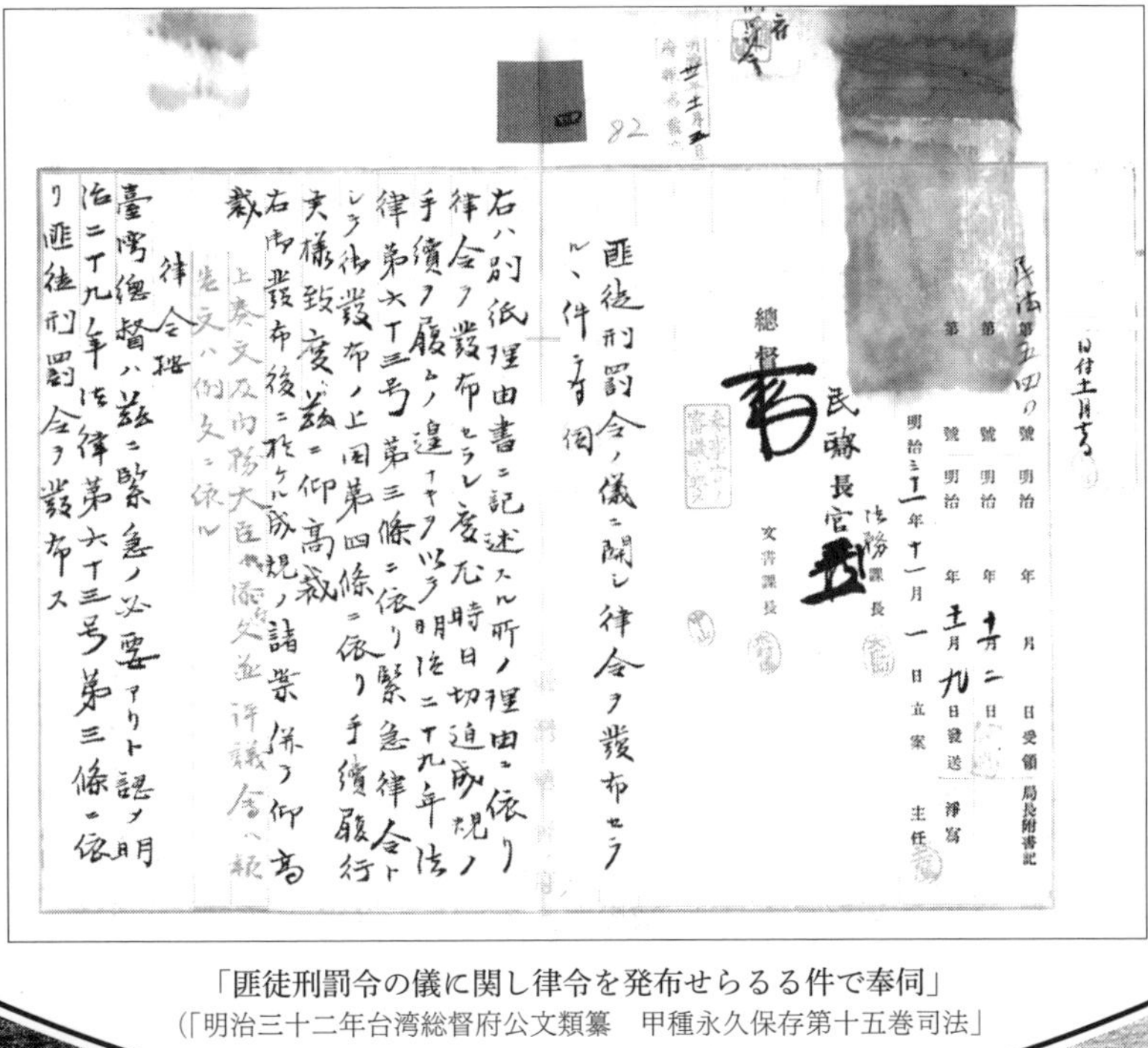

匪徒刑罰令ノ儀ニ関シ律令ヲ發布セラルヽ件奉伺

右ハ別紙理由書ニ記述スル所ノ理由ニ依リ律令ヲ發布セラレ度尤時日切迫成規ノ手續ヲ履ムノ遑ナキヲ以テ明治二十九年法律第六十三号第三條ニ依リ緊急律令トシテ御發布ノ上同第四條ニ依リ手續履行致度此段仰高裁

「匪徒刑罰令の儀に関し律令を発布せらるる件で奉伺」
（「明治三十二年台湾総督府公文類纂　甲種永久保存第十五巻司法」
国史館台湾文献館所蔵）

一 匪徒刑罰令の制定と運用

台湾征服戦争における軍事暴力・法的暴力

王泰升は『台湾法における日本的要素』において「一八九五年から一九〇二年の八年間、日本帝国の軍事暴力及び法的暴力の二つの重圧の下で、台湾住民の約三万二千名、これは即ち当時の台湾総人口の百分の一を越える人数が、新たにやってきた植民地統治者により殺害され、台湾人の青年男子二五名のうち一名が抗日運動で命を落とした」と論じた。驚くべき数字だが、その多くの殺害は「日本帝国の軍事暴力」、すなわち台湾征服戦争、あるいは日台戦争と呼ばれる日本の最初の植民地領有時の軍事的討伐によってなされた。

ついで、王は「一八九六年半ばから一八九八年初めまでの台湾人の武装抵抗に対して、日本の軍隊、憲兵、警察は戦場で撃殺するか、あるいは逮捕した後に直ちに殺して、正当な司法手続きはまったく行われなかった」と指摘したうえで、九五年から一九〇二年の間に「殺された「匪徒」（真正の強盗を含む）のなかで、四分の一しか正式な法的手続を得ていない」とする（以上、王〔鈴木敬夫訳〕「植民地下台湾の弾圧と抵抗――日本植民地統治と台湾人の政治的抵抗文化」『札幌学院法学』二一巻一号、二〇〇四年九月）。この「法的手続」のうち主なるものが九八年制定の匪徒刑罰令であった。

台湾総督府の行刑関係者松本助太郎は一九一三年四月の「累犯者の減少に就て」（『台法月報』第七巻第四号）で、

「明治二十八年五月八日、始《はじめ》て台湾が我国の有となり、軍政の下に台湾住民刑罰令を設け、越えて二十九年五月始めて民政を施《し》き刑法を施行したりしも、当時土匪の跳梁盛《さかん》にして全島戦時の状態にあり、三十年《ママ》遂に匪徒刑罰令の発布となり、先づ匪徒を殄滅《てんめつ》〔残らず滅ぼすこと〕するにあらずんば庶政其の緒に就く能わずと云う有様なりしが、降《くだっ》て三十四年、五年に至りて全島の匪衆悉《ことごと》く殄滅に帰し、三百万の民衆は始めて枕を高うして眠るを得るに至れり」と回顧する。

児玉源太郎総督の下で民政長官になった後藤新平は『日本植民政策一斑』（一九二一年）において、一八九八年から一九〇二年の「匪徒殺戮数」を「捕縛若《もしく》は護送の際抵抗せし為」に殺害五六七三人、「判決に因る死刑」二九九九人、「討伐隊の手に依るもの」三二七九人としている。「判決に因る死刑」は「匪徒殺戮数」全体の二五％にあたる。

また、台湾総督府法務部編纂『台湾匪乱小史』（一九二〇年二月）は**表1**のように各年の死刑判決数を掲げる。

表1　「匪徒」に対する死刑判決

	台北地方法院	台中地方法院	台南地方法院	計
1895年	—	—	35	35
1896年	50	4	17	71
1897年	5	49	—	54
1898年	116	93	38	247
1899年	347	209	307	863
1900年	224	170	188	582
1901年	71	329	510	910
1902年	30	165	315	510
1903年	19	25	38	82
1904年	8	4	1	13
1905年	—	—	6	6
1906年	—	—	—	—
計	870	1,048	1,455	3,373

北埔事件（1907）9、林圯埔事件（1912）8、土庫事件（1912）1、苗栗事件（1913）20、六甲事件（1914）8、西来庵事件（1915）866（731人恩赦減刑）、残匪処分（1916）37　総計4,322人
台湾総督府法務部編纂『台湾匪乱小史』（『現代史資料』21「台湾（一）」）

後述するように、匪徒刑罰令は一八九八年に制定施行され、一九一五年までその威力をほしいままにしたが、四五年の日本敗戦まで存続した。とくに制定から一九〇二年までは

「法的暴力」をむき出しにし、形式的な合法性の体裁をととのえる役割を果たし、軍事的討伐を補完した。検挙後の取調時の拷問死や長期懲役（無期懲役の合計は八三五人）の服役中における獄中死を考えれば、実質的な運用期間における「法的暴力」による殺害は五千人に達する可能性もある。この「法的暴力」は植民地統治を確立するために容赦なく断行された。

まず、この匪徒刑罰令の前史にあたる台湾住民刑罰令などをみておこう。

「法的暴力」の開始――台湾人民軍事犯処分令・台湾住民刑罰令

一八九五年五月二九日、日本軍は台湾北部に上陸し、六月七日には台北を占領した。八月六日の軍政開始に先立ち、七月六日、台湾総督樺山資紀《すけのり》は「総督諭告」の形式で台湾人民軍事犯処分令を制定施行した。第一条では「台湾人民にして左に記載したる所為あるものは死刑に処す」として、「大日本帝国の陸海軍に抗敵する所為を企《くわだて》たる者」や鉄道・電線・道路などの「軍事に関する土地物件を毀《き》壊したる者」、軍隊や軍艦などの所在動静などを「敵に密報したる者」、「流言蜚語を捏造《ねつぞう》し、又は喧噪呼号し、軍隊軍艦軍用船舶の静粛を害したる者」など八項目を列挙した。第二条はそれらの罪について「情状に因り酌量減刑することを得」として投降を誘う規程である。第三条で処分は「軍法会議又は台湾総督府民政局、之を為す」とするものの、その手続きの規定はできていなかった（「明治二十八年台湾総督府公文類纂、甲種永久保存官房第一巻」、国史館台湾文献館所蔵）。

後日、台湾総督府警務局警備課調査係「台湾刑事警察制度の変遷」（『台湾警察時報』第二六九号、一九三八年四月）は軍事討伐による捕縛者・投降者には「専ら軍隊、憲兵臨機の処分に任じていたと見るべき」と推測する。台湾人民軍事犯処分令を法的根拠として「臨機の処分」、すなわち殺害がおこなわれただろう。実際の判決を確認することはできない。

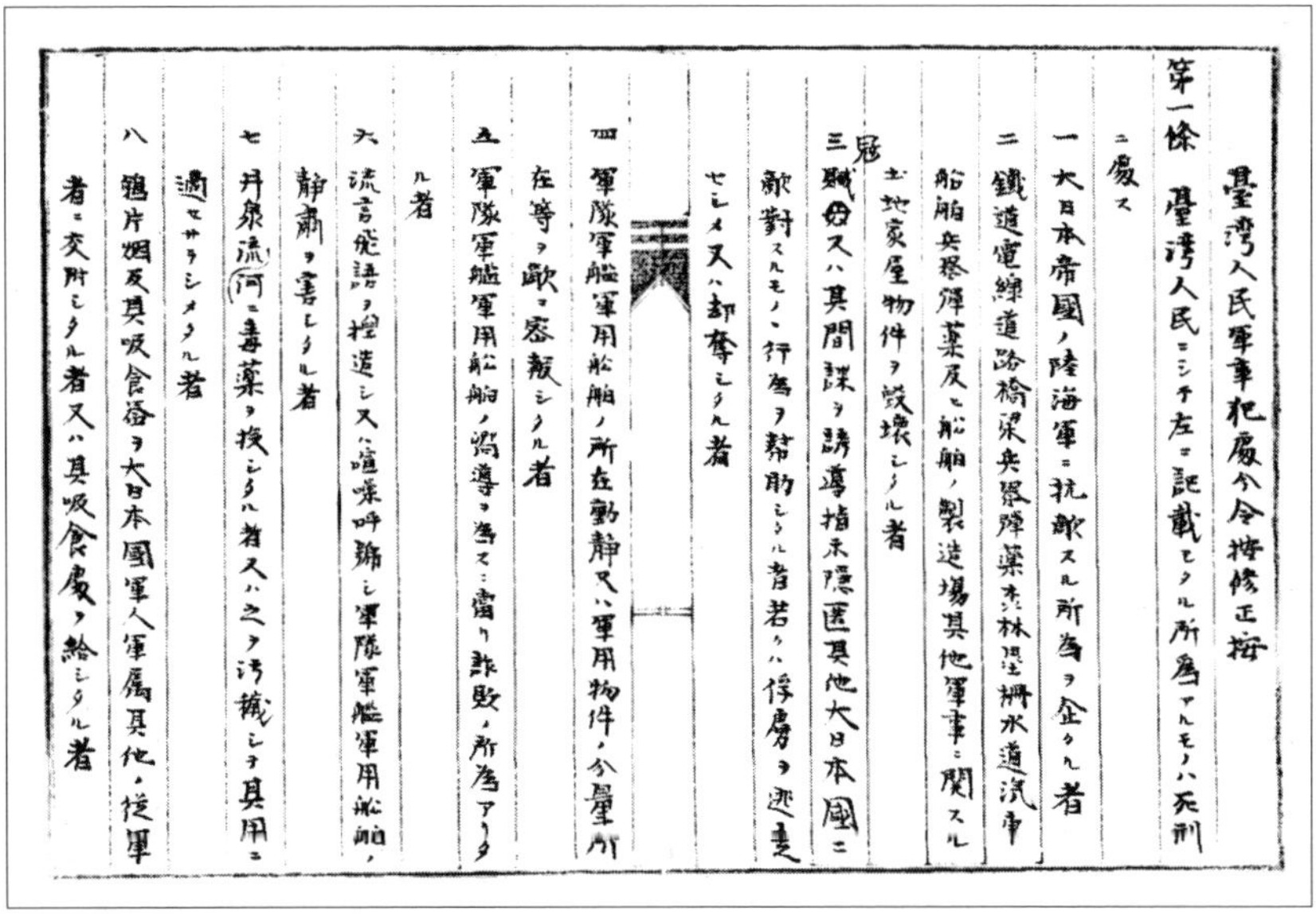

臺灣人民軍事犯處分令按修正按

第一條 臺灣人民ニシテ左ニ記載シタル所為アルモノハ死刑ニ處ス

一 大日本帝國ノ陸海軍ニ抗敵スル所為ヲ企タル者

二 鐵道電線道路橋梁兵器弾薬森林堤防用水道汽車船舶兵器弾薬及ヒ船舶ノ製造場其他軍事ニ関スル土地家屋物件ヲ毀壊シタル者

三 賊又ハ其間諜ヲ誘導指示隠匿其他大日本國ニ敵對スルモノノ行為ヲ幇助シタル者若クハ俘虜ヲ逃走セシメ又ハ劫奪シタル者

四 軍隊軍艦軍用船舶ノ所在動静又ハ軍用物件ノ分量所在等ヲ敵ニ密報シタル者

五 軍隊軍艦軍用船舶ノ嚮導ニ當リ詐欺ノ所為アリタル者

六 流言飛語ヲ捏造シ又ハ喧噪呼號シ軍隊軍艦軍用船舶ノ静粛ヲ害シタル者

七 井泉河流ニ毒薬ヲ投シタル者又ハ之ヲ汚穢シテ其用ニ適セサラシメタル者

八 鴉片烟及其吸食器ヲ大日本國軍人軍属其他ノ従軍者ニ交附シタル者又ハ其吸食處ヲ給シタル者

「台湾人民軍事犯処分令按修正按」
「明治二十八年台湾総督府公文類纂、甲種永久保存官房第一巻」、国史館台湾文献館所蔵

軍政下に法院編制により司法機関が設けられたが、その裁判官にはすべて行政部職員があてられた。台湾人民軍事犯処分令に代わり、一一月一七日、台湾住民刑罰令（刑法に相当）と台湾住民治罪令（刑事訴訟法に相当）が制定された（二〇日から施行）。住民刑罰令は人民軍事犯処分令に「内乱を起したる者」「政府に抗敵する目的を以て官吏を殺害したる者」「偽計又は威力を以て兵器弾薬其他軍用物件の運搬及郵便物を妨害したる者」などを追加して一四項目まで処罰の範囲を広げた。「官吏を死傷に致したる者は死刑に処す」という規定もある。

住民治罪令の規定では、法院（支部）での審判は「犯罪人の所在地又は犯罪地の憲兵諸隊長、警察署長、分署長」がおこなうとなっている。捜査・起訴する「検察官」には憲兵将校・守備隊長・地方行政庁長・警部があたる。第一〇条では「本刑死刑に該《あた》る被告事件は総督の認可を経て判決を宣告すべし」と規定する。原則は一審で、再審の申請は総督におこなう（以上、「陸軍省大日記」、大本営―日清戦役書類綴、一八九五年、防衛省防衛研究所所蔵）。これも実際の判決を確認することはできない。前掲「台湾刑事警察制度の変遷」が「極めて体系の整わないものであって、今日の検察制度とは其の差雲泥も啻《ただ》ならざるもの」と評するように、これらも合法性をよそおうだけの法令であった。

臨時法院条例――討伐隊の殺りくから判決による死刑へ

先の後藤新平『日本植民政策一斑』によれば、一八九六年は討伐隊の交戦による殺りくが全体の九割以上を占めていたが、九七年以降は判決による死刑が増えた。これは九六年四月からの民政開始とともに、総督府民政部に法務部が設置されるほか、法院条例が施行され、法院・検察制度が樹立されたことと連動している。

九六年七月一五日に各地に法院が開庁するが、それに先立ち、七月一〇日、律令第二号として臨時法院条例が施行された（閣議決定と天皇の裁可は九月二六日）。桂太郎総督の高島鞆之助《とものすけ》拓務相宛の上奏手続きの申請には、次のような理由があげられている。

本島台中県管内に於て目下土匪蜂起し、不日鎮定可致候処、之を処分せんとするに当り、土匪衆多にして普通の犯罪人と異なり数個の裁判管轄区域に跨《また が》り、且少数なる一地方法院職員を以て能《よ》く審判し得べきものに無之、到底台湾総督府法院条例の規定に準拠致し難き事情有之候間、之が補則として特に臨時法院を便宜の場所に開設して普通の裁判管轄に拘らず之を審判せしむべき律令の発布を要し候、然る処、目下既に土匪掃蕩に着手し、日々数多の囚虜を捕縛せんとするに際し、普通の手続に依り勅裁を得て右臨時法院開設の律令を発布せんとするは其の機を過《あやま》り、之が余日無之に付……緊急律令を発布候

第一条では、台湾総督が「必要と認むるときは随時法院を便宜の場所に開設して普通の裁判管轄に拘らず之

を審判せしむることを得」として、「一　政府を転覆し、封土を僭窃《せんせつ》し、其他朝憲を紊乱する目的を以て罪を犯したる者あるとき　二　施政に反抗し、暴動を為すの目的を以て罪を犯したる者あるとき」などをあげる。五人の判官（裁判官）で構成され、「第一審にして終審」とする（以上、「公文類聚」第二〇編・一八九六年・第二七巻、国立公文書館）。

この直後の七月一二日、台湾総督府令第二〇号として「雲林台中及鹿港付近に起りたる土匪に対する刑事被告事件」に対応して台中県下彰化に最初の臨時法院を開設した（「台湾総督府臨時法院開設公布の件」、「総督府公文類纂／一八九六年／甲種永久保存／官規官職／官衙」、国史館台湾文献館所蔵）。検察官による処分では起訴は七二人で、不起訴は三四九人である。一四人は判決までに死亡している。判決は死刑二人、無期流刑三人、九年以上の重禁錮九人、三年以上の軽禁錮二人で、無罪が四四人となっている。不起訴処分と無罪の多さは、手当たり次第の乱暴な検挙を推測させる。この臨時法院は九月二〇日に廃止となる（『台湾匪乱小史』）。

ただし、「匪徒」に対する軍事的討伐が大きな山を越える一九〇二年まで、臨時法院は一八九八年一一月から九九年一一月にかけて台中県斗六に開設（その後、台南県嘉義、阿公店に移設）したものにとどまる。そこでは憲兵隊による検挙・検察局送致が大半を占めた。起訴は三七件五一人、不起訴は九三件九三人で、死刑は三五人、無期徒刑一人で、無罪は七人である（三カ所合計）。

なお、小金丸貴志は「民政移行直後に発生した雲林事件で大量に捕縛した被告を臨時法院で訴追するため、台湾総督は軍政時代の軍令である台湾住民刑罰令の適用を法院に命じたが、法院はこれを拒絶し、総督府と法院に対立が生じている」ことを明らかにし、その妥協策として内閣法制局が案出した「内地法律の「依用」慣行の雛型」となったことを論じている（「日本統治初期の台湾における刑法適用問題——依用慣行の起源と総督府・法院の対立」『日本台湾学会報』第一三号、二〇一一年五月）。

すぐ後述する匪徒刑罰令の制定にともない、九九年八月一五日、臨時法院の開設要件として第一条に「匪徒刑罰令に掲げたる罪を犯したる者あるとき」を追加した。あわせて、審問は三人の判官で構成することとした（「公文類聚」第二三編・一八九九年・第三六巻）。台中県斗六などに開設された臨時法院があつかったのは、この匪徒刑罰令違反事件である。

ただし、王泰升は「臨時法院が日本の台湾人政治抵抗者に対する司法的鎮圧の過程で起こした役割は、それほど重要なものではなかった」と指摘する。司法事件の統計から、「抗日ゲリラ戦が比較的活発に行われていた一九〇二年以前の匪徒事件では、その大多数は普通法院によって処理されている」とする（王「植民地下台湾の弾圧と抵抗――日本植民地統治と台湾人の政治的抵抗文化」）。『台湾匪乱小史』によれば、確かに臨時法院以外に台北・台中・台南各地方法院合計で、一八九六年には七一人、九九年には五八二人の匪徒事件に対する死刑判決があった（**表1参照**）。

匪徒刑罰令の制定

一八九八年二月に台湾総督となった児玉源太郎は、すぐに後藤新平を民政長官に抜擢した。憲兵よりも警察官に重点をおいた警備と弾圧に力を注ぎ、保甲制度を実施する。本格的に実施した「土匪招降策」も容赦ない弾圧と一体だった。四月二七日、台湾総督は各知事・庁長に「土匪帰順者取締に関する件」という内訓を発し、「近来往々帰順者にして再び土匪に与《くみ》し、甚《はなはだ》しきに至ては官衙兵営等の動静を探り、却《かえっ》て土匪の為に便宜を図る者」もあるとして、「自今土匪の帰順者に対しては一層其《その》取扱を厳重にし、特に銃器弾薬槍刀類押収の事《こと》厳行し、宣誓書には親族故旧及街庄社長をして連署せしむること」などを新たに指示した（「明治三十一年台湾総督府公文類纂、甲種永久保存第十巻軍事警察監獄」、国史館台湾文献館所蔵）。反乱地域とみなしたところでは住民を撮影し、名簿を作製した。

後藤『日本植民政策一斑』には「帰順させた者の中には良民たるべきものと不良民にして到底ものにならぬ奴がある、先づ仮帰順証を与えて若干月日監視し、選び抜いて其悪い者を同日同時に殺した」とある。〇一年、林少猫らの最後の「謀反」にも「彼等の写真及名簿」を活用し、検挙者八〇三〇人中、「兇悪にして多詐なる其素質を有するもの到底許し難き」として三四七三人を「斬罪」とした(『台湾匪乱小史』)。処罰の名目は匪徒刑罰令違反だろう。

九八年五月一三日、高等法院検察官川淵竜起は地方検察官に次のような内訓を発した(「明治三十年至三十八年刑事に関するもの」、「台湾総督府档案/法務、会計参考書類」)。

土匪の処分に付ては台湾刻下の事情として一概に常規を以て律することを得可からず、要するに其繰縦寛猛の宜《よろし》きを得るに非ざれば刑罰却《かえっ》て施政上の妨害たらざるを保せざる可し、就《つい》ては目下台湾総督府に於て も其処分に関する特別規定相設けらる可き哉《か》の御内議も有之場合に付、検察官に於ては先づ当分の内、其罰す可き者として司法警察官吏より交付を受けたる者の外、別段主動して摘発捜査を為すこと無之様注意せらる可し

「常規」を逸脱しても「土匪の処分」を徹底しなければならないと警察だけでなく検察も考えていたことがわかる。この内訓は総督府が「特別規定」を施行するまで、検察自らが「摘発捜査」に乗り出すことを止める内容である。その「特別規定」とは一一月五日、「刻下の状勢、勅裁の奏請遑《いとま》なき」として施行された緊急律令第二四号「匪徒刑罰令」を指すことは間違いない。

児玉総督の本国政府への匪徒刑罰令の奏請は一一月七日付で、閣議の了解は一二月一三日、天皇の裁可は一九日となった。「由来本島施政の妨礙《ぼうがい》を為すもの匪徒の害より大なるものなし、而して其多数結合して所在出

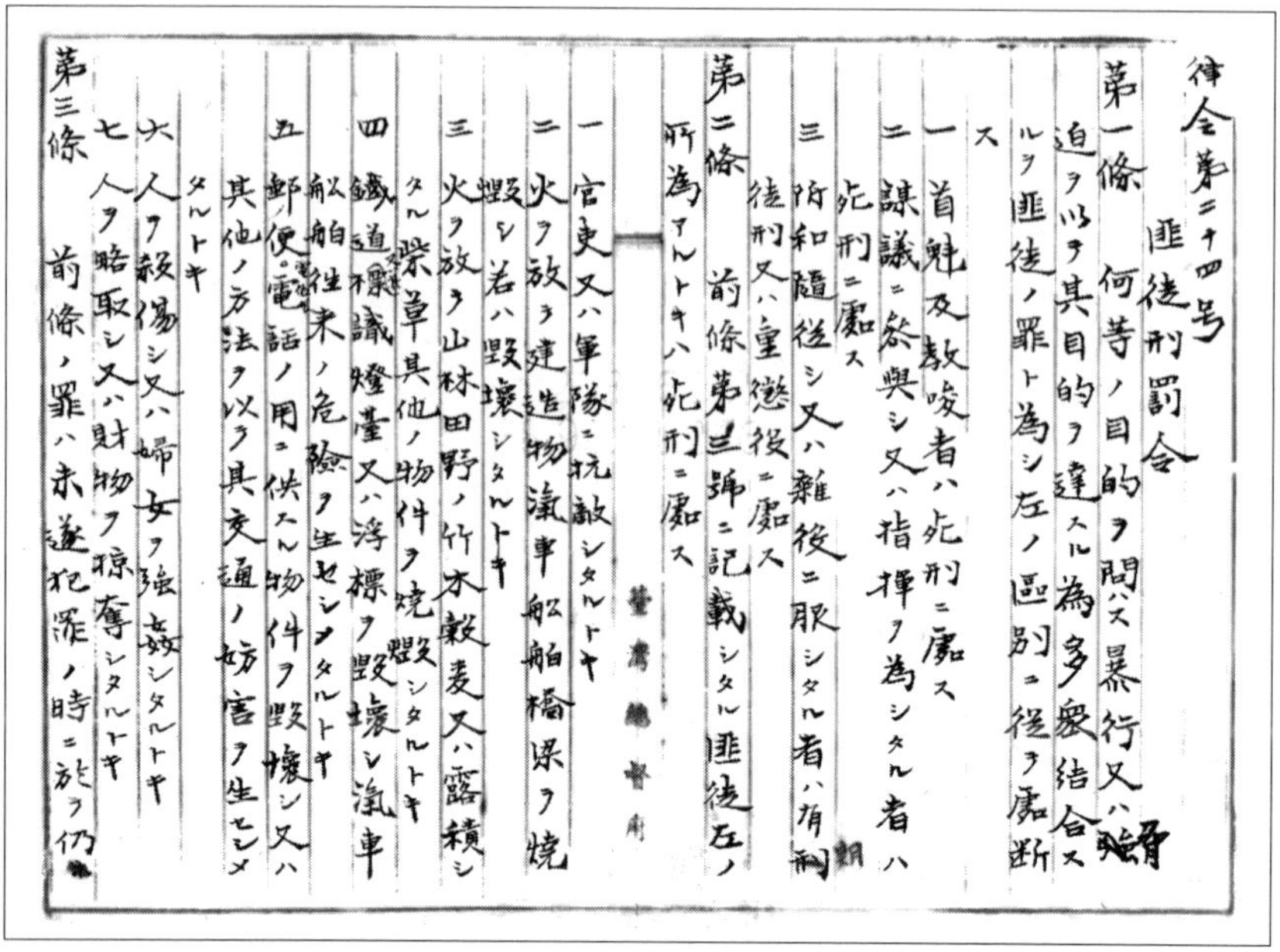

律令第二十四号
匪徒刑罰令
第一條 何等ノ目的ヲ問ハス暴行又ハ脅迫ヲ以テ其目的ヲ達スル為多衆結合スルヲ匪徒ノ罪ト為シ左ノ區別ニ従テ處断ス
一 首魁及教唆者ハ死刑ニ處ス
二 謀議ニ参與シ又ハ指揮ヲ為シタル者ハ死刑ニ處ス
三 附和随従シ又ハ雑役ニ服シタル者ハ有期徒刑又ハ重懲役ニ處ス
第二條 前條第三號ニ記載シタル匪徒左ノ所為アルトキハ死刑ニ處ス
一 官吏又ハ軍隊ニ抗敵シタルトキ
二 火ヲ放テ建造物汽車船舶橋梁ヲ焼燬シ若ハ毀壊シタルトキ
三 火ヲ放テ山林田野ノ竹木穀麦又ハ露積シタル柴草其他ノ物件ヲ焼燬シタルトキ
四 鐵道又ハ其標識燈臺又ハ浮標ヲ毀壊シ汽車船舶往来ノ危険ヲ生セシメタルトキ
五 郵便電信及電話ノ用ニ供スル物件ヲ毀壊シ又ハ其他ノ方法ヲ以テ其交通ノ妨害ヲ生セシメタルトキ
六 人ヲ殺傷シ又ハ婦女ヲ強姦シタルトキ
七 人ヲ略取シ又ハ財物ヲ掠奪シタルトキ
第三條 前條ノ罪ハ未遂犯罪ノ時ニ於テ仍

匪徒刑罰令
「明治三十二年台湾総督府公文類纂 甲種永久保存第十五巻司法」 国史館台湾文献館所蔵

没するや、普通犯罪の例を以て律すべからざるものあり、故に之れが全滅を期するのは勢《いきおい》其結合の情況を罰し、且未遂の場合に仍《より》本刑を科する等、峻厳なる措置に出でざるべからず」という理由が付された。

第一条 何等の目的を問わず暴行又は脅迫を以て其目的を達する為、多衆結合するを匪徒の罪と為し、左の区別に従て処断す
一 首魁及教唆者は死刑に処す
二 謀議に参与し、又は指揮を為したる者は死刑に処す
三 付和随従し、又は雑役に服したる者は有期徒刑又は重懲役に処す

具体的な「暴行又は脅迫」の実行ではなく、「多衆結合」すること自体を処罰の対象とした。目的を問わず、複数が集まったことのみで「匪徒」とみなした。第二条では第一条第三号の「匪徒の所為」について、前述の台湾

人民軍事犯処分令や台湾住民刑罰令の「官吏又は軍隊に抗敵したるとき」などの規定が踏襲された（死刑）。第四条・第五条では匪徒に対するすべての援助行為者を死刑・無期徒刑とする。第六条は帰順の規定で、「本刑を免じたるときは五年以下の監視」が付される。第七条では「本令に於て罰すべき所為は本令施行前に係るものも仍《なお》本令に依りて之を処断す」と、過去の匪徒行為にさかのぼって断罪する（以上、「公文類聚」第二二編・一八九八年・第三〇巻）。

匪徒刑罰令についての先行研究としては戸鳥桃子「台湾総督府匪徒刑罰令について」（『日本大学大学院　法学研究年報』第四七号、二〇一七年）、檜山幸夫「台湾総督の律令制定権と外地統治論――「匪徒刑罰令」の制定と「台湾総督府臨時法院条例改正」を例として」（中京大学社会科学研究所台湾史研究センター編『台湾総督府の統治政策』、二〇一八年）がある。前者は「植民地特有の刑事司法制度の問題点」の解明を、後者は「台湾総督への委任立法権に基づく律令制定権と、日本の外地統治（台湾・朝鮮・樺太も含む）の実態」の解明をめざしたものであるが、いずれも匪徒刑罰令の判決文に即した司法処分の実態についての論及はない。

『台湾日日新報』は総督府の御用新聞といってよいが、一一月六日の紙面では「元来匪徒なるものは一種の慣行犯の性質を帯びたる継続犯」と決めつけ、「概ね其犯跡隠滅して、余儀なく無罪とせざるべからざるもの多し」という刑法の規定の不備を埋めるものとしてこの施行を歓迎する。さらに一三日には「法治国に於ける法律としては苛酷に失せりと云い、或は台湾の民度に適合せりと云い、諸説区々に別れ居る」としたうえで、判官・検察官の意見は「符節を合する」として、台北地方法院の猪瀬藤重検察官の考えを紹介する。

元来内地と台湾とに於ける民度の径庭は今更ら論を俟たず、而《し》かも本島の難物たる彼れ土匪に対して我が現行法律を以て之れを律せんか、従来の如く無闇に彼等をして上訴の悪弊を養い、動《やや》もすれば其罪悪あるにも拘らず看《み》す看す法網を脱せしむるの憾《うらみ》なしとせず、然るに此回発布せられたる刑罰令は彼れ匪徒に対せる特定の法律なれば当局者に於ても其裁断の意思を鞏固《きょうこ》ならしむるを得べく、且つ実際斯《かか》る罪悪を犯すべき匪徒に就ては到底其改悛の見込なきものとせば、寧ろ其剪滅《せんめつ》を計るを以て本島開発の効ありとなすべきなり、されば同令の厳行は社会之れを当局者に望まざるべからず

匪徒は「到底其改悛の見込なきもの」であるため、その「剪滅を計るを以て本島開発の効あり」とするように、在台日本人を読者とする新聞ゆえに匪徒刑罰令施行の意図を隠すところなく語っている。

予審・弁護人抜きの運用

台南地方法院での匪徒刑罰令による死刑宣告がわずか一カ月間で四八人にのぼっていると一八九八年一二月七日の『台湾日日新報』が報じるように、施行直後からその運用は全開となった。記事には「従来往々施行せられつつありし臨機処分の如きは最早《もは》や今日に於て之れを行うの要なく、逮捕するものは悉《ことごと》く法院に送致すべき筈」とあるように、武力討伐時での射殺・斬殺などの「臨機処分」と実質的に同等の意味をもつ匪徒刑罰令での断罪が取って代わったにすぎない。法的な手続きを経るという体裁が整えられた。

前出の檜山幸夫「台湾総督の律令制定権と外地統治論」では、九八年から九九年にかけての「匪徒刑罰令による死刑判決が下された者とこれに基づき死刑が執行された者」の集計を分析し、九九年中における「死刑執行人員数は七三一人でこの内《うち》匪徒刑罰令違反者は九九・二％の七二五人にのぼる」と指摘して、「普通刑法では極刑に該当しない犯罪容疑で、かくも大量の者が処刑されていった……匪徒刑罰令の施行は台湾における総督府による恐怖政治の開始ということができよう」と論じる。

匪徒刑罰令の条文そのものが「普通犯罪の例」から逸脱していたが、その運用過程でさらに「常規」を外れた規定が追加された。台湾総督による律令の発布で、一つは九八年一一月二六日の「本島人及清国人の犯罪予

審に関する件」である。刑事訴訟法上、重罪犯罪とされた事案は予審を経なければならないとされていたが、予審を経ずに公判に直接進むことができることにした。その理由として「本島に於ける匪徒刑罰令犯等、極めて其罪跡の顕著にして、敢《あえ》て復《また》証拠の蒐集を要せざるものに対し一々予審を行うが如きは徒《いたずら》に形式に拘泥するもの」とみなし、さらに公判の渋滞や「司法経済上の不利」を避けるためにも予審に付することは適切でないと断じた。体裁上は「地方法院の検察官は其事件の軽重難易に従い、予審を求め、又は直ちに其法院に訴を為すべし」とするが、実際には予審を省き、「匪徒」根絶を最優先するために処断を急いだ（「明治三十二年台湾総督府公文類纂、甲種永久保存第十五巻司法」）。

先の一二月七日の『台湾日日新報』の記事には「匪徒に付ては凡《すべ》て予審の手続を経ずして直に公判に付せられ」とあり、すでに施行直後から予審が省かれていた。これは厳密にいえば一一月二六日の「本島人及清国人の犯罪予審に関する件」のフライングであるが、そもそも予審を省略して処断を早める意図があったといえよう。

もう一つは、一九〇一年一月一八日の「刑事訴訟手続に関する律令」の発布により、匪徒刑罰令違反事件について弁護人立会をなくしたことである。その理由として刑事訴訟法の第二三七条第一項の規定（弁護人の選任）は「単に形式上の事に止まり、実際の必要を認めず」、第二項（官選弁護人の選任）も「従来の経験に依るに被告人の利益たること甚だ少な」いとする。弁護人の事情による裁判の遅れは「滞獄日数」を増加し、被告人の負担を重くするともするが、本音は「匪徒罪の如き公安上迅速の処分を要するもの」ゆえ、弁護人立会を「障碍」とみて排除することにあった。弁護人の立会をなくすことについて前年一〇月、高等法院長と高等法院検察官長は連名で台湾総督に建議をおこない、匪徒刑罰令違反事件公判の形骸化を進めようと図っていた。これまでこれらの審判が遅延気味だったのは、弁護人の立会を得ることが困難だったためという理由をあげる。

まだ弁護人の能勢も未整備で、頻発する事件に官選弁護人を手配することは困難だった。しかも官選弁護人を選任してもその立会は「員に備える」、すなわち数をそろえる程度の意味にとどまり、被告に対する弁護も「熱心」におこなわれていないため、被告人にとっても「格別の不利益」になっていないとみなしたのである（「明治三十四年台湾総督府公文書類纂、甲種永久保存第十二巻司法教育学術交通」）。この建議が実って、弁護人立会を必要としない律令が施行されるようになった。

匪徒刑罰令違反事件の苛酷な判決

現在、台湾大学図書館の「日治法院档案」資料庫には匪徒刑罰令違反事件の判決が六九三件収蔵されている。台北・新竹・台中・嘉義各地方法院と司法訓練所旧蔵のもので、それらが全体のどの程度の残存割合であるのかは不明である。ほとんどは一九〇二年までの判決で、臨時法院の判決は一つもない（臨時法院の判決は部分的に国史館台湾文献館所蔵の「台湾総督府档案」中にある）。いくつかの判決をみよう。

まず、匪徒刑罰令施行後まもなくの判決である。匪徒刑罰令施行前に強盗放火事件などで起訴されていたが、予審終結決定では匪徒刑罰令第一条第二項の適用となった事件である。一八九八年一一月二二日、許聽に対して台北地方法院新竹出張所の予審（予審判官金井栄太郎）は公判に付す決定をした（予審終結決定書も残存）。一二月二日、台北地方法院新竹出張所の公判（判官八木一精、検察官川畑鷹之助警部）で匪徒刑罰令第一条第二号を適用し、死刑を言渡した。許が游水束という人物の財物を掠奪しようと数人で共謀し、銃刀を携え、游を負傷させ、衣類一四点や牧水牛一頭を掠奪したことなど三件の犯罪事実をあげる。証拠とされたのは警部の報告書・訊問調書・捜査調書で、検察官代理の警部が公判に立ち会った（「台北地院—新竹地院刑事判決原本、明治三一年第二冊」）。

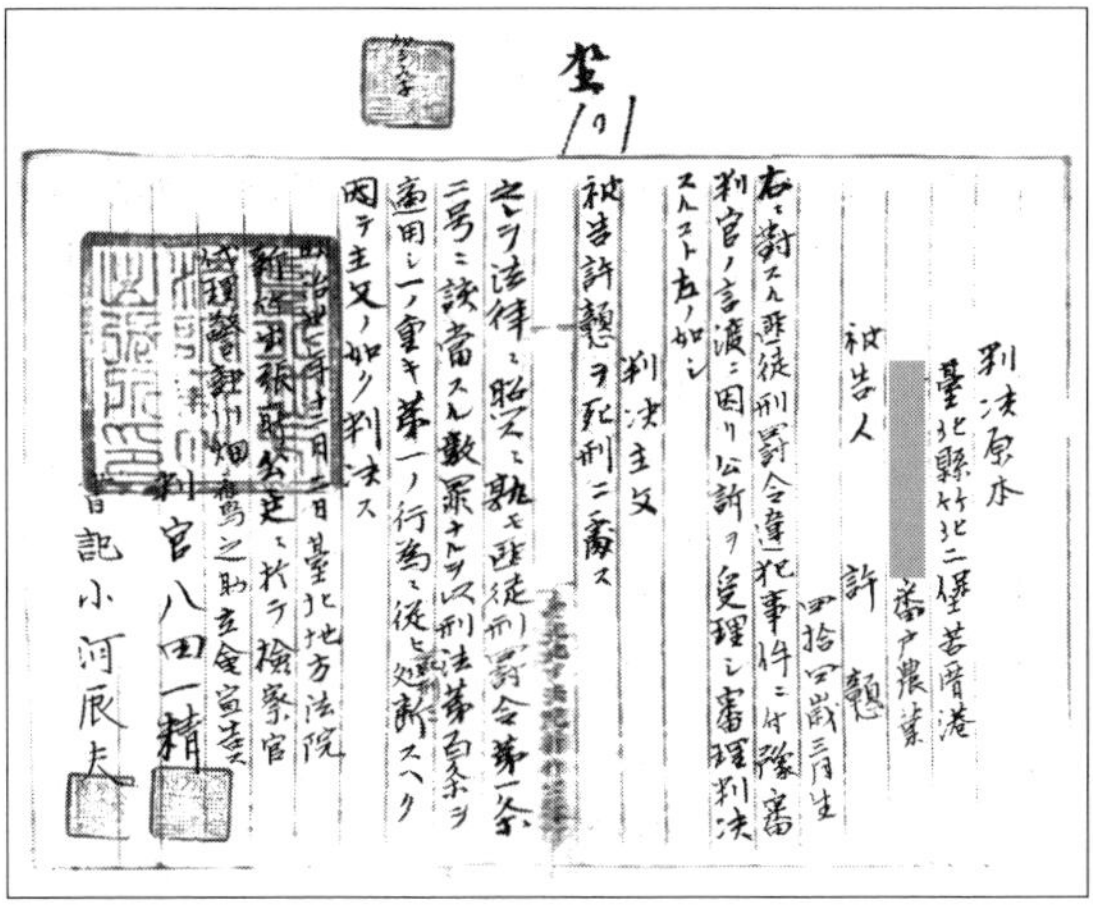

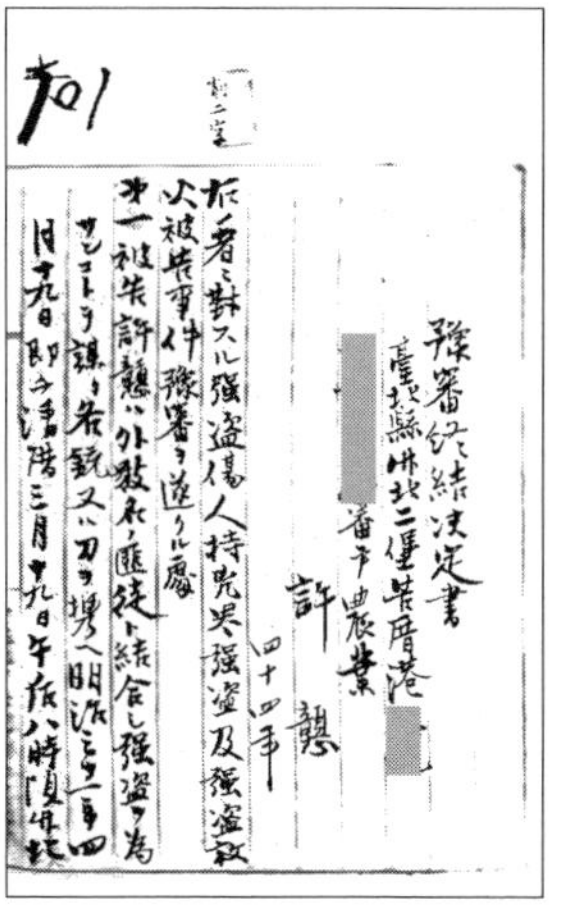

許贛に対する匪徒刑罰令予審終結決定、判決
「台北地院—新竹地院刑事判決原本、明治三一年第二冊」

一一月一八日、台北地方法院新竹出張所予審は強盗被告事件として起訴されていた朱阿獅に対して匪徒刑罰令第一条第一号を適用し、公判に付す決定をした。朱は郭連という人物の財物を掠奪しようと他の六人と共謀し、銃刀や棍棒を携え、家人を脅迫して金八〇円と衣類四〇枚ほかを掠奪したとされた。一二月八日、台北地方法院新竹出張所の公判（判官八木一精、検察官岡一郎）は朱が一九歳であることから、死刑にすべきところ無期徒刑とする判決を下した。証拠とされたのは警察の検証調書や被疑者調書である（「台北地院—新竹地院刑事判決原本、明治三一年第二冊」）。この二件の司法処分は、前述の「本島人及清国人の犯罪予審に関する件」（一一月二六日）が発せられる前の事件なので予審がおこなわれている。

台中地方法院（判官加藤礼次郎、検察官秋山二郎）でも一二月二八日、呉僚と呉瓦に死刑を言渡している。いずれも予審を経たもので、匪徒刑罰令第一条第三号と第二条第七号（「人を略取し、又は財物を掠奪したるとき」）の適用だった（「司訓所—明治三十一年判決原本第三冊」）。

匪徒刑罰令第七条の「本令施行前に係る」犯罪事実が処

断された判決もある。九九年二月四日、台中地方法院（判官矢野猪之八、検察官石部雄海）は張硯に死刑を言渡した。「暴行又は脅迫を加え、他人の財物を掠奪する目的を以て結合した匪徒集団に随従」し、九七年旧一〇月、台中県のある家に押入り、銃で家人を脅かし、水牛二頭と赤牛一頭などを奪ったという。この匪徒刑罰令施行前の行動に対して第七条を適用し、第一条第三号・第二条第六号（「人を殺傷し、又は強姦したるとき」）などの違反として死刑を言渡した（「司訓所―明治三十二年判決原本第一冊」）。

多くは第一審のみで判決が確定し、死刑の場合はすぐに執行されたと推測されるが、控訴した事例もある。一九〇〇年八月二〇日、台北地方法院新竹出張所（判官木村篤、検察官代理川畑鷹之助警部）は許九、陳准、梁接盛に死刑を科した（梁接盛は欠席〔逃亡〕）。匪徒刑罰令第一条第三号と第二条第七号の適用である。犯罪事実は梁が許・陳らを勧誘し、張雲納という人物を拉致監禁し、親族にせまって二〇〇円を強奪したというもので、許・陳らの警察署での供述や被害者の証言などにより「事実明確」とする。

許と陳は控訴した。一〇月三日、覆審法院（裁判長大津釚次郎、検察官渡辺助治郎）は控訴を棄却し、刑が確定した。判決文には次のような箇所がある。

> 匪徒の点に対しては全然否認すると雖も、司法警察官の作りたるひ告《ママ》共の調書によれば前記の犯罪事実を明かに自白し居れり、ひ告共は此自白は司法警察官の拷問に依り供述したるものなれば真実にあらずと弁護するも、ひ害《ママ》者張雲納の調書中に記載あるひ害事実と被告が同警察官に申立たる犯罪事実と符合し……被告が司法警察官に対し申立たる犯罪事実は真実の白状なりと認むるに足る、況《いわ》んや原院検察官代理川畑鷹之助の作りたる陳准の調書に自己の犯罪事実を明白に供述したる記載あるに徴するときは、拷問云々の事実は毫《ごう》も信を措《お》くに足らず

二人の被告は証拠とされる警察署での供述が拷問によるものと主張したが、裁判長は認めなかった。この事

件に関連して、欠席裁判で死刑を宣告されていた梁接盛に対する台北地方法院新竹出張所の判決（判官望月恒造、検察官代理本田正己警部）が〇七年一月一〇日にあり、無罪となっている。数年以上経ってから梁が検挙・起訴された状況は不明だが、判決では首魁とされた梁とは「同名異人」と認定された（以上、「台北地院―新竹出張所刑事判決原本、明治四十年第一冊一―六月」）。

無罪となった判決もある。一九〇〇年四月、数人が「暴行脅迫を以て他人の財物を掠奪せんと謀議結合し」、実行におよんだ事件で検挙・起訴された薛石水に対して、〇八年九月四日、台北地方法院新竹出張所が言渡した判決である。無罪の理由として共犯者の証言が信用できないこと、被害者の供述と被告薛の年齢・姿形が大きく異なること、被告の「勤勉実直、毫も土匪を働くが如き人物にあらざる」という複数の証人の証言、被告が警察署から「訊問の苛酷なるに堪え兼ね余儀なく逃走」したことは「当時の情況としては或は已むを得ざるもの」と考えられることをあげる。

無罪判決に検察が控訴するが、一〇月二七日、覆審法院は控訴を棄却した。「証拠としては共犯者の自白」と被告の拘留中逃走という「情況証拠」にとどまり、他に確定的なものはないという認定である（「台北治院―刑事判決原本、明治四十一年第三冊三月」）。逃走後かなり時間が経過したあとに検挙・起訴となったことが、冷静な判断となり無罪の認定となった可能性もある。拷問が広くおこなわれていたこともうかがえる。

どれほど匪徒刑罰令が濫用されたかは、『台湾匪乱小史』の次の一節――「匪徒膺懲《ようちょう》の実を示し以て一般予防の策を採り、更に之と相併用して屢々《しばしば》匪団の大掃蕩を行いたる為め、明治三十五年に至り全島悉く匪徒の跡を滅絶するに至れり」――がよく物語る。王泰升は「一九〇二年を例にとれば、匪徒罪の被告は地方法院で五割から七割が死刑に処されている」と指摘する。

匪徒刑罰令に対する世評

あまりにも峻厳で苛酷きわまる匪徒刑罰令に、在台日本人からも廃止を求める声があがる。一九〇〇年四月の『台湾経済雑誌』第一七号は「匪徒刑罰令（廃止を望む）」（無署名）として、「其苛酷なる古来稀に見る所のもの、仁政の下に生息し、文明の空気を呼吸したる者は一見戦慄に堪えざる所……法の原則を離れ、罪を既往に溯らせて、刑罰を科すと云うに於てをや、寧ろ驚かざるを得ざる也、元来吾儕《ごせい》は言語風俗の相同じからざる新付《しんぷ》の民を法衙に付し、是を極刑に処するを忍びざる者なり」と論じた。ついで「今や全台略《ほ》ぼ治平の緒に就く、而して尚《な》お斯《かく》の如き刑律を設くるの要ありとする歟《か》、吾儕は断々乎として一日も速に其廃止せられんことを希望に堪えず」とするように、この論者は台湾領有を当然の前提としたうえで匪徒刑罰令の廃止を求めている。

一方で総督府系の『台湾日日新報』は九月二七日の「匪徒刑罰令と犯罪者の性情」と題する記事で、量刑について「少しく減ずる等も或は必要なるべき」としつつ、現状の運用を肯定した。「土匪」は「職業的犯罪なるの観」があり、「犯罪を罪悪と思惟せず、嘗《かっ》て恥辱とも思わず良心の以て之を呵責することもなきものもあるべく、殆ど悛改遷善の期なきものなり」とみなし、それらに対しては匪徒刑罰令の「精神の最も時宜に適したる」とするからである。

さらに〇一年一二月一八日から二二日にかけて『台湾日日新報』は社説ともいうべき「匪徒刑罰令に就て」を五回にわたって連載した。これは一五日の『台湾日報』の「台湾律令の運命　第九」への猛烈な反駁である。『日報』の要旨は『新報』の引用するところによれば、「匪徒刑罰令は吾人人類の生命を視《み》る事塵芥《じんかい》も啻《ただ》ならず、臣民の権利を蔑視すること糞土の如し、其残酷峻厳、東西其比を見ざるの法令たり……国家刑罰権の範囲を超越して残酷峻厳、此《これ》を今日文明世界に見ざるの悪法を制定するの要、何《いず》くにあるか」という激烈なものだった。『新報』はこれを「純然たる一篇の匪徒擁護説、曲庇論、苟《いやしく》も血あり涙ある者の筆舌にすべからざる所」と真っ向から全否定する（一二月一八日）。

『新報』の論点で注目すべきものをみると、一つは匪徒刑罰令の「峻酷なるに非《あらず》して匪徒の兇悪なるなり、兇悪なる匪徒を懲戒し本島の安寧秩序を維持せんとするには勢い匪徒刑罰令の制裁を藉《か》らざる可からず」という理解である（一二月二一日）。もう一つは欧米列強の「東方亜細亜の経営拓殖」のなかで、「列強環視の中に立てる我帝国豈《あに》一日も本島の経営を忽且《こっしょ》に付すべけんや」という帝国主義的認識である。そして、この長大な論説の結びは「匪徒刑罰令の廃止は吾儕は世人と共に希望する所なれども、匪徒の存在する限りは吾儕は其存在を希望せざるを得ず」というものであった（一二月二二日）。

匪徒刑罰令犯の恩赦

全般的に治安の安定がなされたと判断した台湾総督府は、その廃止を求める声があがることにも配慮してか、一九〇五年一〇月六日、「特赦上奏に関する内規」を新たに定めた。匪徒刑罰令違反の受刑者に対して、次のような理由をあげて特赦などの措置をとるとする（「明治三十八年台湾総督府公文類纂、永久保存第四十巻司法」）。

〔匪徒刑罰令は〕付和随従者に至るまで之を厳刑に処すべき規定なるも、其の匪賊に付和随従し、又は雑役に服したる者の如きは犯行の目的の何たるを知らず、単に首魁者に煽動せられ、若し之に参与するにあらざれば後日不幸の因となるべしと信じ、是非の識別なくして犯せるが如き者多く、其犯情尤《もっと》も憫諒すべき者あり、而して今や当時匪賊に与《くみ》したるの徒も誠意帰順の意を表し、全島平穏に帰したるを以て、同令に依り処断せられ現時入獄中の者に対しては、其の刑期を強盗罪従犯者の刑に対照し其情状を斟酌し、所犯

原諒すべき点あるものに対しては特に本内規（日本国内で制定された特赦の規定）に拘らず、特赦又は減等の上奏を為すこと

しかし、匪徒刑罰令違反受刑者に対する特例措置は実際には台湾当局内にも認知されなかったために、〇六年二月一二日、尾立維孝覆審法院検察官長が児玉台湾総督に「特赦の義に付稟申」するということがあった。匪徒刑罰令により死刑に処したるものはすでに三千有余人にのぼり、「目下服役中」の受刑者は八百有余人として、「今日の状態に在ては其行状の善良なるものは特赦の恩典に浴せしめ、社会に放出するも為めに治安を害する虞《おそれ》無之」とする。具体的に台中監獄の女性受刑者蕭桂参と張阿甘の名前をあげ、「既に特赦の上奏を為すに足るべき情状有之」という（明治三十九年台湾総督府公文類纂、永久保存第三十七巻司法）。ここで名前をあげられた張阿甘（一九〇三年一月二七日、有期徒刑一二年）は、〇七年五月二七日、特赦となり、監視も免ぜられた（『台湾総督府報』第二二一八号、〇七年六月二五日）。

〇九年一月一六日、台南監獄長上田孫三郎は台湾総督宛に匪徒刑罰令犯として受刑中の林乞に対する「特赦申立」をおこなった。林は匪徒の一群に加わり、殺害事件の途中まで行動を共にし、潜伏中の匪群に米穀などを支給したことが罪に問われていた。一九〇〇年一一月三〇日、台南地方法院は「犯情原諒すべきものなる」として有期徒刑一三年を科した。「特赦申立書」には「入監以来行状善良にして、克《よ》く作業に勉励し改悛の状顕著」で「将来累犯の虞れなしと確認」できたとするほか、実兄が身元を引受け、生計上も支障がなく、刑期も八年一月を経過しているとして「特典を以て残刑を免」ずることを求めた。

この申立に至るまでに、台南監獄長は嘉義庁の警察に「本人入監前の性行」や「親族又は近隣に於て本人の出獄を嫌忌する模様なきや」などの内偵調査を依頼している。その回答は「入監前の性行不良」、「出獄を嫌忌する等の模様更になし」などだった。また、監獄自体の「視察表」も添付された。たとえば、四一年二月には

「本受刑者は性質極めて温和摯実《しじつ》にして行状頗《すこぶ》る善良、改悛之情弥《いよいよ》顕著なり、これ全く多年獄内に於ける教養感化の力に依るものと云えども、また翻って案ずるにこれ本受刑者が由来暴行又は暴戻の民に非ざりしことを証するに余《あまり》あり」などと記されている。一二月二日、第二課長が「特赦の御詮議相成度し」と上申し、監獄長が「意見の通《とおり》執行すべし」とし、台湾総督への「特赦申立」となった。

先の監獄長の申立に加えて、〇九年一月二七日、台南地方法院嘉義出張所検察官も台湾総督宛に「特赦の御詮議相成候様致度」と意見を述べた。

このような手続きを経て、林乞は五月九日に出獄した（以上、「明治四十二年台湾総督府公文類纂、永久保存第三十八巻司法」）。林と同じ公判でやはり有期徒刑一三年を科され、台中監獄で服役中の寥水応に対しても同時に申立がなされ、五月九日に出獄している（「明治四十二年台湾総督府公文類纂、永久保存第三十九巻司法」）。

規模の大きな恩赦は一九一二年、一四年、一五年の三度おこなわれている。一二年九月の状況をみよう。台湾総督の「本島に大赦令施行情況報告」によればこの恩赦（大赦）の対象は匪徒刑罰令犯のみで、受刑者八二一人中一五七人を赦免している（「所犯強窃盗の目的」だった六六四人は赦免されなかった）。内訳は在監一二〇人、仮出獄一六人、逃走中二一人となる。覆審法院・臨時法院がかかわった判決では一四人が赦免となり、三三人は赦免とならなかった。覆審法院のほかに台北地方法院が四一人、台中法院が二三人、台南地方法院が七九人を赦免した。また、監獄では一三六人のうち、余罪などで即時赦免とならなかった者が一五人いた。監獄別では台北監獄が三八人、台中が二七人、台南が七一人となる。逃走囚については検察官が逮捕状を取消し、赦免の通知を各法院に掲示するという措置をとった。

後述の『台湾匪乱小史』の「恩赦匪徒の刑期人員表」によれば、大赦のほかに匪徒刑罰令犯を対象に特赦により一七〇人（台北三二人、台中七五人、台南六三人）が赦免となり、一三五人（台北三〇人、台中七九人、台南二六

表2　匪徒刑罰令犯の恩赦人員

監獄別／年	台北監獄				台中監獄				台南監獄				計			
	大赦	特赦	減刑	計	大赦	特赦	減刑	計	大赦	特赦	減刑	計	大赦	特赦	減刑	計
1912	38	32	30	100	27	75	79	181	71	63	26	160	136	170	135	441
1914	―	―	200	200	―	―	114	114	―	―	13	13	―	―	327	327
1915	―	―	358	358	―	―	226	226	―	―	927	927	―	―	1,511	1,511
合計	38	32	588	658	27	75	419	521	71	63	966	1,100	136	170	1,973	2,279

『台湾匪乱小史』による

人）が減刑となっている（**表2**）。減刑では四分の一程度の刑期が短縮された。無期懲役は懲役二〇年となった。

　このとき各監獄において赦免を通知する状況は、次のようなものだった。「赦免」となる者については「理髪入浴を行わしめ、獄衣を新《あらた》にして」列席させた。典獄は厳《おごそ》かに聖恩囹圄《れいぎょ》の民に迄迨《およ》び、其罪全免せられたる旨を告ぐ、囚人皆感激嬉悦し、或は感極《きわま》って歔欷《きょき》する者あり、或は殆んど無意識的に叩頭拝謝其《その》止まる所を知らざるものあり、或は感情劇動の余《あまり》一時失心の状に近きものあり、是れ匪徒の大部分無期刑にして終生獄窓に呻吟すべきものなるに、今遽《にわ》かに恩命に遇《あ》い、此絶望の淵より出でて再《ふたたび》天日を配することを待たるものなるを以て、衷心歓喜茲《ここ》に到れるは誠に謂《いい》あるなり

　さらに赦免前には台湾神社の参拝や市街観光もおこなっている（以上、「大正元年台湾総督府公文類纂、永久保存第三十四巻司法」）。天皇の「恩命」が強調された。『台湾匪乱小史』はこの一九一二年の恩赦について、「是等は多く明治三十五年以前の匪徒に属し、性質殊に獰悪《どうあく》頑迷にして前非を悔い自己の罪状を反省自覚する念薄く、動《やや》もすれば同囚の受恩に対する羨望的情念に駆られ、時に或は悲観し或は亢奮し自暴自棄に陥る傾向なきにあらざりしも、諸般の注意と教誨努力とに依り漸次良好に向い何等の事故なきを得たり」とする。

　一四年と一五年の恩赦は減刑のみだった。

二 一九一〇年前後の「匪徒事件」の司法処断

苗栗事件

再び『台湾匪乱小史』によれば、一九〇三年から〇六年に至る「四箇年間は匪徒全く其影を没し、台湾の大地未だ曾って見ざる静穏に経過したる」が、〇七年以降、「一部の奸徒往々無智の島民を煽動して暴挙を企つるあり」とする。そもそも『台湾匪乱小史』は〇七年以降の北埔事件、林圯埔事件、土庫事件、苗栗事件、六甲事件、そして西来庵《せいらいあん》事件の叙述に重点がおかれていた。これらの事件における死刑判決は合計で九四九人（「残匪処分」（一九一六年）三七人を含む。**表3**）にのぼる。

これらのうち、二番目に規模の大きかった苗栗事件をみよう。辛亥革命の「大業著々《ちゃくちゃく》其緒に就き民国の基礎茲に定まるや、我が台湾の民情漸く動揺せるものあり」という状況下、「この革命の成功を観《み》て心密《ひそか》に画策せるもの」が発覚し、全島各地で一三年一〇月から一四年一月にかけて五三五人が検挙された。五つの事件から成る。

一四年一一月二五日、新竹庁苗栗に臨時法院が開設された。羅福星を主謀者とする「革命陰謀事件」公判が二六日から開廷（裁判長安井勝次、検察官小野得一郎）し、一二月一日には審理が終結、四日に判決の言渡しがあった。起訴人員一六九人のうち、羅福星ら六人が死刑、懲役一五年が五人、一二年が八人などとなり、無罪は

表3　1907年以降の匪徒刑罰令事件の司法処分状況

事件名＼区分	行政庁処分	検察官不起訴	公判				計
			死刑	無期懲役	有期懲役	無罪	
北埔事件	97	3	9	―	―	―	109
林圯埔事件	―	―	8	1	3	1	13
土庫事件	1	8	1	2	12	―	24
苗栗事件	4	578	20	―	285	34	921
六甲事件	15	68	8	4	10	1	106
西来庵事件	217	303	866	―	453	86	1,413*
残匪処分	―	221	37	―	14	―	272

西来庵事件の計＊には管轄違1、死亡7を含む。計以外に未済17がある。
『台湾匪乱小史』による

二二人だった。

小野得一郎検察官の論告は次のようなものであった。

本件被告事件は他日清国革命軍渡台と共に協力して事を挙げんとする目的にして、其為《その》さんとする考頗《すこぶ》る遠大にして、識者の目より見れば一見児戯に類し滑稽の観ありと雖《いえど》も、被告人の心中は頗る真面目にして、此思想は現に検挙したる百数十名の者のみならず、台湾全島到る所に普及し居ること、今回の事件全体を審理したる結果に依りて推知するに難《かた》からず、而して本件被告等を見るも苦力《クーリー》的人物のみにあらずして尠からず、又何等かの迷信を加味するものにあらずして純然たる政治思想の発露より斯《かか》る非行を敢て企てたるものにして、本件処分の如何は一般に普及せる危険思想を剪滅《せんめつ》する上に於て大に考慮を要するものなりと認む、被告等の主観的観察にては未だ何等事を挙げたるものにあらず、単に陰謀中の発覚せるものにして慰むべきものなるが如しと雖も、本官は一般に普及せる危険思想の防遏上、既に求めたるが如き刑罰に属するを必要と認むるものなり

台北の弁護士三人（日本人）が依頼されるが、その一人は「苗栗に来り検察官等に面会し、本日葉水全等の公判開廷の事を聴き、

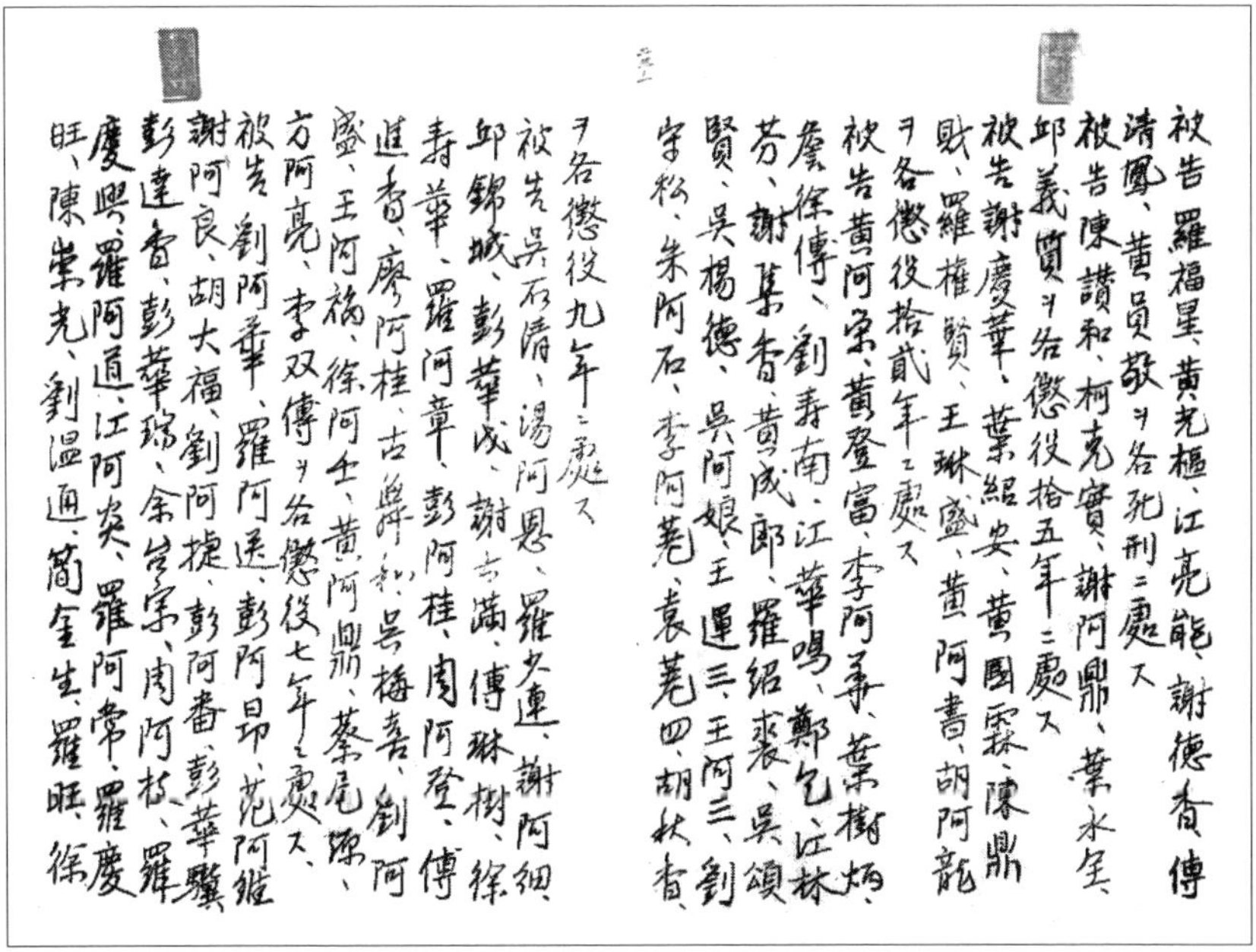
被告羅福星、黄光樞、江亮能、謝徳香、傅清鳳、黄員敬ヲ各死刑ニ處ス
被告陳讃和、柯克寛、謝阿鼎、葉永年、邱義實ヲ各懲役拾五年ニ處ス
被告謝慶華、葉緝安、黄國梁、陳鼎跌、羅權賢、王琳盛、黄阿書、胡阿龍ヲ各懲役拾貳年ニ處ス
被告黄阿宋、黄登富、李阿華、葉樹炳、詹徐傳、劉寿南、江華鳴、鄭乞江林芬、謝葉香、黄成郎、羅紹裘、呉頌賢、呉楊徳、呉阿娘、王運三、王阿三、劉宇松、朱阿石、李阿茂、袁茂四、胡秋香、ヲ各懲役九年ニ處ス
被告呉石清、湯阿恩、羅文連、謝阿細、邱錦城、彭華戊、謝云満、傅琳樹、徐寿華、羅阿章、彭阿桂、周阿登、傅進香、廖阿桂、古爵和、呉梅喜、劉阿盛、王阿福、徐阿壬、黄阿鼎、蔡乞源、方阿亮、李双傳ヲ各懲役七年ニ處ス、
被告劉阿華、羅阿送、彭阿昂、范阿維謝阿良、胡大福、劉阿捷、彭阿番、彭華驥彭達香、彭華瑞、余台宋、周阿松、羅慶興、羅阿道、江阿炎、羅阿帝、羅慶旺、陳業光、劉温通、簡金生、羅旺、徐

「羅福星外百六十八名匪徒事件判決結果報告」
「総督府公文類纂」、国史館台湾文献館所蔵

最早書類等閲覧の遑《いとま》なしと断念し、弁護を取止めたり」という状況で、実質的な弁護はなされなかった。判決言渡しの日は苗栗支庁村落派出所勤務の巡査が全員召集され、警戒にあたった。

一二月四日の判決では、羅福星らは辛亥革命に「深く感ずる所あり」、日本の台湾統治が「本島民を蔑視虐待し、重税を課し、産業を奪い、生計の途を失わしめ、益々悲境に沈淪《ちんりん》せしめんとす」とし、「須《すべか》らく島内の同志を糾合し、時機を窺い各所に蜂起して日本人を鏖殺《おうさつ》し、之を本島外に駆逐し、依て以て此悲境を脱《のが》るべし」と考えて共謀したとみなした。逃走中の羅福星は匪徒刑罰令第一条第一項により死刑の欠席判決を受けた。江亮能ら五人は「謀議に参与したる者」として第一条第二項により死刑とし、他は「付和随従」者として第一条第三項により有期懲役を科した（以上、「羅福星外百

六十八名匪徒事件判決結果報告」、「大正二年台湾総督府公文類纂、永久保存第四十一巻地方司法」、国史館台湾文献館所蔵）。

『台湾匪乱小史』には、全島におよぶ大検挙により「民心為めに動揺を来し」たが、検挙とその直後の臨時法院判決により「漸く静穏に帰したり」とある。公判の様子は新聞でも大きく報道された。検察官の論告にあるように、「一般に普及せる危険思想の防遏」という意図が公判全体を貫いていた。

ついで苗栗の臨時法院では「東勢角支庁襲撃事件」の公判が一二月二六日に開廷し、二七日に審理終結、さらに二九日の判決言渡しという急ピッチで進行した。検察官は受理した七八人のうち二二人を起訴した。死刑は一二人で、無罪は一人だった。「首謀者頼来、謝石金等が本島革命思想を懐抱し同志を糾合し、東勢角支庁に格納せる銃器弾薬を奪い、徒党を募集し、以て其の目的を遂げんとしたもの」とされた（「東勢角事件内務大臣報告」、「大正三年台湾総督府公文類纂、永久保存第三十六巻司法」）。

苗栗に開設された別の臨時法院の第三回目公判（裁判長安井勝次、検察官松井栄堯）は一四年二月一六日に開廷され、二六日に結審し、二八日に判決が言渡された。逃走のため死刑の欠席判決を受け、一三年一二月一八日に検挙された羅福星とその部下の匪徒、および台湾中部の匪徒（「本島革命を意味せる暴徒なるも、羅福星一派とは連絡なし」）が被告となった。判決の結果は死刑二人（羅福星、もう一人は欠席判決）、有期懲役一四九人で、無罪は一人だった（他に死亡一人）。これで苗栗事件のために設置されていた臨時法院は閉院となる（「臨時法院経過内務大臣報告」、「大正三年台湾総督府公文類纂、永久保存第三十八巻司法」）。

この臨時法院の開廷の様子を総督府法務部長・民刑課長が総督・民政長官らに報告している。公判では多くの被告が警察・検察の拷問による供述の強要を訴えた。たとえば、被告林兎は「警察官の問うが儘《まま》に左様と答えたのは之は拷問せられたるに依る」、陳有根は「警察及検察廷にて入党したと自白したのは拷問せられたからです」、黄水溝は「警察及検察に対し入党及勧誘したる事を申立てたのは拷問に堪えず、不実の申立をしました」、江炳文は「警察に於て入党の旨申立たのは拷問せられたからです、名簿に私の氏名が記入してあるも、羅福星なる人物は面識なし」などと陳述した。

二月二四日、検察官は台中方面の被告に対する論告で「革命党に加入したるの事実は証拠充分なり、依て匪徒刑罰令第一条第三に依り相当有罪の御処分あらんことを求む」と述べた。橋本弁護士は「何れも金銭の為め、或は職を求めんとし、一時の出来心より加入したるものにして、縦《よ》し有罪の御判決なるも極めて軽き範囲に於て御処分あらん事を求む」と情状酌量を求めた。松本弁護士は「単に勧誘し之に応諾したるを以て結合と云うことを得るや否やは頗る疑いあり……本件付和雷同者多くは自分の意思にては進みて革命党に入るの考えなきも、勧誘に応ぜざれば他日迫害等の身に及ばんことを恐れ、止むを得ず入会したるものなり」とするほか、「警察に於ける調書は其の信憑《しんぴょう》力極めて薄弱なり」と拷問による自白強要に言及し、「付和雷同したるものは無罪の言渡あらんことを求む」と弁論した。

これらの弁論を受けて、松井検察官は「異人種を同化することは短日月の事にあらずと雖《いえど》も、当法院に於ては社界《ママ》の大勢を明察し、判決の威厳を示し、以て将来禍根を絶つことに意を致し公明なる判決あらんことを求む」と述べる。また、警察での拷問について「本件の被告人は何れも法廷に於て事実を否認するの口実として警察に於て拷問せられたりと強弁するも、決して被告の言うが如き不法なる訊問を為したるものとは認め難し……警察官の調書は最も公明正大なるものにして、大《おおい》に信用すべきものなることを保証す」と反駁した（「臨時法院の公判状況」、「大正三年台湾総督府公文類纂、永久保存第三十七巻司法」）。

臨時法院で死刑が確定すると、すぐに執行された。羅福星は三月三日、台北監獄で執行された。これに先立ち、一三年一二月一日、総督府法務部の民刑課長は苗栗の加福警視に「死刑の判決を支庁の壁に貼り出すことは単に人民を騒がすのみにて却《かえっ》て弊害あり」との民政長官の意向を伝える。また、刑の執行はすべて台北監獄

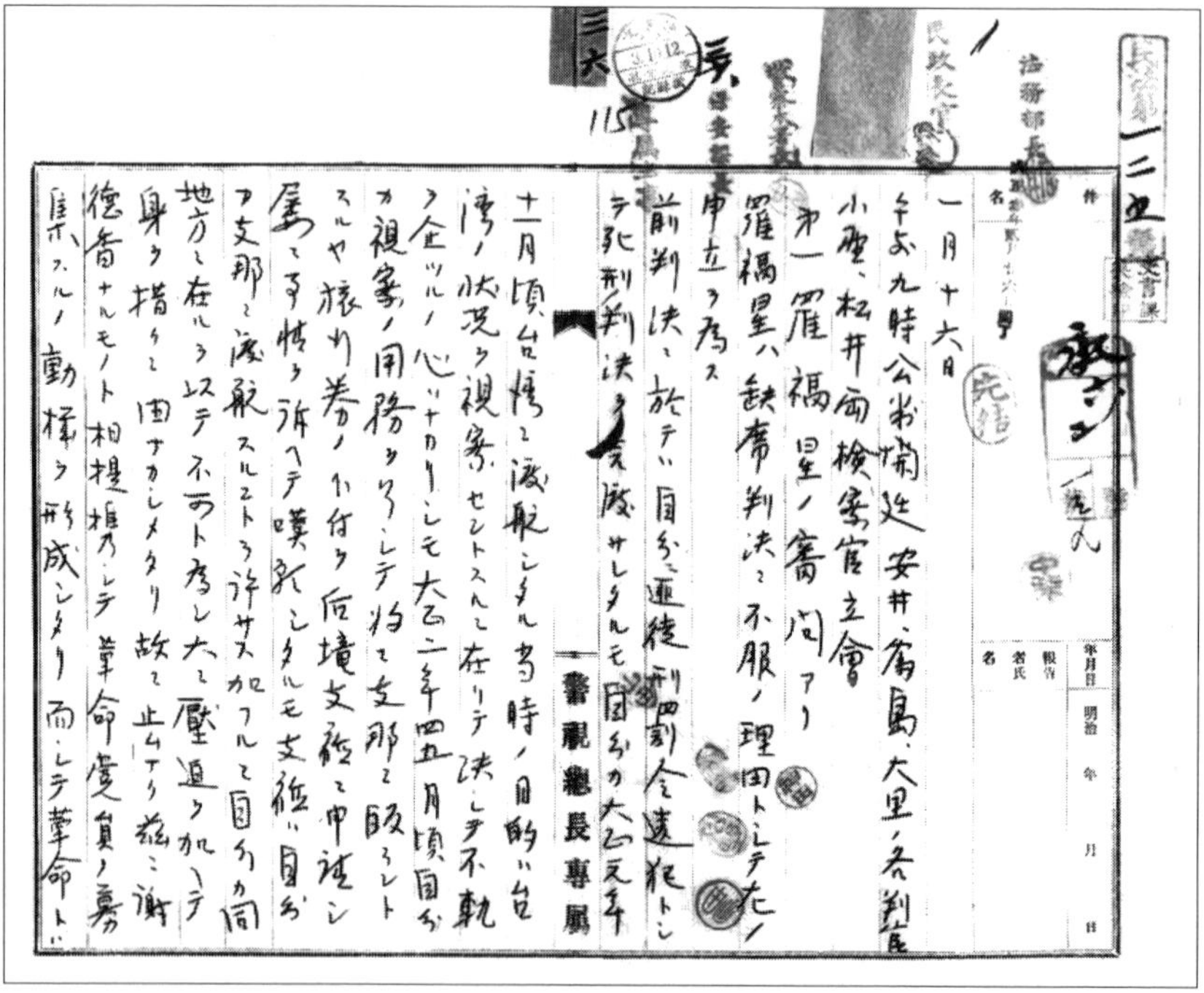
一月十六日
午前九時公判開廷安井、鶴島、大里ノ各判官
小野、松井両検察官立會
第一羅福星ノ審問アリ
羅福星ハ鉄帯判決ニ不服ノ理由トシテ左ノ
申立ヲ為ス
前判決ニ於テハ自分ニ匪徒刑罰令違犯トシ
テ死刑ノ判決ヲ言渡サレタルモ自分カ大正元年
十一月頃台湾ニ渡航シタル当時ノ目的ハ台
湾ノ状況ヲ視察セントスルニ在リテ決シテ不軌
ヲ企ツルノ心ハナカリシモ大正二年四五月頃自分
カ視察ノ用務ヲ了シテ将ニ支那ニ帰ラントスルヤ

「匪徒公判開廷報告」（羅福星）
「大正三年台湾総督府公文類纂、永久保存第三十七巻司法」

でおこなうので、列車による「囚人の押送」はなるべく衆人の目に立たないようにと注意をうながした（「臨時法院死刑執行件《ママ》」、「台湾総督府档案・法務・会計参考書類」）。苗栗事件では死刑執行の事実は『官報』や『府報』にも掲載しないことになっていた。

なお、この苗栗事件に関連して「東勢角馬力埔高地苗圃反抗事件」が匪徒刑罰令違反事件としてではなく、竹林の買収をめぐる騒擾事件として台中地方法院で判決が下されている。一四年一月一九日に開廷し、二一日に審理終結、二五日に判決となった。

一月二三日の『台湾日日新報』に、三好一八《いちばち》検察官の論告が報じられている。

買収反対の気勢を煽りて其団結を堅うすることに勉め、遂に官吏抗敵の目的に向て堅き団結を形作らしめたる奸悪《かんあく》にして煽動的なる主謀者等の行動によりて見るときは、本件の暴動は真面目に生活困難を救治するの目的のみに出でたるものと観取する能わず……本件被告らの主なるものは買収により生活困難者の生ずる機会に当て声を大にして日本の悪政を鳴らし、日本の施政に反抗して近頃本島に瀰漫せる一般革命思潮に付和して共和政府一派の同情を求めんとしたるものに非《あらざ》るか……本件を一般匪徒罪と同様に取扱うは酷に失するの嫌あるがゆえに匪徒刑罰令の適用を避けて、本件を公務妨害、傷害、騒擾の併合罪として法院に於て御処断あるべき

そして、三好検察官は被告らに匪徒刑罰令を適用せず、臨時法院の所轄としなかったことがすでに十分な「恩典」であるとして、騒擾罪を適用し、指揮者や率先してその勢いを助けたる者に六月以上七年以下の懲役を求刑した。判決では起訴人員五八人のうち懲役四年が二人、三年が一人、二年が二人、無罪が五人となった（他は罰金、笞刑）。被告らは控訴したが、七月一七日の覆審法院の判決はやや軽くなる程度だった。

西来庵事件

『台湾匪乱小史』が全体の三分の一を費やして詳細に叙述するのが、一九一五年の西来庵事件である。そこでは「苗栗事件、六甲事件の勃発を見、民心暗澹として静穏に帰せざるに又もや一、二の徒の此の機に乗じて島内不平の徒を糾合し、台湾にある内地人を撃退して新に大明慈悲国を創建すべしと揚言し、窃《ひそか》に不軌を図らんとせる、何ぞ蒙昧の徒の螳螂斧揮《とうろうふき》の狂態と看過し得んや」と書き出している。

余清芳・江定・羅俊が武力による抗日蜂起を計画中、総督府官憲の知るところとなったために逃走、山間部でゲリラ活動を展開するなか、台南庁噍吧哖《タバニー》支庁下の南庄警察官吏派出所などを襲撃し、警察官とその家族らを多数殺害した事件で、総督府は軍隊を派遣し、鎮圧を図った。八月六日の戦闘では「遺棄せる暴徒の屍体百

五十九名、抵抗撃殺したるもの百五十名」（『台湾匪乱小史』）に達したという。

一九〇七年に台湾警察官となった吉岡喜三郎は、一一年から三一年にかけて警察「日記」を残している。一三年七月から台南警務課高等警察係警部補となっていた吉岡は西来庵事件を記録している。一五年八月五日には「敵は昨夜沙仔田より後旦方面を包囲し、虎頭山を根拠し盛（さかん）に噍吧哖を攻撃し、守備員は一歩も出づる能わず、戦々兢々、士気阻喪し、一に軍隊の来援を俟つものの如し」という状況だったが、六日に軍隊が到着すると「敵は漸次退却し、虎頭山に拠れるものの如し、警察隊も軍隊と共に行動し、追撃に移るべく部隊を動しつつあり」という。七日には「噍吧哖に到達せる軍隊は目醒しき活動を為しつつあり、茄抜より到着せる軍隊は竹圍庄を全滅せしめ、亀丹より放弄に向い……日ならずして匪徒□（判読不能）滅を見るならん」と記している（鐘淑敏主編『警察吉岡喜三郎日記選輯』、二〇二二年）。

警察による検挙の本格化とともに、臨時法院と匪徒刑罰令による司法処断の準備が進んだ。八月二〇日に台南に臨時法院が開設された。警察では二一七人を行政処分とするほか、検察に一七三三人を送致した。送致の「意見書」では、たとえば八月二三日、陳丁来らについて「台湾に新皇帝現われ、内地人を駆逐して支那政府の治下たらしめん陰謀の企てに入党加盟せんことを勧誘せられ、各被告は何れも事の成効を信じ、成効後の報酬を得んと欲し入党を決意するに至れるものなり」とし、匪徒刑罰令第一条第三号を適用すべきとする。また、「各被告共改悛の見込あり」とした（「匪徒事件報告（臨時法院）」、「大正四年台湾総督府公文類纂、永久保存第四十七巻司法」）。

八六八八人の死刑判決

検察官は三〇三人を不起訴とし、一四三〇人を起訴した。八月二一日の一八二人を皮切りに一〇月二三日ま

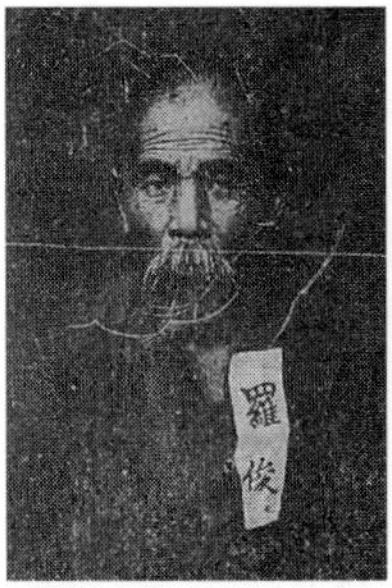

羅俊
『台湾匪乱小史』

余清芳
『台湾匪乱小史』

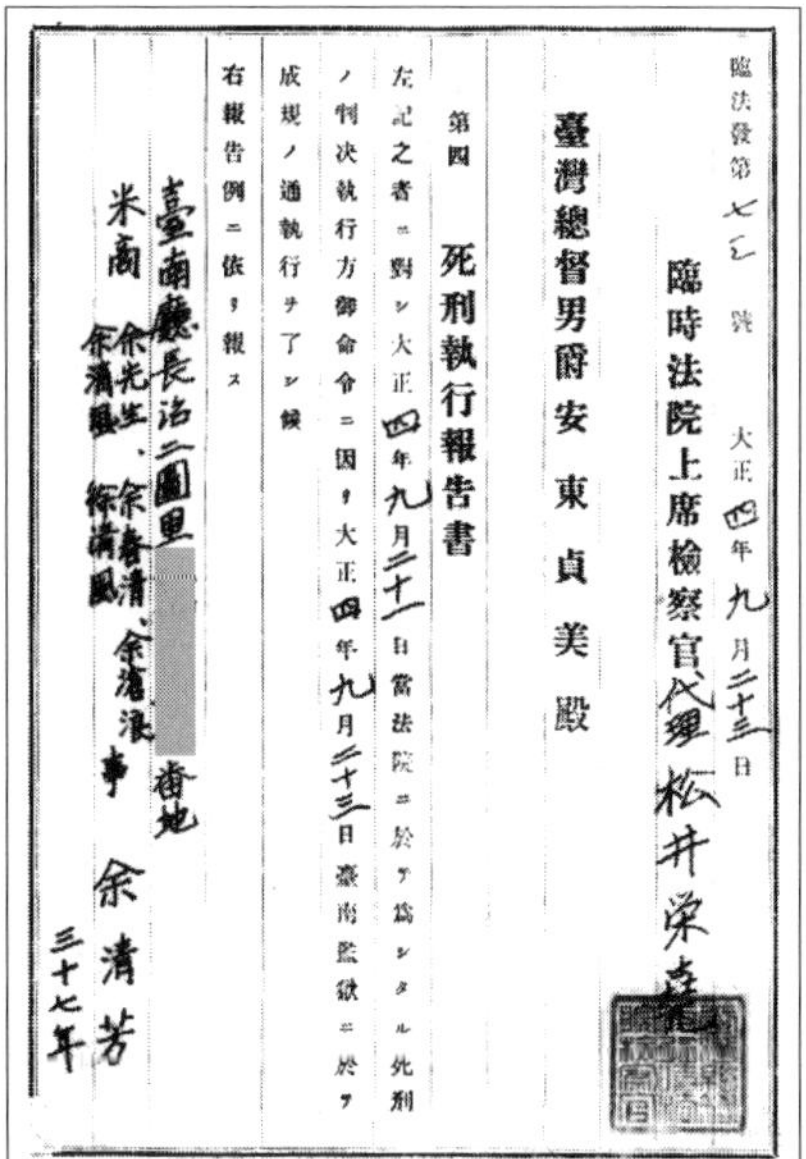

臨法發第七〇號
大正四年九月二十三日
臨時法院上席檢察官代理 松井栄堯
臺灣總督男爵安東貞美殿

第四 死刑執行報告書

左記之者ニ對シ大正四年九月二十一日當法院ニ於テ爲シタル死刑ノ判決執行方御命令ニ因リ大正四年九月二十三日臺南監獄ニ於テ成規ノ通執行ヲ了シ候

右報告例ニ依リ報ス

臺南廳長治二圖里　番地
米商 余先生、余春清、余滄浪、余清風 事
余清芳
三十七年

余清芳に対する「死刑執行報告書」
「大正四年台湾総督府公文類纂、永久保存第四八巻司法」

で、一八回にわたって公判請求（起訴）する。臨時法院の公判は八月二五日から一〇月二九日まで三一回におよんだ。『台湾日日新報』連載の「匪徒陰謀顛末」（一〇月六日）によれば、「御大典前に一切を了する方針」の下、「公判廷に於ける審理は毎日七、八十名より百余名の多きに亘り、一々各人に就き訳を通じて罪状を査問し、多くは午前八時に始まり、午後九時頃に至るを普通とし」たという。

判決の言渡しは九月三日から一〇月三〇日まで一二回おこなわれた（『台湾匪乱小史』）。吉岡喜三郎の九月三日の「日記」には、「本日午前八時より臨時法院に於て羅俊以下判決あり、羅俊外七名に対し死刑、豹成に対し懲役十五年、其他懲役十二年十名、他は全部懲役九年なり、僅に四十分余にして全部言渡済となりぬ」（『警察吉岡喜三郎日記選輯』）とある。

余清芳に対して、松井栄堯検察官は「或は大元帥になるとか皇帝になるとか、本島を日本政府から奪還するとか、恰《あたか》も刑法上に於ける国事犯の如き形式を述べ居れり」が、「本件は支那人種一流の誇大なる形容詞の下に種々名目は付せられ居るも、実際の性質上より見る時は朝憲を紊乱するが如き大なる目的を以て企てられたるものにあらず、唯だ圧迫を受くるが如き苦痛に対して感情的に一時の報復的快《かい》を得んとなしたる暴動に過ぎざる」と論告し、死刑を求刑した（『台法月報』第九巻第一〇号、一九一五年一〇月）。九月二一日、余に死刑が言渡された。二三日には台南監獄で死刑が執行され、この

上：台南駅前の被告らの行列、人力車に乗る余清芳
『台湾史100件大事』上
下：台南監獄から出廷する被告ら
『台湾匪乱小史』

事件では『官報』に記載された。

西来庵事件をできるだけ政治的意図をもたない暴動とみなす一方、死刑の言渡しは八六六人におよんだ。これは起訴者の約六〇%となる。しかし、政治的意図をもたないとするゆえに、七五九人は恩赦により死刑から無期懲役に減刑となった（九五人の死刑はすでに執行）。王泰升は「処刑が余りにも酷かったので、日本帝国議会を驚かせ、日本政府は大正天皇の即位を理由に恩赦を行」ったと論じる（「植民地下台湾の弾圧と抵抗」）。中央政

府が総督府に恩赦を求めたという史料は確認できないものの、台湾総督府自身がその植民地統治の遂行上、減刑をおこなったことは確認できる。一五年九月一八日、台北の民政長官代理は在京中の内田嘉吉民政長官に、次のような安東貞美台湾総督の意向を伝えている。

> 此等犯行に付極刑に処せらるる、元より当然とは申しながら、或は是非の識別なく付和雷同せるものにして犯情憫諒すべきものなきや、総督閣下に於ても深く懸念被遊《あそばされ》、右死刑者に付ては訴訟記録に依り充分之を調査し、所犯情状原諒すべきものは恩赦令に依り極刑軽減の申立を為すは、本島統治上必要なりとの思《おぼし》召《めし》

そして「死刑調査標準」を掲げる。匪徒刑罰令第一条第一号・第二号、第二条第五号前段・第六号、第七号前段に該当するとされたものは死刑を執行する。減刑になりうるのは第一条第三号、第二条第一号から第四号などの判定である。満二〇歳未満も対象となりうる（「大正四年台湾総督府公文類纂、十五年保存第二十六巻地方司法」）。

臨時法院で判決が出るたびに開催した「審議会」によって「訴訟記録等に付充分精査」し、その減刑の決裁は台湾総督の帰台を待つという判断がなされた。そして、総督の決裁があったのだろう、一〇月一三日、臨時法院上席検察官代理早川弥三郎は法務部長石井為吉に「死刑判決確定囚七百五十九名の内、七百三十一名は本年勅令第二〇五号減刑令第二条に依り無期懲役に減刑せられ」と報告した。二八人については死刑の執行が指示された。その後、検察官の「死刑具申書」を「返戻」するという形式で、無期懲役への減刑が実行された（以上、「台湾総督府公文類纂、永久保存第五十八巻司法」）。

『台湾匪乱小史』は被告らが「減刑の聖旨を伝達せられたる当時は、殆ど失神せん計りに驚喜し、聖恩の優渥なるを痛切に感激せしものの如くなりし」と記している。また、この減刑が社会に報じられない時点で執筆されたと推測されるが、一五年一二月の『新台湾』に台冬生は「嗚《ああ》一千名の死刑囚——此後如何にして酸鼻の

極致を防止すべきか」という文章を載せている。「彼等の陰謀が世間一般の思惟する程恐しいものであるか、彼等無智なる徒輩が十万有《あ》ろうが、二十万有ろうが、何でもない事だ」として、「本島万全の統治を望み、本島人多大の利益を増進する為めに弾力政治を行うことが刻下の急務である」と論じた。当局者に恩赦による減刑を促したのと等しく、「本島万全の統治」という観点からの主張であった。

一一月二六日に臨時法院が廃止となった後も、首魁とされた江定らは山中を逃亡しつづけた。警察の「捜索隊は徒《いたずら》に奔命に疲るるのみ」の状況になったため、「勧降誘致の方策」をとることにした。一六年五月一日までに江定ら二七〇人が投降し、「全く秩序を恢復して庶民其の堵《と》に安んずるに至れり」となったという。投降したにもかかわらず、江定らは「或は匪首となりて多衆を指揮し、或は自ら警察官を殺戮したる者なるを以て、国法上之を不問に付するを得ず」として台南地方法院の公判に付された。六月二〇日に開廷し、七月二日には五一人全員を有罪とし、江定ら三七人に死刑を科した。九月一三日、台南監獄で江定の死刑が執行された（以上、『台湾匪乱小史』）。

抗日勢力を「暴徒」扱いに

苗栗事件では検察官は羅福星らが辛亥革命の影響を受け、「純然たる政治思想の発露より斯る非行を敢て企てたるもの」ととらえたのに対して、多数の警察官らの殺害におよんだこの西来庵事件では「朝憲を紊乱《びんらん》するが如き大なる目的を以て企てられたるもの」ではないとして、「暴動」と決めつけた。それゆえ余清芳らの死刑執行を『官報』に掲載して社会を威嚇する一方、死刑を減刑することにより「聖恩の優渥」を振りまいた。

こうした「暴動」観は、この事件の報道と臨時法院公判の報道でも強調された。一九二五年一〇月になって台南から「匪徒陰謀顛末」を連載する『台湾日日新報』の特派記者は、「是を通観するに渠等《かれら》畢竟往年の土匪の残党のみ、余清芳は甚しく土匪と呼ばるるを嫌い自ら革命を計画したりと称す、然れども渠等を以て印度又は支那の革命党を比するに全く同日に論ずべからず、安南〔ベトナム〕の革命党と比較してすら多大なる相違を見る、蓋《けだ》し渠等は往年の土匪と同一系統に属するものにして、決して新たなる様式の計画を為せるに非ず、是最《もっと》も注目を要する一事也」（一〇月九日）、「純然たる土匪にして決して台湾統治史上に於ける新事実に非ず……今回の匪乱は其本質上重大なる問題と為すを得ざる也」（一〇月一四日）とみなして、事件の矮小化に努めた。

一六年三月の『新台湾』の「西来庵事件の真相」と題する文章で翠巌洞という人物は、「之を陰謀と称するは寧ろ大仰《おおぎょう》に過ぐる」として、「彼《あ》れ丈けの大騒動に成ったのは一の野心家と本島人特有の付和雷同性と相合せしに因るもの」、「支那全国を以てしてさえ敵対の出来ぬ日本帝国が高《たか》が台湾人の陰謀など何が恐《こわ》いことがあるものか、唯恐るべきは無智の暴動である」と論じた。ここでも事件の矮小化を図ろうとしている。

まだ苗栗事件では辛亥革命の波及に警戒するところはあったが、西来庵事件では「暴動事件」と断じて植民地統治への不満や抵抗を強権的に徹底的に押しつぶした。当局者や在台日本人、そして日本国内にもそうした「暴動」観が根強く植え付けられた半面、台湾民衆には威嚇と恐怖をもたらした。王泰升は「無差別な殺戮で一般の民衆を威嚇し、蜂起した者を「めんどうな邪魔者」とみなすようにさせたのも、日本政権のもう一つの鎮圧手段であった」と指摘する（『植民地下台湾の弾圧と抵抗』）。

一九三三年五月一日の『台湾日日新報』に「宝刀化した匪徒刑罰令　之も三十五年の歴史」という記事が載る。三〇年五月に最後の一人が釈放され、「全島にはこの律令による入獄者は全く跡を断ってしまった」という。しかし、「伝家の宝刀」として抜かれないまま、匪徒刑罰令は敗戦後まで存続した。それは『台湾匪乱小史』が記すような、「由来本島人は辞令に巧《たくみ》にして面従腹背《めんじゅうふくはい》の悪癖あり、其真情は容易に逆睹し得ざる」という警戒心が当局者・日本人の根柢に残っていたからといえよう。

II

治安維持法の運用開始
——一九二〇年代

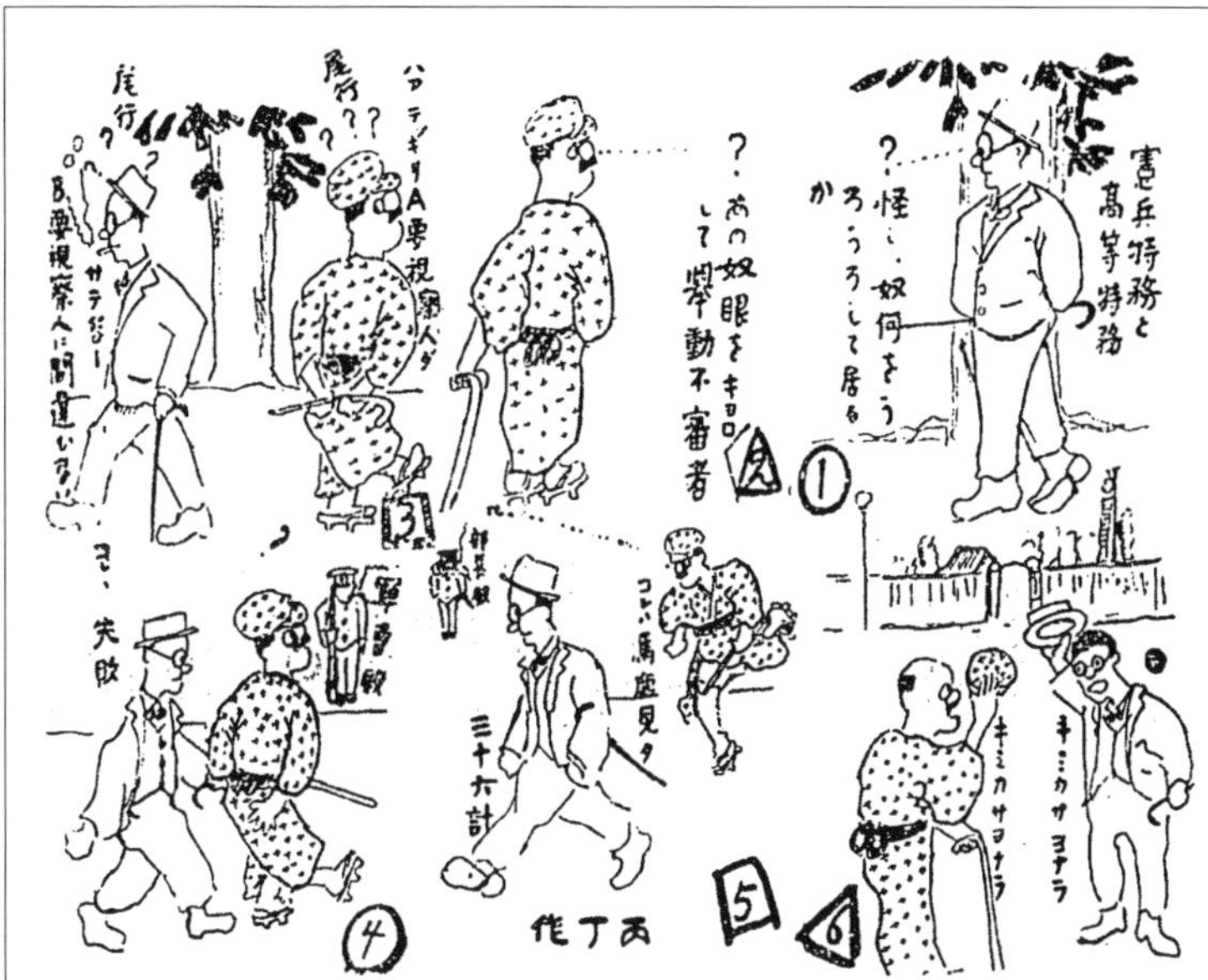

「憲兵特務と高等特務」『台湾警察時報』第一号、1930年1月1日
「日治時期期刊影像系統」（国立台湾図書館所蔵）

一　治安警察法の施行

民族運動勃興への対策

王泰升は「日本植民地統治下における台湾の「法的暴力」及びその歴史的評価」(『台湾法における日本的要素』第七章)のなかで、一九一〇年代前半までの「政治的抵抗者に加えた軍事暴力及び法の暴力」についで、一九二〇年代以降を「法体制内における法的暴力への抵抗」と位置づけ、「植民地支配に対する血を浴びた二〇年の武力抵抗でも効果がないという現実に、台湾人政治エリートは改めて抵抗の策略と目標を設定しなおした」とする。

一九二〇年前後が台湾の社会運動とその抑圧取締において画期となったことは、台湾総督府の治安当局者にもとらえられている。台湾総督府警務局「台湾総督府警察沿革誌」の第二編となる『領台以後の治安状況』(中巻、一九三九年)は、『台湾社会運動史』として編纂されている。その序説の「第二　本島治安の変遷と社会運動の沿革概観」では「本島人智識階級並に東京、支那各地に於ける本島人留学生等は欧州大戦以来思想界を風靡せる民主主義、自由主義、或は大戦講和会議に際して米国大統領ウィルソンの主唱せし民族自決主義の主張に痛烈なる刺戟を受け、茲に彼等の脳裡に潜在する民族意識を喚起し、民族自決主義の主張に基きて之を理論付け、「台湾は台湾人の台湾たらざるべからず」との叫びを挙げて漸次団結し、一方中国国民党、朝鮮独立運動関係人物等と接し……民族自決主義的啓蒙運動に進出せり」と記述する。

また、総督府官房法務課「思想犯罪概説」（一九三四年）では、次のように社会運動の発端をおさえている（「昭和八年至十年官制改正に関するもの」、「台湾総督府档案・法務・会計関係書類」、国史館台湾文献館所蔵）。

> 大正時代初期に於ては僅《わずか》に啓蒙運動として一部有識階級の率先唱導したるに過ぎざりし本島の社会運動も大正中葉時代に及びては漸く其の黎明期に達し、時恰《あたか》も欧州戦後澎湃として勃興し来れる「デモクラシイ」の思想、民族事件の世界思想は新付《しんぷ》の島民を刺戟するを過《あやま》たず、急激に民族運動勃興の機運醸成されつつありし際、偶々《たまたま》大正八年に勃発したる朝鮮独立運動は痛く本島智識階級に衝動を与え、本島社会運動は俄《にわか》に民族運動の形態を採り飛躍発展を示すに至りたり

こうした「民族自決主義的啓蒙運動」「民族運動勃興の機運」の兆しを感じとった治安当局者は対策を講じ始めた。後述する治安警察法の施行にあたり、二三年二月の『台法月報』（第一七巻第二号）は「彙報」欄で「治安警察法の施行は多年の懸案にして……一時は台湾治安警察令なるものの起案ありたるやに聞き及ぶも」と記している。日本国内では一九〇〇年に施行されていた治安警察法を台湾で施行するかどうかが「多年の懸案」になっていたこと、それと関連して「台湾治安警察令」という律令の制定も検討されていたことがわかる。

高等法院検察官の三好一八《いちばち》が二一年五月と六月の『台法月報』（第一五巻第五号、第六号）に寄稿した「論我国体及本島不法結社取締法之必要」からは、第一次大戦後の世界的な思想変動への当局者に広がった警戒ぶりが読みとれる。三好はその前半で「近時大戦乱の余弊を受け世道人心の荒廃甚しく、険悪思潮の流布に伴いて国家政治をも之を民衆化し、世界を捲席して全部赤色に社会化せんとするの勢を示せり、世界無比万古不易の立憲君主国たる我国体を尚蠹毒《とどく》せんとする不逞の徒、朋党比周〔徒党を組んで悪事を働くの意〕して其勢を恣《ほしいまま》にせんとするものある」と強い危機感をもらし、多衆運動や不法結社の取締のために早急な対策が必要とする。そ

れらは「畢竟《ひっきょう》するに之《これ》皆我日本固有の国体を弁《わきま》えず、臣民たる分限を知らざるの罪」と断じた。

ついで後半では「社会国家の公安秩序に最も深き関係を有し、且つ届出又は登記等公示の方法を有せざる政社及公益結社に於て何等の取締法令なきは国家制度上の大なる欠陥」としたうえで、「不法結社」の取締を急務とする。そこで注目すべきは、かつての匪徒刑罰令が対象としたような「暴動」よりも「隠密に醸成せらるる危険なる思想及其思想の下に隠密に結ばるる所の社団、更に進んでは其言論集会に依りて為さるる所の険悪思潮の伝播」を現状の脅威とみていることである。この二一年の時点で、すでに日本国内では過激社会運動取締法案の起草が内務・司法両省によって進められていたが、三好の論はそれらと認識と方向性を共有しているといってよい。

さらに三好は一歩を進め、「多年の懸案」となっている治安警察法の施行は「本島に施行するは既に後《おく》れたるの感なき能わず」とする。「殊に個人の脅《ママ》暴行為取締中、労働運動に関する規定は今日の社会制度に適当せざる者あり」とみるからである。代わって推奨するのは、香港の「不法結社取締に関する法令」である。まもなく台湾で治安警察法が施行されていくことになるが、その際、三好は結社取締の「範囲狭きのみならず、其刑軽く」、しかも「隠密にして急速な処分」ができないことに「遺憾の点多き」という不満をもらした（「英領香港の結社法」『台湾警察協会雑誌』第七八号、第七九号、一九二三年一一月、一二月）。やはり香港の「結社及倶楽部の取締に関する件」のような厳重な取締規定が望ましかったという点からの不満であった。

香港「結社及倶楽部の取締に関する件」は次のような条文である。

第一一条　不法結社の管理者及其補助者は略式裁判を以て一年以下の禁錮に処す

第一二条　不法結社の会員は略式裁判を以て五百弗以下の罰金及六月以下の禁錮に処す
不法結社の集会に参加したる者は略式裁判を以て百弗以下の罰金及三月以下の禁錮に処す

治安警察法の規定も秘密結社の組織・加入は「六月以上一年以下の軽禁錮」だが、その秘密結社の範囲は「至て狭きのみならず、秘密結社たる挙証に甚だ困難」があるとする（「英領香港の結社法」『台湾警察協会雑誌』第七八号）。

なお、三好の経歴を見ると、一八七二年の佐賀県生まれで、九九年の東京帝国大学卒業後、司法官試補として長崎区裁判所・佐賀区裁判所検事となり、一九〇一年三月に佐賀区裁判所判事に転換後、一一月に台湾総督府法院検事（台北地方法院検察官）となっている。日露戦争後、一時的に関東都督府法院判官となるが、〇八年四月に台湾総督府法院検察官に復帰し、一九年から高等法院検察官となっていた。二八年に病気で台北地方法院検察官長を退職する。二〇年代から三〇年代には台湾司法官のトップは日本国内の司法官人事システムに組み込まれていくが、植民地統治前半にはこの三好のように比較的若い時期に台湾司法官となり、いわば生え抜きとしてキャリアを積みかさねていくケースがあったと推測される。

治安警察法の施行

「多年の懸案」であった治安警察法は一九二三年一月一日から施行された。その施行を促したのは、「民族自決主義的啓蒙運動」の勃興と高まりである。「在京台湾人留学生の民族的覚醒と、実践運動への発展の傾向」（『台湾社会運動史』）は、一九年末に啓発会を経て新民会を結成させ、東京台湾青年会の結成と機関紙『台湾青年』の発刊に至った。島内においては蔣渭水・林献堂らにより二一年一〇月、台湾文化協会が創立された。前述の官房法務課「思想犯罪概説」では一九年の朝鮮の三・一独立運動の影響に言及していた。

二二年一二月一日の『台湾日日新報』は「台湾に治警法施行　政治運動を取締る可く」という見出しで、「現在台湾に於ける政治運動状況は近来台湾人の運動抬頭し来り、従て此等の政治運動を取締る為め治安警察取締

台湾文化協会創立

法規を必要とするものなるが、如何なる形式とすべきかを慎重考量したると、且つ二年前より懸案となり居れるより、今回愈々《いよいよ》之が提案を見るに至れる次第なり」と報じた。「二年前より懸案」とあるように、二〇年初頭には議論が始まっていた。

　これに先立ち、六月二六日の『台湾日日新報』が途中経過の一端を伝える。東京出張中の下村宏総務長官の語るところでは、「治安警察法は総督府にては内地法其儘《そのまま》を施行せんとし、中央にては台湾の民度を考慮し、之れ又其儘となり居れり」という。すでにこの時点で治安警察法の施行については固まっていたが、「内地法其儘」のかたちで施行したい総督府と「台湾の民度を考慮し」、治安警察法の施行に特例を設けたい中央政府の齟齬が埋まらず、膠着状況となっていた。

　その後の折衝は不明ながら、先の一二月一日の『台湾日日新報』の記事には「該案の内容は素より大体に於て内地の警察法に準拠せるものなるも、大方は許可主義を執れり」とある。中央の意向にそって「台湾の民度」に対応した特例措置を設けることで決着がついたことになる。

　施行を一週間後に控えて、一二月二四日の『台湾日日新報』は「台湾警察法と警察官吏」と題する社説を掲げた。総督府の御用新聞らしく、まず「国家の公安と社会の秩序とを維持する上に於て、治安警察法の必要であることは今更兎角の議論を挟むの余地なき明白な事実」として、むしろ遅すぎるほどとする。ここでも第一次大戦後の思想激変の世界的な潮流に言及し、「不堅実不合理なる思想も此の雰囲気に依って醗醸され、動《やや》もすれば盲目的に人類生活の根柢を動揺せしめんとする悪傾向を見受くる許《ばか》りでなく、朝憲紊乱《びんらん》に等しき無政府主義、共産主義の宣伝さえ冥々裡《めいめいり》に行われつつあるが如き今日に於て、治安警察法は是等に対する防衛的障壁としても一日も速かに之が制定の実現を期待しなければならぬ」ときわめて前のめりの論調となっている。

社説では治安警察法は「国家の存立、社会形態の維持存続の為に必要欠く可からざる施設」と強調する一方で、その「適用且つ運用等に対して多大の懸念と危惧」を表明する。それは「本島に於ける多数警察官吏の硬化せる頭脳」によって、従前どおりの「玉石混淆《ぎょくせきこんこう》を分《わか》たず無闇に干渉圧迫を加え、検束と引致とを誇りとするが如き態度行動」が引き起こされかねないことに不安を覚えるからである。いうまでもなく論者は治安警察法が期待どおりに運用され、台湾統治が万全となることを第一義とするがゆえに、「警察官吏の頭脳改善」を切望した。

治安警察法の施行にあたり、三点が特例とされた。第一条の結社の届出に関して「三日以内とあるは十四日前及三日以内とす」とする。まず一四日以前に届出たうえで、もう一度三日以内に届出をするという二段の手続きが必要となった。次に集会の開会について二時間以前に届出するという第二条の規定を、開会六時間以前に場所・日時とともに「講談論議すべき事項」も届出すべきとした。これは集会の開催の制約をより厳重とする。もう一つは「外国の政事に関する結社加入に関し、必要なる規定は台湾総督之を定む」として、当局による規制が自在にできるようにしたことである。

施行後、二三年一月一八日の『台湾日日新報』は「治安警察法と本島」と題した記事で「内地法と違う点の数々」を解説する。その結びには「法の施行せらるる事は法治国家たる資格の認められたことを意味するものであるから、本島在住内台人は結社集会の自由を享受すると同時に、一面には本法に触れて慮外の結果を惹起せぬだけの用意に努めねばならぬ」とあった。治安法令でありつつ、政治・経済的な結社や集会が成立しうる水準に台湾社会が到達したことの意義を強調して歓迎することは、他の論者にも共通している。

二三年二月の『台法月報』巻頭言で、主幹和田一次は「改隷〔台湾の領有〕以来二十有九年、其間本法施行の必要を認めざりし過程に顧れば、今日この新法の施行せられたることは本島文化進展の事実を有力に裏書きするもの」と歓迎する。同号「彙報」欄の「治安警察法施行」でも「実質的には本島人の政治的、大国民的、文化的覚醒を認めたるものにして、何れより観察するも本法の施行は本島の為め欣喜すべき次第と謂わざるべからず」とする。

前述のように、治安警察法を時代遅れとみて厳重処罰を規定する香港の不法結社取締法的な法令を望ましいとみていた高等法院検察官の三好一八は、二三年二月から一〇月にかけて『台湾警察協会雑誌』に「台湾に施行の治安警察法」という詳細な解説を五回にわたって連載する。その第一回目では「台湾は内地と民情を異にするがゆえに、大正十年法律第三号第二条に基づき、集会結社に関して律令を以て規定することも不可なるに非ず」だったが、「敢て内地の治安警察法を台湾に施行し、律令制定の挙に出でざりしは、内地延長主義、内台法制統一の精神に出でたるものなるべし」という観点からの積極的な評価となっている。三好は後述する治安警察法違反事件での最初の検察官となる。

治安警察法の運用開始

日本語新聞・雑誌などが治安警察法の施行を「本島文化進展の事実」の証明などと持ちあげるのとは裏腹に、本来の治安法令としての刃はまだ萌芽的な「民族自決主義的啓蒙運動」に容赦なく襲いかかった。

すでに治安警察法の施行前から台湾文化協会や台湾議会設置請願運動は「深き民族的根底を有し、到底一朝一夕に掃滅し得る処にあらず」とみて、「専《もっぱ》ら懐柔政策」で臨んでいた。なかでも中心人物の林献堂に転向をうながし、議会設置請願運動に対して「態度著しく軟化」させることに成功した。しかし、それは「反《かえ》って運動の熾烈化を招く」状況になったため、「講演会、講習会等の諸活動に対する言論取締を強化」していった。一九二二年八月、警務局は「議会設置請願及文化協会幹部等が宣伝、講演を為す場合は、講演場に土語に精通せる警察幹部を立会せしめ、治安を妨碍《ぼうがい》する如き言動ある時は相当処分すること」「急進的過激分子に対しては厳重なる取締を励行し、然らざる者に対しては善導の方針を以て臨む」などの対応策を打ち出した。そして、二三年一月の治安警察法施行は「此種運動の取締に法的基礎を置く」ことになり、抑圧の度をより高めた（以上、『台湾社会運動史』）。

それはまず進行中の「出版物事件公判」に影を落とした。二三年一月二六日、台湾出版規則違反事件（「新台湾連盟宣言」）で台北地方法院から罰金二〇円を科された蒋謂水が控訴した高等法院覆審部の公判で、裁判長は新たに施行された「治安警察法の精神」からみると、この出版物が未届であれば処分されるものではないかと蒋に迫る場面があった（判決は不明）。これは　月二八日の『台湾日日新報』が漢文紙面で報じた。

ついで、台湾議会期成同盟会結成への治安警察法の最初の発動となる。当局の働きかけで林献堂は脱落していたが、蔡培火は蒋謂水らとともに第三回台湾議会請願運動を進めるために期成同盟会の結成を図り、二三年一月一六日、治安警察法第一条にしたがって結社組織の予告届を提出した。警務局では「右結社の存立は施政上の一障碍たるを失わず、其活動は本島の安寧秩序保持上、憂慮すべき性質のものなる為、慎重考慮の結果、一応諭示して結社組織を断念せしめ、肯《がえん》ぜざる時は断然解散を命ずる」方針をとることを決定し、二九日に警務部長は「組織中止方諭示」した。

これに対して蔡・蒋らは三〇日に中止しがたき旨を返答、結成を断行した。その後に届を提出、さらに二月四日には発会式や政談演説会の開催を予定した。こうした事態に二月二日、田健治郎総督名で治安警察法第八条第二項による結社禁止を言渡し、四日の『府報』で告示した。新台湾連盟名による政談演説会も行政執行法第五条により「戒告」し、中止させた（以上、『台湾社会運動史』）。

施行されたばかりの治安警察法をすぐに発動したことに反響が大きかったのだろう、二月七日の『台湾日日新報』は「台湾議会期成同盟組織は主唱者の意は諒とするが、統治方針に背馳するから涙を揮って馬謖《ばしょく》を斬った」という竹内友治郎警務局長の談を掲載する。この禁止措置が「本島人は勿論、一般世人に於て之に対する充分なる理解を有しない結果、種種揣摩《しま》臆測を逞《たくましゅ》うする向《むき》もある」ので、そうした誤解を解くという意図での記事である。しかし、なお不満はくすぶっていたのだろう、三月一二日、同紙は「台湾議会期成同盟会の禁止は圧迫でない　上司の為すべき当然の義務」という弁明記事を載せた。

該会に就ては上司も最初任意に解散せしむるよう方法を取ったものの如くであるが、何《ど》うも理解がないので止むなく之を禁止するの挙に出でたるものの如くである、而も彼等の議会に対する請願には毫も手を触れず、人民としての権利を見認《みと》めて充分やらしたのであるが、唯だ該運動を目的とする彼の同盟会は憲法と両立せぬことを計画するのであるから毫も圧迫等の意味がなくして、当然之を禁止したものであると考えられる、若《も》し斯《かか》るものをほって置くに於ては将来に禍根を貽《のこ》すものであることは今日より考えなければならぬ

期成同盟の結社が禁止となった直後、蔡培火や蒋謂水らは東京で第三回請願運動を展開するとともに、東京に本部を置く期成同盟会を結成し、警視庁に結成届を提出し、受理された。同盟会幹部は五月から八月にかけて「東京留学生等と共に島内到る処に文化協会主催文化講演会を開催し、名を文化の促進に藉《か》りて旺《さかん》に民衆の民族的又は政治的自覚を促し、巧に民族意識を唆《そそ》」ったとされた（『台湾社会運動史』）。

こうした蔡培火や蒋謂水らの活動に台湾官憲は「大に憤慨し、何とかして縛る口実を研究して居たが、法域の相違でどうにもならなかった」。高等法院検察官だった三好一八が一二月に台北地方法院検察官長となると、期成同盟会に対する「捕縛研究は大に進み、遂に「主脳者と法域は違っても、会員は大部分が旧結社員にして会名も同一だし、台湾島内で活動している」という事を口実とし、非法律的解釈で」（以上、謝春木〔台湾新民報社〕『台湾人の要求』、一九三一年）、一六日に一斉検挙を断行した。

植民学者の山本美越乃《みおの》は「台湾議会設置請願問題と過去の総督政治」（『外交時報』第四八八号、一九二五年四月）で、「全島及び東京に於ける該運動の関係者百余名を検挙し、六十数箇所の家宅を捜索したるのみならず、電信電話等の交通機関を遮断し、或は書信の検閲、内地向電報の留置等あらゆる高圧手段を弄し厳重なる取調を為したるも、其の結果は大山鳴動して鼷鼠《へいそ》だも出でず」と記している。

一二月二二日、蔡培火や蒋謂水ら二九人が台北地方法院検察局に送致された。二四年一月七日、三好一八検察官長は一八人を台北地方法院に「予審請求」し、一一人を不起訴とした。二月二九日、予審が終結し、蔡・蒋ら一四人が台北地方法院の公判に付された。このとき免訴となった四人について三好検察官長が抗告し、四月八日、それら四人も公判に付されることになった（以上、『台湾社会運動史』）。

予審の終結とともに事件報道が解禁となった。三月二日の『台湾日日新報』は「本島の内治独立を画策せる一味十四名起訴さる　台湾議会設置請願運動をなす秘密結社　治安警察法の槍玉に挙る」という見出しで大きく報じた。「予審終結決定書」と蔡・蒋ら七人の顔写真のほか、「罪になる迄　同盟会員の行動とその犯則行為の大要」という記事も載った。三好検察官長は次のように述べたという。

実に困ったものです、彼等は男らしく無くネチネチと計画を樹て、諭されればハイと引込み、少し黙って居ると再《ま》た始めると云った風で始末にいけません、彼等の計画の発端は民族自決、差別撤廃などと云う問

大正十三年三月二日　臺灣日日新報　第八千五百四十五號　(七)

本島の内治獨立を畫策せる
一味十四名起訴さる
臺灣議會設置請願運動をなす秘密結社
治安警察法の槍玉に擧る

豫審終結　有罪決定

豫審免訴

主文並に理由

公訴棄却

罪になる迄
同盟會員の行動と
その犯則行爲の大要

新臺灣聯盟を先づ組織す

當局の言に服せず
結社組織を敢行し
發會式に先たち禁止さる

彼等は男らしくない
一種の思想かぶれ
三好檢察官長談

法律問題は別として
政治思想問題としては
實に重大＝長尾辯護士談

暫く隱忍自重

臺灣議會設置

結社禁止に違反

總督の禁止命令を
韜晦すべく東都に

中止命令に
憤慨して

請願遂に不採擇となる
而も島内に記述を許さなれない運動をした

本事件發生の
根本誘因

御召列車到着を知らず
發車間際に漸く飛乗り

『台湾日日新報』1924年3月2日

題から起ったらしく、一種の思想カブレとでも云いましょうか、而して島内に在住して居るものは左程でもないのですが、内地へ行って来たものが恁《こう》云う事を叫ぶのです、目的は官事行政に対して協賛権を与えよとか、憲法に定められた議院以外に特別議会を設置せよとか、実に無謀な企《くわだて》をしたもので、将来としても執《しゅう》念《ね》く考えて居るかもしれませんが、明かに治安警察法に違反するもので、相当の処分は仕なければなりません

「一種の思想カブレ」など

と評する検察官の頭には「民族自決主義的啓蒙運動」を理解しようとする発想はなく、台湾の植民地統治に抵抗するものは「無謀な企」として一掃されねばならなかった。

その姿勢は『台湾日日新報』の論調と重なる。三月五日の社説「台湾議会と請願運動　民族自決主義と本島の覚悟」には、「民族自決主義の如き実生活に甚だ遠き理想は、今日では次第に下火となって流行後《おく》れの感なしとしない」と述べて「民族自決主義的啓蒙運動」に冷水を浴びせる。保釈となった蔡培火や蒋謂水らが「上京の途中も門司等で可成《かなり》猛烈な事を言い触《ふら》した事」をとりあげ、「法の威信問題だ　同時に法の不備もある法曹会も憤慨する」などと批判した（六月二五日）。

さらに公判が始まる前の六月二六日には「蒋謂水の妾に煽動され退学を喰った　不良少女五人組　盛んに風紀を紊《みだ》して居る」という悪意に満ちた記事が載る。陳氏甜という女性が親に反抗する「不良性を帯びた十七、八の娘五名を手なづけ、「学問は日本に教わる必要はない、寧ろ漢文と英語を習え、将来新人として立つには日本の教えを受くる必要はない」と説いて、文化協会に引入れて居る相だ」とする。蒋の間接的な人格的誹謗へと脱線している。

最初の治安警察法適用の判決

最初の治安警察法違反事件の公判は再建台湾議会期成同盟会事件となった。台北地方法院での公判（裁判長堀田真猿、検察官三好一八）は一九二四年七月二五日から八月七日まで八回開かれ、八月一八日に一八人全員に無罪の判決が言渡された。

七月二九日の『台湾日日新報』は公判の様子を、「被告の供述は　孰れも逃腰半分で　無駄口ばかり叩いている」という見出しで報じている。「蒋謂水は被告席にあって肱《ひじ》枕して堀田裁判長から痛棒を喰わせられる等、被告等は日を逐《お》うて益々識者の同情を失うのみ」と、被告らへの冷笑は相変わらずである。

許世楷は『日本統治下の台湾──抵抗と弾圧』（一九七二年）において、「第一審公判において、もっとも異様であったのは検察官長三好の論告であった」と指摘し、『台湾民報』第二巻第一六号「台湾議会期成同盟会治安警察法違反嫌疑事件第一審公判特別号」（一九二四年九月一日）から論告の一部を次のように引用している。

本件被告の主張は、民族解放、民族自決、自由平等を唱え、内地延長主義を排斥し、ますます増長不遜の行為が見える……同化政策を喜ばないならば此際台湾から立去ると良い……被告らは同化を喜ばず、即ち日本人となることを喜ばない。換言すると日本人と絶縁しようと希望し、台湾から内地人を追出そうというのである。このような内政の分離は、日本憲法の決して許すことではない……帝国議会は憲法の定めたもので、さらに一つの台湾議会を設置しようと思うのは憲法違反であり、憲法外の要求であり、独立を企《たくら》むものである

三好検察官は蔣謂水と蔡培火に禁錮六月を求刑した。渡辺暢を筆頭に八人の弁護士が弁論し、被告らの陳述があった。なかでも蔣謂水は検察官の論告に真っ向から反論している。

第一審の判決は蔣渭水・蔡培火らに対する公訴事実について「本件起訴当時に至る迄、結社的活動を継続敢行したるものにして、台湾総督の禁止命令に違反したるものなりと謂うにあれども、右犯罪の証明なき」とするだけに終わっている（「台北地方法院─刑事判決原本大正一五年第七冊七月」、国史館台湾文献館所蔵）。この無罪判決を八月一九日の『台湾日日新報』が「意外とする方面も広いようだ」と伝える一方、『台湾民報』の「第一審公判特別号」は「公明正大の判決」であり、司法官の独立が証明されたと歓迎した。山本美越乃は「此の公明正大なる判決は苟《いやしく》も検挙したる以上は之を糾弾せずんば止まざるが如き態度に出づる官憲に対しては、全く青天の霹靂たるが如き感を与えたに相違ない」（「台湾議会設置請願問題と過去の総督政治」）と評した。

検察は控訴し、高等法院覆審部で審理がおこなわれることになった。公判（裁判長伴野喜四郎、検察官上内恒三郎）は一〇月一五日から一八日まで四回開かれ、二九日に判決があった。五人は無罪となったが、治安警察法第八条第二項に該当するとして蔣渭水と蔡培火は禁錮四月に、五人が禁錮三月、五人が罰金一〇〇円を科された。

許世楷『日本統治下の台湾』は「第二審公判においては、裁判長伴野喜四郎の被告らに対する態度が異常なほど高圧的であった」と記している。「被告らに「どこに悪政があるのか、どこに不平があるのか」、あるいは「被告らは少数であり、三百五十万の台湾人を代表できるのか」などと訊問し、被告らがそれに答えようとすると規制を加えた」という。

公訴事実は各被告の公判廷での供述と期成同盟会に関する各種書類により、「之を認定す」とされた。蔣渭水の場合、供述の最後で「元来台湾議会期成同盟会は台湾議会の設置を促進するを目的とし、其の手段としては会員を募集し、議会に請願することが主たるものなれば其の目的の遂行は台湾を離れては困難なるも、台湾では禁止せられた故、東京に作る必要を認め、之を組織したるものなり、其の後自分は台湾に於て引続き請願運動の会員又は其の理事として為したるものにあらずして、個人たる資格に於て為したるものなり、個人として請願運動をなすことは総督の禁止命令の範囲外なれば、其の命令に違背するものとは思わざる」と述べたが、認められなかった。

公判では来台した清瀬一郎や島内の弁護士のはげしい弁論がなされた。『台湾民報』第二巻第二三号（二四年一一月一一日）は、「為被告揮涙熱弁激動聴衆　痛論帝国対植民地的方針」と題して清瀬の弁論を大きく取り上げた。判決文ではその八つの論点について、「犯罪事実と其の証拠並に法律の適用との関係を明確ならしむる」ためとして反論が展開されている。社則・社員・統率者をもたずに進められた第四回の請願運動の組織は治安警察法上の結社に該当しないという第一の論点に対して、判決は二三年一月に結社禁止となった期成同盟会が再建された結社と認定した。禁止となった期成同盟会と東京で結成されて届け出た結社は「別個の結社」とする第二の論点に対しては、「事実上台湾総督の禁止命令を無視し、台湾に於て結社の活動を継続したる事実を認むるに十分」とした（以上、「台北地院─刑事判決原本大正一五年第七冊七月」）。

山本美越乃は第二審判決について、「極めて不可解の感を抱かしむべき点が決して少くない」と評し、「無理解なる総督（田健治郎）の下に又無理解なる下僚の存することは敢て怪しむに足らぬ」ときびしく批判する（「台湾議会設置請願問題と過去の総督政治」）。

蒋謂水や蔡培火ら一三人が上告した。二五年二月二〇日、高等法院上告部（裁判長相原祐弥、検察官上内恒三郎）は全員の上告を棄却した。六五丁におよぶ長文の判決である（「台北地院─刑事判決原本大正一五年第七冊七月」）。新たに弁護に加わった花井卓蔵は三点にわたって控訴審判決の事実誤認をあげる。第一は、台湾で期成同盟会になされた結社禁止の総督命令は東京で結成された別の組織である期成同盟会には及ばないとするもので、「若し原判決の如くんば全国何れの場所に於ても台湾議会設置を目的とする結社は常に必らず禁止せられたるものとするの結果を招来し、裁判権を以て憲法法律の規定を無視し、又大権の左右するに至るべし」と論じた。これは清瀬一郎ら多くの上告趣意と共通するものだったが、すべて理由なしとして棄却された。

王泰升は「以前の西来庵事件に対する残酷な鎮圧と比較すると、この判決結果は非常に軽く、体制内での合法的な抗争の実行可能性を示すものであった」と注目する（「日本植民地統治下における台湾の「法の暴力」及びその歴史的評価」）。

その後の治安維持法違反事件の公判と異なり、この期成同盟会事件の公判は非公開とならなかったため、多数の傍聴者が殺到した。実刑が確定し、「蒋謂水の入監の際は盛大なる送別会開催の計画あり、又蔡恵如入監の為《ため》台中に入るや数十名蝟集《いしゅう》し、列をなして見送り、或は爆竹を鳴し万歳を唱うるものあり」という状況だった（『台湾社会運動史』）。謝春木は『台湾人の要求』のなかで蔣謂水と蔡培火に科せられた「四箇月の禁錮」によって、むしろ「四百余万の同胞を覚醒させ、積極的噴《ふん》起を促がし」、台湾社会に広く同情を巻き起こすことになっただけでなく、『台湾民報』も「瞬《また》くの間に一万部発行を祝賀する迄に至った事」は、「宣伝費としても余りに廉価過ぎる位である」と記している。さらに、期成同盟会事件の公判以降、「島内に於ける諸運動も従来に於ける啓蒙運動の域を脱せんとし、「実際運動へ入れ」というスローガンは、当時の指導者の合言葉であった」とする。

相つぐ治安警察法の発動

大きくは「体制内での合法的な抗争」であるとはいえ、それらに対する抑圧取締が緩やかになったわけではない。期成同盟会事件とその公判における強圧的な方針と連動して、治安警察法の行政警察的な発動がつづいた。一九二三年八月一三日の『台湾日日新報』は台北青年会が「発会式を挙げる前に　禁止を命ぜられた」と報じる。各地で認められている一般の青年会と異なり、台北青年会は「青年会の名を藉りて漫然集合して結社となし、不穏の言動を為すものに其実権を左右されるかたち」があり、「堅実に発達せしむ可き地方青年の前途を誤り、延いては治安を紊《みだ》す道程となる」という理由で結社が禁止された。

『台湾民報』第九号（二三年一一月一日）掲載の「文化講演会と公益会との軋轢に対する所感（二）」（日本語）において、台北の彭永海はある州の高等警察課の警部から「兎に角現総督の施政方針に反対する言動を敢てするものがあれば朝憲を紊乱する反逆者と見て、判然たる処置を取る方針」を聴いたという。彭も「数日前大稲埕〔台北市のもっとも古い市街地〕に於て東京青年会の主宰で開催した講演会を見ると、別に直接政治上の言論をして居らず、只《ただ》家庭教育の欠点を挙げ、親が子供の個性を圧迫してそれを尊重しないのは不可であると言うと中止を命ぜられ、婦人問題に付て男子が女子の人権を重んずべきことや明治維新当時の歴史を述べると、直ちに中止解散を命ぜられた」という自らの見聞を記している。

また、『台南新報』から『台湾民報』第一一二号（二三年一二月一一日）に転載された「台湾参政権問題私見」で、台南の今村義夫は「台湾の治安警察法は、如何なる種類の政談演説たるを問わず、之を厳禁しているわけではない」としつつ、「併《しか》し大体に於て、当局者は島内の政治演説を喜ばないのは事実だ、台湾議会は本島の現制度を根本より更改するものとして請願趣意書の配布さえも禁じているほどである」と述べている。

二四年八月二一日の『台湾日日新報』によれば、一万人の観衆のつめかけた宜蘭市市民大会が解散させられている。日本人弁士も含め「為政者と其責任問題」「施政方針の反覆」「虐げられたる宜蘭」などの演題が予定されたが、臨監した警察課長は開会宣言を前に治安警察法第八条による開会の停止を命じた。

『台湾社会運動史』によれば、台湾文化協会関係の講演会の中止度数は二三年に一九件、二四年に三六件、二五年に六四件、二六年に一五七件と増加している。また、解散処分度数も二三年に五件（講演度数三六回）、二四年に一二件（一三二回）、二五年に七件（三一五回）だったが、二六年には三五件（三一五回）に急増している。

司法処分を科されることもあった。二五年二月九日、台北地方法院（裁判長下瀬芳太郎、検察官林藤香）は、洪朝宗・翁沢生らに治安警察法第二三条（第八条第二項の禁止命令に違背）と公務執行妨害を適用し、禁錮三月（執行猶予二年）などを科した（他の二人は禁錮二月、執行猶予二年）。一月八日、台湾文化協会読報社で演説中、「其《その》言論公安を害する虞《おそれ》」として中止・解散命令を命ぜられたが、「場内中央腰掛の上に起立し、拍手しつつ大声にて遣《や》れ遣れと連呼して退散せざりし……巡査を壁際に押付けて其職務の執行を妨害し」たことが処断された（「台北地院―刑事判決原本大正一四年第二冊二月」、「日治法院档案」資料庫）。

二五年八月、警務局では文化講演の取締方針を変更した。「事前に於て充分注意を与え、実施に当りては臨監を為さず、可成《なるべく》寛大なる取締を行い、私服員を入場せしめて詳細筆記をなさしめ、若《も》し不穏言動を為したる者あるときは事後厳重戒告を為し、尚お過激なる言動を為す虞ある者に対しては、講演を避けしむる方法を講ずること」とし、「比較的効果を挙げた」という。一方、「過激の言辞を弄する一部弁士、殊に常に社会主義的言辞を敢てする台北無産青年一派に対しては比較的厳重なる取締を行いつつ」あった（台湾総督府警務局「文化協会対策」『台湾近現代史研究』第一号、一九七八年）。

二 治安維持法の施行

治安維持法の施行へ

一九二五年三月一七日の貴族院治安維持法特別委員会における田健治郎前台湾総督と山岡万之助内務省警保局長のやりとりからみよう。田が「台湾で若し此法律を施行すると云う勅令が出れば無論、論はない、それの出ない場合に於ても台湾で犯した者が内地に来たらやると云うのでありましょうか」と問うと、山岡は「台湾、朝鮮、関東州等に於て此法律を行わんと致しますれば、更に勅令を以てするか、或は制令律令等を以て別に法を立てますか致しませぬければ、朝鮮台湾の立法とはならぬのであります」（『第五十回帝国議会　治安維持法案議事速記録並委員会議録』）と答弁している。このやりとりからは台湾側から治安維持法の制定と施行について、統治上どうしても必要であるという切実な要求があったとは読み取ることはできないし、そうした経緯もなかった。

治安維持法は第七条で「本法施行区域外」（朝鮮・台湾などの植民地や外国）で犯した治安維持法犯罪に対する適用を規定するが、処罰しうるのは日本国内で検挙した場合に限られ、治安維持法自体には植民地での同法の施行は規定されていなかった。そのため、山岡の答弁通り、四月二二日の公布後、五月八日の勅令第一七五号「治安維持法を朝鮮、台湾及樺太に施行するの件」により、日本国内と同じく五月一二日から台湾でも施行されることになった。おそらく中央政府にとっては、台湾よりも朝鮮での施行がより重要と想定されていただろう（シリーズⅣ『朝鮮の治安維持法』参照）。

『台湾日日新報』を通じて、治安維持法が台湾に施行される経緯を追ってみよう。治安維持法に関連する最初の記事は、三月二六日の高等法院検察官長後藤和佐二の「同法案は通過したようだネ、然し当方ではいまだ何等の話は持上って居ないが、当然研究す可き事には相違ない」という、あまり切迫感のない談話である。後藤は前述の田と山岡の質疑応答にも言及している。すでに治安維持法案は第五〇帝国議会で成立していた。二月二四日の衆議院の委員会審議では朝鮮総督府の下岡忠治政務総監が「此治安維持法のような法律は朝鮮に於ても是非必要なものであると考えて居ります、若し之が制定されると云う場合に於ては必ず之を朝鮮にも施行して貰いたい希望を持って居ります」と発言していた（『第五十回帝国議会　治安維持法案議事速記録並委員会議録』）。台湾総督府側からの発言はなかった。朝鮮総督府とともに台湾総督府も施行を「希望」するという受動的な立場にあった。

次に四月六日と七日に三好一八の「治安維持法は勿論台湾に施行せよ」という談話が載るが、これは次項で一括してみる。

四月二二日に治安維持法が公布されると、二四日の紙面で条文と貴族院本会議において若槻礼次郎内相がおこなった提案理由が掲載された。同時に「今の所幸い本島には其適用する必要はなさそうだ、併し一味に備える為同法を台湾に公布して置く事は結構だ、先づ同法は伝家の宝刀として出来るだけ抜きたくないと思う」という坂本森一警務局長の談話があった。五月二日の漢文紙面には漢訳された条文が載る。

施行直前の五月一〇日には「治安維持法が適用出来なければ　匪徒刑罰令を充てる」という記事がある。台湾では実際上も治安維持法の適用する事例がないだろうという判断に立って、施行そのものがなくなる事態を想定し、その場合には「暴行、脅迫の手段に依って目的を達する条件を備えて居れば、台湾では匪徒刑罰令で処罰出来る」とする。

施行後、五月一七日に社説「治安維持法と本島」が掲載される。この時点で「我国は上に皇統連綿として万世一系なる皇室を奉戴せる立憲君主制の国」ゆえに、「之に対し濫《みだ》りに其変革を企図するが如き断じて許容せらる可きものでない」とあるように、治安維持法を「国体」変革防遏の観点からとらえている。それでも台湾にとっては「悪思想」が「いついかなる機会にこの平和なる高砂島に襲来せずと限らず」、対岸の中国で「相当赤化運動の手が及んで居る模様」からも、「予め之に備うることが極めて必要である」として、治安維持法の施行を当然とした。

なお、『台湾民報』第三巻第六号（二五年六月一日）は、治安維持法施行は台湾にとってどのような影響があるかという記事を載せ、台湾には取締の機会はないだろうと観測している。

民族自決主義=「国体」変革による処断――三好一八の治安維持法観

治安維持法の公布を待つ一九二五年四月六日と七日の『台湾日日新報』に、「治安維持法は勿論台湾に施行せよ」という台北地方法院検察官長三好一八の談話が載った。まず、六日では治安維持法を「現今の思想激変に因る我国家の頽廃を憂える所から発程したもの」ととらえて、「此主義は人類愛、人類平等、人間自由と云うことを標榜して居るから其聞えは甚だ良いが、其実は世界の各国家の基礎にまで喰い入って根柢から之れを覆さんと企てるものである」などと「社会主義」が如何に危険なものであるかを強調する。また、「主義者は労働者を使嗾《しそう》し、資本主義に対抗せしめ、資本主義を破壊せんとするもので、共産主義、集産主義を確立せんとするものである。如斯《かくのごとく》にして所有権の否認となり、今日の財産制度を根柢から破壊する事になる……国民全部の財産を永久に強奪するのだから、社会の根本組織を破壊する誠に恐る可きものである」とする。この時点で治安維持法の制定にノータッチだった三好の頭のなかには「国体」変革=君主制の転覆という理解はなかった。

ついで七日では欧米の民族自決主義が東洋、さらに極東にもおよんできたとして次のように述べる。対岸の日貨排斥、露西亜から遠く手を伸ばされた赤化運動はやがて民族自決に油を注いだ、日本に対する民族自決は北からと南から対岸の一角と主なる各地で今尚其根拠を構えて三角四角に其関係は堅く結ばれて居る、彼等の要求する自治なるものは独立自治で、朝憲の羈束《きそく》から脱して自ら法を立て、自ら予算を組み、自ら治めようと云うのである、今や結社を作り多衆を煽動し傲然《ごうぜん》として最も露骨にやって居る、忠良順当に育化された人民の思想を根柢から破壊し悪化せしめつつあるので、治安維持法の必要は内地のみでない事は明かである治安警察法の解説やその事件公判での論告と、「忠良順当に育化された人民の思想を根柢から破壊し悪化せしめつつある」民族自決と結びついた赤化運動の取締弾圧の信念は一貫している。台湾もやがて「赤化運動」に直面するのは必至で、そのために治安維持法の施行は不可避とする。

この談話と並行して、三好は『台湾警察協会雑誌』に「治安維持法の制定に至る迄」を二五年四月から二六年一月にかけて五回連載する。ただし、最初の三回は「社会改造思想の萌芽」から論を説き起こしており、第一〇〇号（二五年一〇月）と第一〇三号（二六年一月）で「治安維持法制定の理由」から「治安維持法違反罪の客体」「犯意」「行為」について展開する。まず「制定の理由」として、日露国交回復により「彼の過激運動者は日本に於て、又は在露日本人に対して、主義の宣伝或は煽動を為すの機会を得ること益々多からん」にもかかわらず、「此等の不穏過激の行動に対する制裁法規」が処罰の範囲や量刑において不十分であることをあげる。

> 要するに既存の各法律は重大なる朝憲紊乱の行為及公安秩序を害する行為に対する取締規定不備にして、個々処罰することを得る場合にても刑罰不当に軽し、殊に治安維持法に規定したる犯罪、即我国の重要なる財産制度を根柢より破壊し、三千年来の我国の国体を転覆することを目的とする重大なる犯罪は、暴行脅迫殺傷に至らずとも刊行文書を以てすると否とを問わず、既に其の目的を以て結合したるときに於て、若《もしく》は唯其の陰謀予備に止まる場合といえども、之を厳重に処罰するの必要あり

これらに加えて、台湾においては匪徒刑罰令が存続しているけれども、「其の規定は不充分にして刑法及匪徒刑罰令は暴行脅迫又は殺傷の目的に出たる実現行為にあらざれば処罰すること能わず」とする。

次に「本法に依り保護せられたる法益、即犯罪の客体」の第一は「我国の国体」とする。四月の談話から転換したことになる。「数千年来吾臣民が忠実勇武、克《よ》く殉公愛国の誠を致し、光輝ある国史と成跡を貽《のこ》し、国威を中外に宣揚したるは一にみな我国体を尊重し、之を擁護したるに出でたるものなり。治安維持法が法に依

て擁護せんとする第一の客体は、即我国の国体たり。此の国体は天地と共に無窮に変革を許さざるは言うまでもなし」と断じた。そこから一歩を進めて、「今に及びて台湾に対する天皇の統治を否認し、或は統治権の総攬を妨げて以て独立自治を企つるが如きことありとせば、即国体の変革を企つるものと謂うべし」とし、民族独立＝「国体」変革として処断の対象とする。

治安維持法犯罪の「第二の客体」が私有財産制度となる。その否認は「児童国有、家族国有等の制度を設けて之に委ね、夫婦親子の義理人情と云うものを否認せねばならぬことになる。斯様なことは人間の遵法すべき自然の法制を破壊することになる」と飛躍し、「私有財産制度の否認は、過激なる革命思想の発現たることを免れず」と断言した。

三好はさらに議会審議で「政体」が削除されたことを「遺憾」とした。その削除は「治安維持法の任に当る当局者より此の成案を見るときは、極めて重要なる点に於て、骨抜的に修正され片手落の取締法となり終りたる」とする。「無政府主義者、共産主義者にして貴族院制度、二院制度、官選議員、階級選挙の制を認むるものは絶無である。斯かる主義が現在の代議政治を変革せんと企求することは、普通にあり得べき事柄であるに拘らず」、「政体」変革の処断という重要な武器をみすみす手放すことになったという。

同時期の『台法月報』一〇月号（第二二巻第一〇号）には、高等法院覆審部判官の渡辺里樹が「治安維持法に於ける国体変革の意義」を寄稿している。冒頭、「元来治安維持法は咄嗟《とっさ》の間に出来たものだけに用語が甚しく洗練を欠いて居る。法律用語としては余りに抽象空漠に過ぎるのではあるまいか」とするのは、法律の概念になじまない「国体」が唐突に条文上にあらわれたことへの違和感の吐露といってよい。とはいっても、渡辺は「国体変革の意義を啻《ただ》に憲法上の観念にのみ捉われず、之れを帝国二千五百八十年の歴史的事実に基調して抽出する外ないものと信ずる」という立場から論を展開する。それは三好の見解と重なる。民族独立の運動・

思想についてはやはり「国体」変革の観点から断罪すべきとする。

台湾を天皇の統治権より離脱せしむる、所謂台湾の独立を企画する目的を以て結社を組織するが如き、我帝国の領土の一部に対する天皇の統治権の作用を否認せんとする場合にありては、我天皇の統治権総攬の事実に変更を加うるものであり、我国民の信念を紊り天皇の把有せらるる統治権を害するものであって、治安維持法第一条の国体を変革する結社を組織したる者に、該当すること勿論と謂わざるを得まい……

自分は治安維持法の国体変革とは、我万世一系の天皇の統治権総攬の事実に変更を加えんとする、即ち統治権総攬の事実を害する行為を謂うものであって、主権の存在を根本的に否認せんとするが如き場合のみならず、我天皇の領土を天皇の統治権より離脱せしめんとする、統治権の一部否認の場合、並領土を拡張して統治権の及ぶ範囲を増大せしめんとする場合をも、総て之を包含するものであるとなすものである

これは、朝鮮において「朝鮮をして帝国の羈絆より離脱独立せしめ」という慣用表現で独立運動を「国体」変革とみなして処断していったことと同一である。

台湾独立＝「国体」変革とみなす決議

こうした治安維持法観をもつ検察官・判官によって、台湾の治安維持法違反事件の司法処分は実行されていった。それは後述する治安維持法違反事件公判の処断に反映されるが、一九二五年八月一七日に判官総会議（高等法院上告部覆審部連合総会議）が台湾独立＝「国体」変革とみなすという決議をおこなっていることが注目される。一三日に高等法院検察官長から高等法院長に台湾独立が「国体」変革にあたるかどうかの判断が求められたことに対する高等法院の応答で、二五日に高等法院長から高等法院検察官長に「総会議決議の件」が送付された。「台湾の独立を企図し、其の他台湾を　天皇の統治権より離脱せしむる目的を以て結社を組織するは、

治安維持法第一条に所謂国体を変革することを目的とする結社組織に該当するや否」について討議した結果、「積極説を可とすること」が決議されたとする。この判官総会議には覆審部の渡辺里樹も加わっていたはずで、前述の持論を展開したことが推測される。

「積極説」の決議は二五日に高等法院検察官長から総督官房法務課長に通知され、二六日には法務課長から警務局長にも通知された（以上、「台湾総督府档案／法務、会計参考書類／刑事に関するもの」）。まだ具体的に治安維持法違反事件の処断がなされる前に、こうした「積極説」が決議され、しかも台湾の治安当局者全般に共有された。これに先立ち朝鮮においては六月一三日の高等法院検事長の各検事長・検事正宛の通牒で「朝鮮を独立せしむることを目的とし結社を組織し、又は情を知りて之に加入し、或は其の目的事項の実行に関し協議を為し、又は其の実行を煽動したる者等に対しては治安維持法を適用すべきものと解決候条、此の趣旨に依り取扱相成度」（『日帝下支配政策資料集』第九巻）と指示されていた（シリーズⅣ『朝鮮の治安維持法』参照）。植民地の司法当局にとって直面する民族独立運動に新たに施行された治安維持法を如何に有効に活用するかが、喫緊の課題となっていたことがわかる。

三　治安維持法の初期の運用

二つの「法の暴力」

一九二五年四月二四日の『台湾日日新報』で坂本森一警務局長が「今の所幸い本島には其適用する必要はなさそうだ」と述べていたように、台湾において治安維持法は二五年中には発動されず、二六年が最初となる。その後、二七年と二八年に急増するが、二九年と三〇年はわずかとなる。三〇年代前半に再び急増する（**表4参照**）。

一九二〇年代後半の台湾における社会運動は台湾文化協会や台湾農民組合、労働運動として、つまり王泰升のいう「体制内での政治反対運動」として進められた。と同時に、それらのなかに左傾化の大きな流れが生み出されていた。総督府法務課「思想犯罪概説」（一九三四年）が記す「本島思想運動は最初先づ民族意識より発したる自治運動、議会獲得運動より労働運動、農民運動と漸次複雑且つ階級意識を加え来る」という動向である。王泰升の言葉を借りれば、「体制内での政治反対運動」からはみ出した「日本の国家体制を認めたくない政治運動」の出現となる。

大づかみにいえば、台湾においては二つの「法の暴力」が行使された。この「日本の国家体制を認めたくない政治運動」に治安維持法が発動されるとともに、「体制内での政治反対運動」には治安警察法や出版法令・

表4　台湾における治安維持法違反処分者調

区分／年度	警察・検察局						予審		死亡	摘要
	検挙総数	法院送致	予審請求	起訴猶予	起訴中止	不起訴	予審免訴	公判請求		
1926	1	1	1	—	—	—	—	1	—	
1927	85	50	28	—	7	14	21	7	1	
1928	81	42	19	—	4	19	1	18	1	
1929	2	2	—	—	—	2	—	—	—	
1930	—	—	—	—	—	—	—	—	—	
1931	158	124	60	7	13	48	—	46	3	予審中12
1932	310	154	87	4	1	60	—	3	2	予審中82
1933	6	5	—	—	—	2	—	—	1	検察局捜査中2 警察捜査中1
1934	158	25	—	—	4	—	—	—	—	取調中
計	701	403	195	11	29	145	22	75	8	

拓務省管理局「台湾に於ける思想運動調査資料」(1935年3月、『治安維持法関係資料集』第2巻)

刑法などを総動員して抑え込んでいったといえる。

もちろん治安維持法と他の治安諸法令は「法の暴力」として相互に補完関係にあり、三〇年代以降は治安維持法運用が主体となっていくが、二〇年代後半においては「体制内での政治反対運動」の抑圧取締を対象とする他の治安諸法令の発動に比重がかかっていた。それについては次節で述べることとし、本節では「日本の国家体制を認めたくない政治運動」＝体制外の抗日抵抗運動を対象とした治安維持法の初期段階の運用状況をみていこう。

「日本の国家体制を認めたくない政治運動」は台湾文化協会や台湾農民組合のなかでそれぞれ共産主義的要素を強めていくが、まだ二〇年代後半の段階では自立的な存在にはなりえていない。「体制内での政治反対運動」からはみ出したともいうべき無政府主義の行動、そして主に中国の革命状況や共産主義運動の影響を受けて組織された上海・南京・広東などの留学生・青年らによる共産主義系団体が、初期段階の治安維持法の発動の標的となった。

無政府主義運動への発動

おそらく台湾における治安維持法の最初の検挙者は、一九二六年七月一五日の無政府主義者范本梁〔新台湾安社事件〕と推測される。朝鮮においても治安維持法の運用初期に無政府主義者の検挙があった。警務局『台湾社会運動史』は「東京在住無政府主義者、無政府主義諸団体並びに其の刊行物の影響を受けたる留学生によりて漸次擡頭《たいとう》の機運に向い、東京及び支那の各無政府主義者、或は無政府主義団体との連絡の下に発展し来り」として、その嚆矢が范本梁の検挙だったとする。

八月二二日、台湾総督府警務局長は内務省警保局長や司法省刑事局長らに「無政府主義を奉ずる台湾人の治安維持法違反事件に関する件」を通報している。それによれば、留学中の范は二一年六月、コスモ倶楽部主催の講演会〔神田青年会館〕で「無政府主義実行と被圧迫民族の解放を絶叫せんとし、中止を命ぜられ」たという。その後、北京で無政府主義結社「新台湾安社」を結成、雑誌『新台湾』を発行して「台湾に於ける我国体の変革実行を煽動し来れる嫌疑充分なる」とされた。基隆《キールン》港で検挙され、台南地方法院嘉義支部検察局に送致・起訴され、台南地方法院嘉義支部で予審中とする。

二六年三月の『新台湾』第三号掲載の「台湾革命の運動方法」では「日本人が台湾人を欺凌《ぎりょう》〔虐待〕するの惨状を衆に訴え……三百六十万の同胞を自覚猛省せしめ、台湾民衆の兇敵たる日本人を殺し、日本の強盗統治を打破し、一切の合理なる制度組織を破壊し、圧迫なく剝奪なき自由平等の新台湾を実現せん」と直接行動を煽動したとする。「被疑者范本梁は罪を免れん為め言を左右し、犯罪構成要点に付曖昧なる申立を為し居れり」〔以上、「不逞団関係雑件　朝鮮人の部　鮮人と過激派6」、外交史料館所蔵〕という状況だった。

予審が終結し、公判に付す決定がなされたのは、大きく遅れて二七年一二月二六日である。二八年二月二七日の判決で懲役五年を科された。判決文は不明である。

黒色青年連盟事件

治安維持法の発動が拡大する二七年の検挙者・起訴者の過半を占めたのは黒色青年連盟事件である。『台湾社会運動史』は黒色青年連盟結成の背景を、「台北及彰化の所謂無産青年一派に於ては雑然とせる各階級分子を集め、当時の思想界を風靡せる無政府主義並に共産主義思想の研究に努め、初歩的なる宣伝運動を行いつつありし」と叙述する。無産青年らは「台湾文化協会の乗取《のっとり》に参加」するとともに、黒色青年連盟の「母体」となったとする。二六年一二月頃の王万得、周和成、黄白成枝による全島の講演旅行などに警察は警戒を強め、検束にもおよんでいた。二七年一月三一日、警視庁より東京の労働運動社の近藤憲二宛に台湾から黒色青年連盟結成の通信があったとの通報があり、さらに黄石順らの家宅捜索による連盟「宣言書」の発見を契機として、二月一日に一斉検挙を断行し、「組織後未だ活動其の緒に就かざるに先《さきだ》ち、之を壊滅せしめ得た」。検挙者は四四人におよんだ（以上、『台湾社会運動史』）。

その後の警察の取調状況は「日治法院档案」資料庫中の「司訓所―雑巻昭和二年〔1〕」から追うことができる。台北州知事（警察）から台中地方法院検察官長宛の二月九日の通報には「訊問を進行したる結果、本件の実体に就て……殆ど真相に近きものと認め候条、之れに依り更に捜査の歩を進むる予定なり」とある。被疑者呉滄洲は七日の台北北警察署の訊問で、二五年一二月中旬に「小沢一《はじめ》が台湾黒色青年連盟の組織に就て発議し、宣言書の事項を相談しました」と供述したとする。二月八日の同警察署の被疑者陳金懋に対する訊問では次のようなやりとりがなされたとする。

問　主義実行方法に就ては如何なる協議をしたか

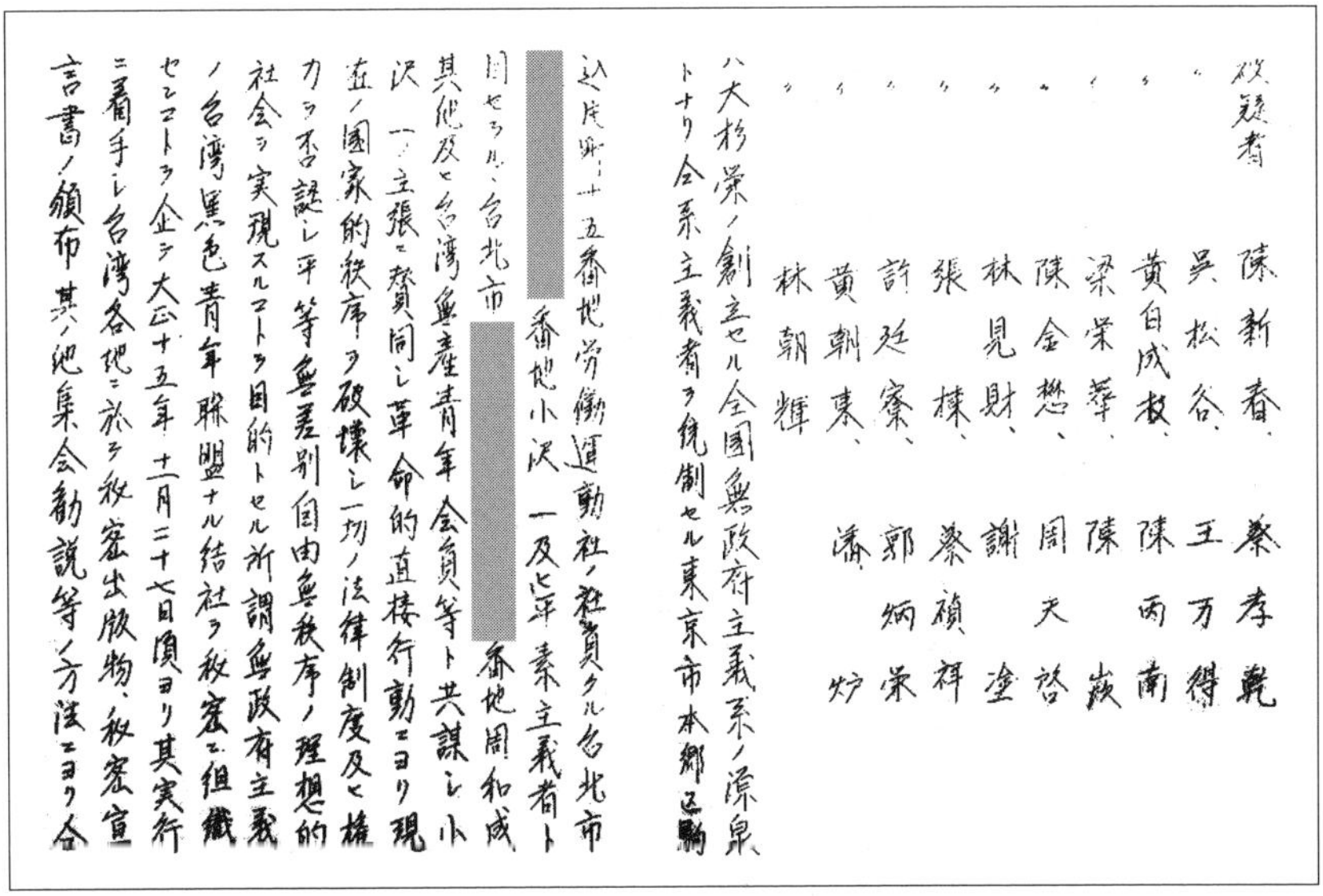

被疑者
陳新春、蔡孝乾
呉松谷、王万得
黄白成枝、陳両南
梁栄華、陳崁
陳金懋、周天啓
林見財、謝塗
張棟、蔡禎祥
許廷燦、郭炳栄
黄朝東、潘炉
林朝輝

ハ大杉栄ノ創立セル全国無政府主義系ノ源泉トナリ全系主義者ヲ統制セル東京市本郷区駒込片町十五番地労働運動社ノ社員タル台北市番地小沢一及ヒ平素主義者ト目セラル、台北市番地周和成其他及ヒ台湾無産青年会員等ト共謀シ小沢一ノ主張ニ賛同シ革命的直接行動ニヨリ現在ノ国家的秩序ヲ破壊シ一切ノ法律制度及ヒ権力ヲ否認シ平等無差別自由無秩序ノ理想的社会ヲ実現スルコトヲ目的トセル所謂無政府主義ノ台湾黒色青年聯盟ナル結社ヲ秘密ニ組織セムコトヲ企テ大正十五年十一月二十七日頃ヨリ其実行ニ着手シ台湾各地ニ於テ秘密出版物、秘密宣言書ノ頒布其ノ他集会勧説等ノ方法ニヨリ会

台北北警察署の台湾黒色青年連盟事件送致「意見書」
「司訓所—雑巻昭和二年〔1〕」

答　各委員が会員を募集すると共に主義宣伝を為し、各会員の団体を作る事に奔走し、必ず職業別、即ち大工、左官、鍛冶、運送業、商業、農業を区別に団体を作り、既成の組合又は団体は可成《なるべ》く之を利用して主義宣伝を為し、目的に達成する事に協議決定したのであります

……

答　表面は無産青年会でありますが、裏面は台湾黒色青年連盟であります

問　表裏を付した理由は

答　秘密に作った団体を公けにすることが出来ぬ為め、以前より称えた無産青年として活動する考えであります

問　文化協会に加入した理由

答　無産青年として一の団体を作り、将来活動するに就ても何等機関無く其の目的達成上の必要より、第一無産青年は挙《こぞ》って加入し、自分等の意見を通し勢力を拡張

し、末には何事も吾等無産青年の自由にする考えでありました

陳金懋は起訴（予審請求）されたものの、予審免訴となっていることからすると、この供述の信憑性は低く、警察の訊問で強要された可能性もある。

二月一六日には台北州知事から警務局長・高等法院検察官長らに台北地方法院検察局への小沢一や王詩琅ら三二人の送致が完了したことが通報された（小沢の身柄はなし）。東京の労働運動社社員小沢一と「平素主義者と目せらるる」周和成および台湾無産青年会員らが共謀し、次のような行動をとったことが「犯罪事実」とされた。

小沢一の主張に賛同し、革命的直接行動により現在の国家的秩序を破壊して一切の法律制度及び権力を否認し、平等無差別自由無秩序の理想的社会を実現することを目的とせる所謂無政府主義の台湾黒色青年連盟なる結社を秘密に組織せんことを企て、大正十五年十一月二十七日頃より其実行に着手し、台湾各地に於て秘密出版物、秘密宣言書の頒布其の他の集会勧説等の方法により仝《どう》主義の共鳴者を糾合し、秘密に仝結社を組織し、尚お其の拡張に努力し居りたるものなり

一人は証拠不十分で不起訴、周和成は死亡のため公訴権消滅、小沢は「目下砲兵隊入営中なるに依り取調不能なるを以て起訴中止」、他に七人が起訴中止となり、この時点で二三人を「各被疑者の所為は治安維持法第一条第一項に該当する犯罪」として起訴すべきという「意見」が付された。つづく二三日の通報で二人が追加された。法院検察局への送致総数は四三人にのぼる。

二月一七日の『台湾日日新報』に「内地の過激主義者と連絡する　黒色青年連盟暴露　治安維持法違反で検挙され　近く予審に起訴」と報じられた。

中心人物と目された小沢一（台湾生まれ、台北中学中退、東京の労働運動社入社、二六年一〇月渡台）は千葉県の

野戦重砲兵連隊に入営中のため、二月一〇日に台湾憲兵隊本部の曹長が出張し、拘引した。その後、入院した東京衛戍病院での憲兵の取調では「台湾黒色青年連盟に関しては何も知らず……私は台湾に行ったのは主義に関し運動に行ったので無く、従て台湾黒色青年連盟の宣言書を印刷したことや起草したことは全く知りません」と否認した（三月九日、台北州知事から台中地方法院検察官長宛）。台湾に押送された後の憲兵隊による取調では「初日は甚しく反抗的態度に出でたるも、取調官の慰諭に依り漸次其の反抗的態度を変じ感情を緩和し、内地に於ける思想運動の実際状況を詳細に陳述し、遂に今回の事件に関しても一切開陳する旨を誓うに至れり」という（三月九日、台北州知事から警務局長・高等法院検察官長宛）。

四三人の送致者のなかから検察局では二一人を起訴した。一〇月二九日、台北地方法院の予審（予審判官犬飼吉備雄）が終結し、小沢一・呉滄洲・王詩琅・呉松谷の四人が公判に付されることになり、一七人が免訴となった。黄白成枝と洪朝宗の免訴に検察官は抗告したが、一二月五日、高等法院覆審部は棄却を決定した（「台北地院―予審終結決定昭和五年」）。

判決は二八年二月二一日に台北地方法院（裁判長堀田真猿、検察官桝見良作）で言渡された。小沢は懲役二年六月、呉滄洲・王詩琅は懲役一年六月、呉松谷は懲役一年だった。「予而《かねて》より抱懐せる無政府主義的思想に基き権力即ち法律、法律即ち支配、支配即ち国家なりと断じて之等一切を否定し、凡ての悪不正義の源泉は権力なるを以て一切の権力は之を抹殺せざるべからずと為し、暴行虐殺其他あらゆる革命的直接行動に依り現在の国家的秩序を破壊して、以て絶対的自由平等の社会の実現を図らんことを目的とする台湾黒色青年連盟を組織し、以て国体の変革を目的として結社を組織す」とされた。

証拠調べでは被告らの予審「訊問調書」の供述などが用いられている。たとえば、小沢と周が黒色青年連盟の結成を相談した点については、小沢の予審第五回「訊問調書」の次のような供述をとりあげる。

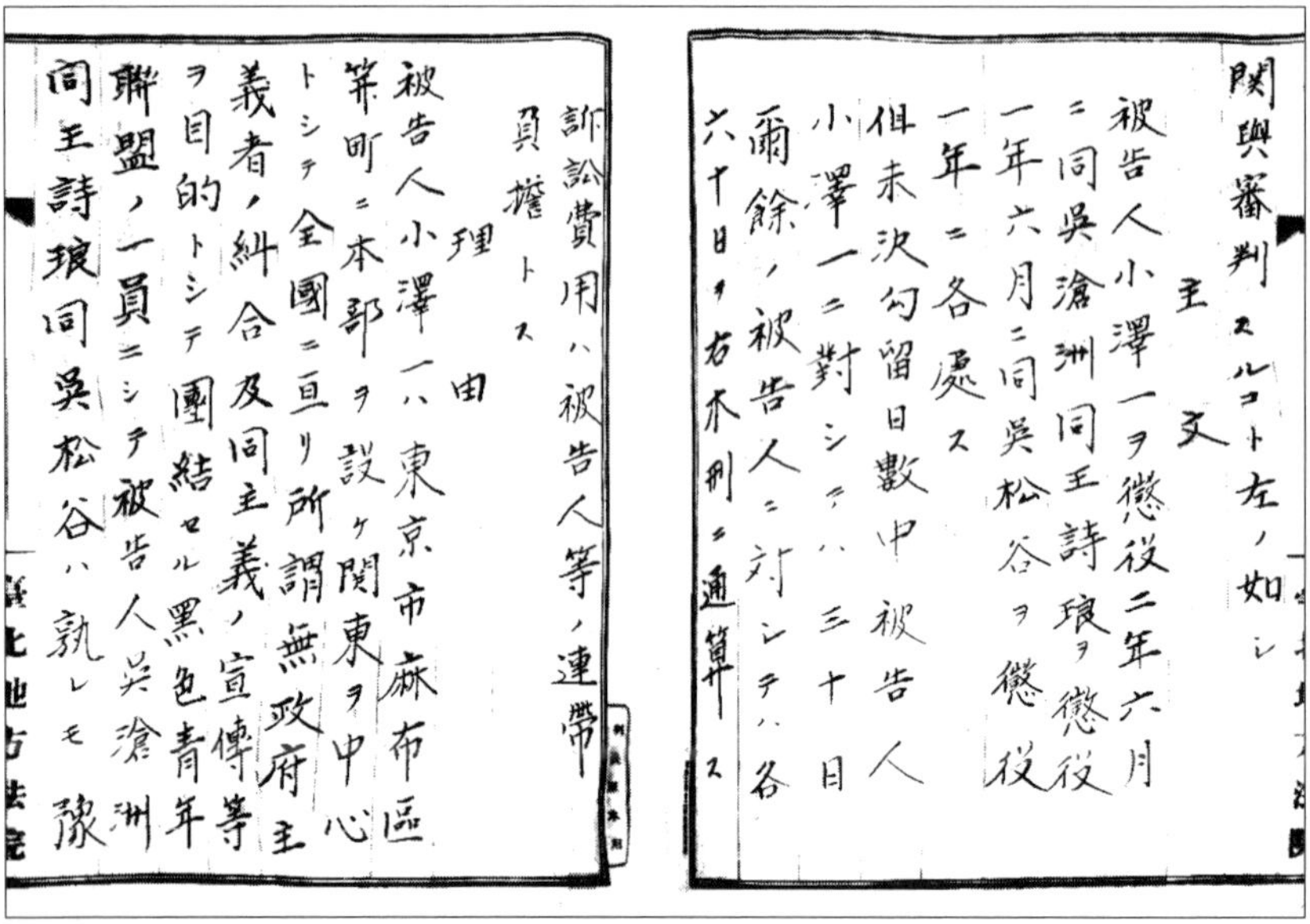
關與審判スルコト左ノ如シ

主文

被告人小澤一ヲ懲役二年六月ニ同呉滄洲同王詩琅ヲ懲役一年六月ニ同呉松谷ヲ懲役一年ニ各處ス

但未決勾留日數中被告人小澤一ニ對シテハ三十日爾餘ノ被告人ニ對シテハ各六十日ヲ右本刑ニ通算ス

訴訟費用ハ被告人等ノ連帶負擔トス

理由

被告人小澤一ハ東京市麻布區笄町ニ本部ヲ設ケ関東ヲ中心トシテ全國ニ亘リ所謂無政府主義者ノ糾合及同主義ノ宣傳等ヲ目的トシテ團結セル黒色青年聯盟ノ一員ニシテ被告人呉滄洲同王詩琅同呉松谷ハ孰レモ隊

台湾黒色青年連盟事件に対する台北地方法院判決

「台北地院―刑事判決原本昭和三年第一二冊」「日治法院档案」資料庫

自分は大正十五年十一月十日過頃、初めて周和成と知りたるが……自分が同人に対し台湾にも無政府主義者の団体が一つ位ありても宜しかるべき旨申したる処、和成は之に対し従来同主義の雑誌を貸し借りして個人的の研究は為し居るも、夫れ丈にては共産主義一派の者等と対抗出来ず故、吾々にて団結し度き旨申したるより、自分は賛成し置きたるに、其一週間後、和成より台湾黒色青年連盟の宣言書作成方依頼を受けたり

全員に治安維持法第一条第一項前段が適用された（「台北地院―刑事判決原本昭和三年第一二冊」）。小沢らは控訴せず、有罪が確定した。

この黒色青年連盟事件は検挙者が四四人と多かったにもかかわらず、公判まで進んで有罪の処断が下ったのは四人にとどまった。しかも、量刑はそれほど重くない。比較的軽い量刑も、治安維持法運用の初期であることに加え、「組織後未だ活動其の緒に就かざる」に先だった壊滅ということが考慮されただろう。

中台同志会事件

警務局編『台湾社会運動史』は「第一章　文化運動」の「第四節　在支青年学生の思想運動」として、蔡恵如らが上海で「民族自決、民族独立運動の共同戦線運動に参加し、且つ在支台湾人青年学生の蹶起を促したる為、支那に於いて留学生を中心とし、台湾独立を目的とする諸運動は著しく昂揚を来し、各地に啓蒙的役割を目的とする諸団体の簇出を招くに至」ったとしている。そのなかで中台同志会と台湾革命青年団（広東革命青年団）に治安維持法の弾圧が下った。

中台同志会は南京を中心とする台湾人留学生と中国人学生が合同して組織したもので、『台湾社会運動史』は「台湾に於ける日本帝国主義勢力の駆逐、台湾の民族的独立を目標とし、支那側革命勢力と提携し、台湾人大衆に民族革命運動に関する啓蒙的役割を演ずべく企図したるもの」と位置づける。その中心メンバーの呉麗水・李振芳・藍煥呈らが夏休みで台湾に戻っていた二六年七月三一日、家宅捜索をおこない関係資料を押収するとともに呉らを拘引した。検挙者は七人となった。

八月七日、検察局に七人を送致する。そのうち六人が起訴（予審請求）となり、二七年二月二二日に台北地方法院の予審（予審判官犬飼吉備雄）が終結し、治安維持法違反（第一条第一項）容疑で呉・李・藍の三人が公判に付された（三人は免訴）。その決定には「遂に台湾が日本帝国に併合せられし以来、其政治は台湾民衆に対し毒悪なる手段を用いて圧迫を加え、不平等なる法律を施行して台湾人の政治能力を削減し、一方帝国資本主義を扶植して台湾人の経済上の地位を降下せしむる悪政なりとの意見を抱持し居り……中台人の親交の為の会合なる当初の目的を変更して茲に台湾が日本帝国の統治下より脱すべき台湾独立運動、即国体を変革することを目的とせる結社を組織せんことを目論み」、二六年三月二一日に中台同志会の開会式をおこなったとある（「台北地院―予審終結決定昭和三年第二冊」）。

予審終結後の三月九日、『台湾日日新報』は「南京を本拠とする　台湾独立陰謀　台湾に来り策動せんとして発覚一味六名逮《つかま》る　内三名公判に廻さる」と報じた。すでにこの時点で呉麗水・李振芳・藍煥呈は有罪とみなされている。

五月一二日の台北地方法院（裁判長有水常次郎、検察官耕見良作）は求刑通り呉麗水と李振芳に懲役三年、藍煥呈に懲役二年を言渡した。三人は控訴（のち呉は取下げ）した。一三日の『台湾日日新報』は「台湾独立の夢を見た三青年　懲役三年と二年の判決」と報じる。

九月一六日、高等法院覆審刑事部（裁判長鈴木英男、検察官上内恒三郎）の下した判決は第一審と変わらなかった。証拠調べでは予審「訊問調書」のほか、司法警察官の「訊問調書」も採用された。弁護人らは「被告人等の所為は単に台湾を日本天皇の統治権より離脱せしむる目的を以て結社を組織し、又は情を知りて之に加入したるに過ぎざるものなれば、同法第一条に該当するとなすは当らざる旨」主張したが、判決は次のように論じた（以上、「台北地院―刑事判決原本昭和三年第一冊一月」）。

案ずるに我大日本帝国の国体は連綿たる万世一系の天皇によりて統治せらるる君主国体にして、此の事たるや我建国以来不易の事実にして天壌と共に窮《きわまり》なき国民の信念たり、故に苟くも我天皇の統治権総攬の事実に変更を加えんとするが如き行為は我日本帝国の治安を害するの甚しきものにして、治安維持法第一条の法意は之が取締を為さんとするものに在ること、同法成立の精神に照し明なり、従て統治権の総攬を害するものたる以上、其全部たると一部たると、事物に干《かん》すると領域に干するとを問わず犯罪を構成すべきこと勿論なりと謂わざるべからず九月一七日の『台湾日日新報』は「台湾独立陰謀　三青年の判決」と報じた。

この予審終結決定書および判決では治安維持法施行後まもなく判官総会議が決定した「積極説」、つまり民族独立=「国体」変革とみなす法理がそのまま適用されている。

台湾革命青年団事件

一九二六年一二月に広州市で結成された広東台湾学生連合会のなかで、二七年三月に革命団体としての性格を強めた広東台湾革命青年団の組織化が図られ、機関紙『台湾先鋒』を刊行するなどの活動がなされた。その「発刊の辞」には「「万世一系」の天皇の尊厳も段々維持出来なくなって来た、普選法案通過後、無産階級政党は正に春筍《しゅんじゅん》の怒発するが如き感がある、被圧迫の台湾民衆よ起《た》て！　起て！　起って彼等と提携し全世界の革命民衆と提携せよ、我が諸君、前進せよ、前進せよ、衛峰、衛峰よ、東方の大不列顚《ブリテン》を打ち倒し、自由平等より世界大国に到達せよ」とある。こうした活発な動きに台湾警察や領事館警察の内偵もはじまっていた。

二六年六月、『広東民国日報』に「台湾痛史」を投稿した張月澄が台湾独立運動を煽動したとして上海領事館警察に検挙された。これを契機に八月六日、革命青年団関係者二三人が一斉に検挙された（以上、『台湾社会運動史』）。この一斉検挙前後の状況は「日治法院档案」資料庫中の「司訓所―雑巻昭和二年〔2〕」によって追うことができる。八月上旬（日付不明）、総督府警務局長は台中州知事宛の電報で台湾革命青年団に関する捜査に着手することを通報し、「台湾革命青年団治安維持法違反事件捜査要項（一覧表）」により準備せよと指示した。これを受けて、八月六日早朝に台中州庁は関係警察署長らを召集し、石橋省吾台中地方法院検察官長らとともに午後二時の一斉検挙実施の捜査方針を指示した。「捜査を行うべき者並場所」などが詳細に示された。予定通りに一斉検挙は実施され（四時終了）、八人が即時拘引された。八日、台中州知事から警務局長・高等法院検察官長ら宛に「在広東台湾革命青年会治安維持法違反事件捜査状況に関する続報」がなされている。被疑者林仲節は「革命青年会に加盟の事実並に之が関係等に付て或程度迄是認したる陳述を為したるに依り、今後追究訊問するに於ては相当の罪証及連累者其他等判明すべく予測せらるるも、其他の被疑者等は何れも革命青年会の加盟を否認して容易に自白せず、目下の処にては新事実として掲記すべきものなし」という状況だった。

八日の台中警察署での取調で「革命青年会の創立目的は何か」と問われて、林仲節は「最後の目的は台湾を独立させて支那と同じ程度のものにするに在るのでありますが、取り敢ず其の革命青年会の団結を強固にして台湾の農民組合等の団体と連絡を採り、台湾の各団体の団結を強固にし其力を以て政府に自治を要求し、更に台湾の独立を要求し様と云う目的であります」と供述している。また、九日には次のようなやりとりがあった。

問　汝の日記や他の書物等を見ると日本の国と云うものを極度に憎悪して居る記事が多いが、日本を極度に憎悪するは予てからの汝の持論か。日本の何の点が汝の不満とする所か

答　私の不満として居る処は取り敢えず台湾にして見ると台湾の政治組織が元来悪いのであります、保甲規則とか其外沢山の規則を作って台湾人を束縛して居るので、其れが大変不満であります……今日になって私は誠に間違った考を持って居たことを知りました……此の様な問題を起し、云うべき言葉もありませせぬ

此時被疑者は何を感じたるにや、急に首垂《たら》し暗涙を催せり

一〇日の被疑者郭徳金に対する訊問では、次のようなやりとりがなされている。

問　汝は台湾革命青年団を組織したるにあらざるや

答　実は台湾革命青年団を組織すると云う話を致しましたが、吾々台湾人間には団結心に乏しきため成立

しませんでした
問　台湾革命青年団の目的は如何
答　台湾民族の解放運動を目的と致します
問　民族の解放とは台湾人を帝国の統治より離れると云うか
答　左様です

取調の焦点は台湾の独立の意志の有無やその程度に向けられていた。

一三日には上海から張月澄が移送され、台北北警察署に拘引された。その取調のなかで「張月澄治安維持法違反被疑事件の事実及捜査要項」が作成されている（日付不明）。「張月澄の身元及経歴」では「弁舌に巧みにして多弁活発なり」などとある。前述の「台湾痛史」に言及し、「台湾革命青年会なる結社の組織」について「台湾を支那に回収せしめ、被圧迫民族の解放革命作業に努力するに在り」として、「本件は治安維持法第一条第三条に違反すると認めらる」とした。「捜査要項」には「張月澄を中心とする治安維持法違反事件を鮮明せんとす、然れども本件に関する具体的証拠としては各種印刷物の外、何者もなし、依て先づ供述に基き捜査を進行し、証拠を蒐集するの外なしと認めらる、故に訊問の方法計画は最も巧妙なるを要す」と記されている。

この事件の検挙者総数は七〇人にのぼり、三二人が台北地方法院検察局に送致された。八月二一日、そのうち一三人が予審請求（起訴）となり、一七人が不起訴となった（他に起訴中止・死亡が各一人）。翌二八年二月二一日になって予審（予審判官高嶺方美）が終結し、「台湾に於ける日本帝国の統治権を否認し、之より離脱して台湾を独立せしめ、又は支那に復帰せしめ、因て国体を変革する目的を以て其の実行に関し宣伝ビラの撒布、演説並中国民の援助を求むる等の方法を協議したり」として、張月澄・郭徳金・張深切・林仲節の四人が公判に付されることになった。張月澄については「広東は由来革命の策源地にして、中山大学（前身の広東大学は孫

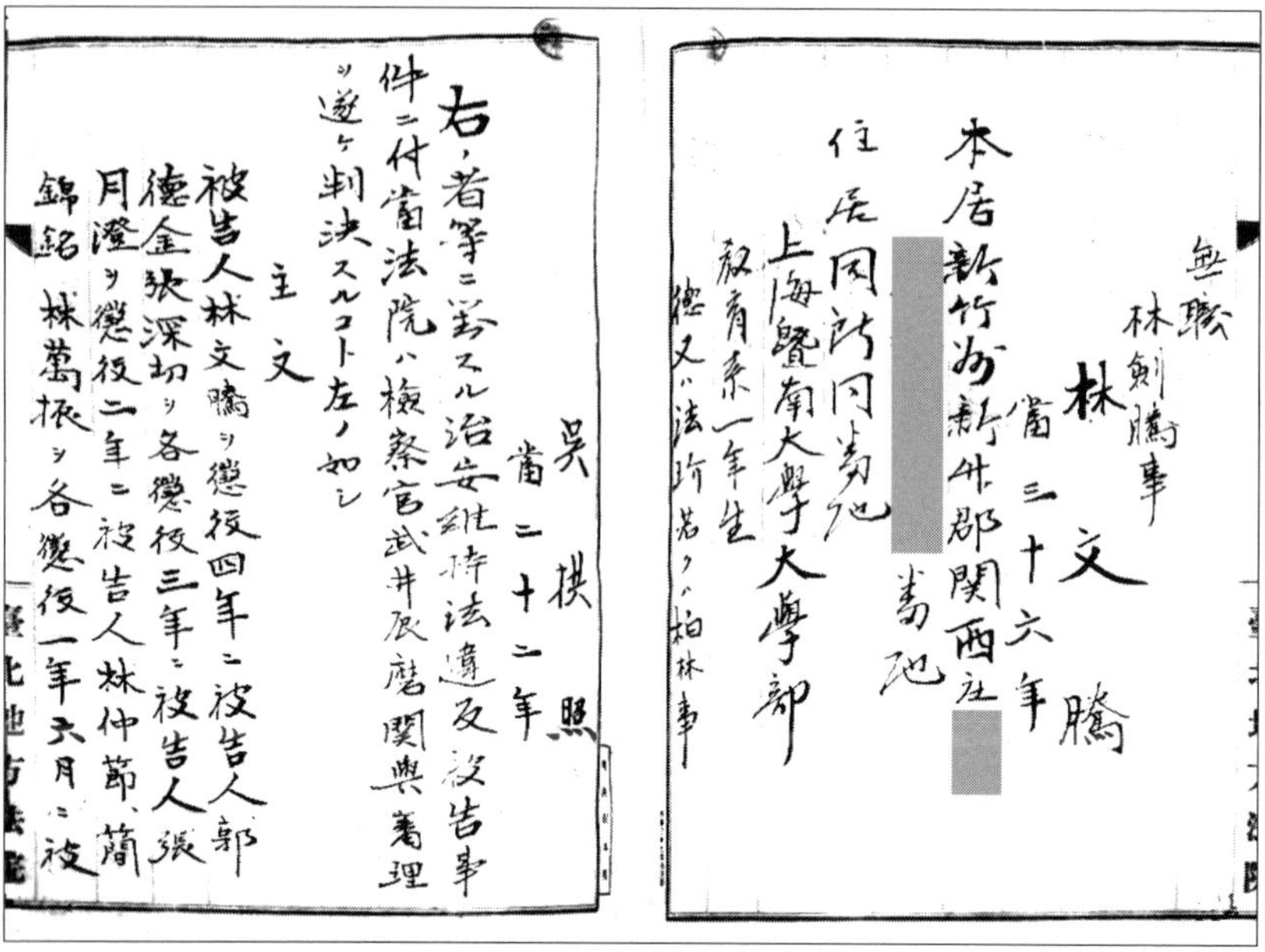

無職
林釧騰事
林　文騰
當三十六年
本居新竹州新竹郡関西庄[redacted]
[redacted]番地
住居同所同番地
上海暨南大學大學部
教育系一年生
徳又ハ法貴若クハ柏林事

呉　拱照
當二十二年
右ノ者等ニ對スル治安維持法違反被告事件ニ付當法院ハ検察官武井辰磨関與審理ヲ遂ケ判決スルコト左ノ如シ
主　文
被告人林文騰ヲ懲役四年ニ被告人郭徳金張深切ヲ各懲役三年ニ被告人張月澄ヲ懲役二年ニ被告人林仲節、簡錦銘林萬振ヲ各懲役一年六月ニ被

台湾革命青年団事件に対する台北地方法院判決
「台北地院―刑事判決原本昭和四年第一二冊Ａ一二月」

文によって一九二四年に創立）の如き諸種の政治運動、社会運動等に際し全学を挙げて之に参加するの状況に在り、其の師事する先輩及交友等も亦革命思想を鼓吹せざるもの殆どなかりし」というなかで、「漸次其の思想左傾すると共に民族意識の偏見に囚われ、遂に左記行動に及びたる」とされた。

予審で免訴のあったことに検察官が抗告した。四月二一日、高等法院覆審部は簡錦銘・盧炳欽ら六人の免訴を取消した。七月一一日、台北地方法院は林文騰の予審を終結して公判に付す決定をおこなった（以上、「台北地院―予審終結決定昭和五年」）。

二八年一二月一三日、台北地方法院（裁判長堀田真猿、検察官武井辰磨）は林文騰に懲役四年、郭徳金・張深切に懲役三年、張月澄に懲役二年（執行猶予五年）のほか、三人に懲役一年六月（一人は執行猶予五年、二人は執行猶予四年）、四人に懲役一年（執行猶予四年）を言渡した。認定されたのは、次のような「犯罪事実」である。

> 台湾四百万同胞は日本帝国主義の為圧迫凌虐を受け塗炭の苦みに沈淪し居るを以て、革命に依り台湾を日本帝国の統治権より離脱して支那に復帰せしめ、又は台湾を独立せしめ、以て台湾人の解放を実現せざるべからずと為し、此目的を達成すべく広東在住の台湾出身者より同志を糾合して秘密の結社を組織せんことを企て、昭和二年三月二十七日、中山大学構内に於て台湾出身学生等会合の際、前記目的を以て台湾革命青年団を組織せんことを提唱し……事《こと》発覚して未だ之が組織を見るに至らざるものなり

これは治安維持法第一条第一項・第二項に該当するとされた。未遂ということで量刑が軽減された。また、「孰れも矯激なる文句を羅列し、台湾民族連合奮起して中国民の援助に依り日本帝国主義を打倒し、日本帝国の統治下より台湾を離脱せしむべき運動を為すべく勧誘する趣旨を力説高調し、以て日本帝国の国体変革の実行を煽動したる」各種の宣伝ビラや雑誌『台湾先鋒』の頒布は治安維持法第三条（煽動）に該当するとされた。

林文騰がもっとも重い量刑となったのは年長者であることに加え、広東黄埔軍官学校卒業後、国民政府の少佐として「支那革命運動に参加」したという経歴によると思われる。張月澄が懲役二年と比較的軽かったのは、台湾革命青年団組織「謀議」の場にいなかったとされたからだろう。

張月澄は控訴せず、林・郭徳全・張深切が控訴した。二九年四月一五日の高等法院覆審部の判決（裁判長鈴木英男、検察官石橋省吾）では林の量刑は懲役四年のままだったが、郭・張は懲役二年に減刑となった。一六日の『台湾日日新報』は「台湾革命青年事件　三名の判決」と報じる。なお、この記事に限らず、『台湾日日新報』の治安維持法事件の報じ方は事実関係を伝えるにとどまり、それほどセンセーショナルなものとなっていない。

この事件の関係者として、二九年二月二一日、台北地方法院（裁判長堀田真猿、検察官対馬郁之進）は呉文身を懲役一年（執行猶予四年）に科した。台湾革命青年団組織の「謀議」に加わったとみなされた（以上、「台北地院

―刑事判決原本昭和四年第一二冊Ａ一二月」)。

上海学生読書会事件

『台湾社会運動史』は中台同志会の「思想的傾向には中国共産党の影響濃厚なるものあり」とし、台湾革命青年団についてはさらに共産主義の影響が強く、「検挙崩壊後に於ては其の団員は夫々《それぞれ》共産主義者として或は台湾共産党の結成に参与し、或は党に加盟して木島共産主義運動に重大役割を演じたり」とする。この二つの事件は、拓務省管理局「台湾に於ける思想運動調査資料」(一九三五年三月、『治安維持法関係資料集』第二巻)では「民族主義的主張を標榜せる犯罪にして治安維持法に擬律せる事件」と位置づけられている。

それらより一歩進めて「台湾共産党結党の為の準備行動としての党員の養成、訓練を行うに至れり」とされたのが、上海台湾学生連合会内の読書会である。一九二七年一一月末、江水得・楊金泉・黄和気らが読書会の活動を開始し、機関紙も刊行した。この上海学生読書会を秘密結社とみなして、二八年三月から四月にかけて上海総領事館警察が弾圧を加えた。それは外務省・内務省に報告され、九月に警保局保安課は『台湾共産党検挙の概要』をまとめる(『現代史資料』22「台湾」2所収)。その「発覚の端緒」は次のようなものであったという。

近来上海より台湾及本邦内地に屢々《しばしば》不穏文書を密送する聞込あり……爾来之等不逞徒輩の内情調査に一段の努力を払い、稍々《やや》具体的事情を探知し居りたる処……台湾人林木順が秘密結社を組織し居る事を探知し、此の儘《まま》看過せんか益々増長し、同地の如き国際都市に於ては如何なる事端を惹起するやも難計《はかりがたき》を以て、愈々検挙の手配をなし、本年三月十二日同三十一日及び四月二十五日の三回に亘り一味九名を検挙し取調を進むると共に、一方台湾総督府当局と連結を取り極力捜査に勖《つと》めたる

領事館警察の捜査・検挙のおよばない租界外だったため、中国側公安局やフランス工部局と共助の交渉をお

こなっての検挙だった。第三次検挙の五人は「口を揃えて台湾共産党を全然関知せずと主張し、頑として犯罪事実の陳述を避け居る」状況だった。検挙者の司法処分は「台湾当局に於て審理する手続」をとることになり、台北地方法院検察官の執行方嘱託のほか、諭旨退去や在留禁止の手続きをとって台湾に送還した（『台湾共産党検挙の概要』）。

その後、三人は嫌疑不十分で釈放され、江水得・楊金泉・張茂良ら六人が起訴（予審請求）となった。一二月二一日、台北地方法院の予審（予審判官高嶺方美）が終結した。六人は「社会科学の研究を標榜し、打倒帝国主義、台湾解放万歳、求学不忘争闘、争闘不忘求学を目標として台湾に於ける日本帝国の統治権及私有財産制度を否認し、因て以て台湾を独立せしめて我国体を変革し、共産主義社会を実現せんことを目的とする上海台湾学生読書会と称する結社を秘密に組織し」たとして公判に付す決定がなされた。治安維持法第一条第一項・第二項の該当となる（「台北地院—予審終結決定昭和四年第二冊」）。

一二月二五日の『台湾日日新報』は「台湾共産党事件　被告六名有罪　きのう予審終結決定　台湾共産化の夢を描く」と報じた。

二九年五月二一日、台北地方法院（裁判長堀田真猿、検察官松村勝俊）は楊金泉に懲役三年、張茂良に懲役二年六月など全員有罪の判決を言渡した。予審終結決定書とほぼ同じ文言で、「台湾に於ける日本帝国の統治権を否認し、台湾を独立せしめて我国体を変革し及私有財産制度を否認し共産主義社会を実現せしめんことを目的として上海台湾学生読書会と称する結社を組織」したと認定された。証拠調べでは被告の予審「訊問調書」の供述が根拠とされた。たとえば、陳粗皮は予審第二回の訊問で次のように供述したという。

読書会の真の目的は台湾民族の解放にありて、之が為には朝鮮、印度等の被圧迫民族と提携して支配階級たる日本及世界の帝国主義を打倒せねばならぬ、現在の社会組織は資本主義の経済組織である……労働者階級は敢然起ちて階級闘争をしなければならぬ、即ち資本家階級を打倒し、土地其の他凡《あら》ゆる財貨を共有にして無産階級独裁の政治を樹立せねばならぬ、斯《かく》して始めて無産者の活《い》くべき途も発見せられ、圧迫せられたる台湾民族の解放も出来得るのであるから、吾等は共産主義其の他を研究して右目的の実現に邁進せねばならぬと会員相互常に申合せ居る

とある。同日の漢文紙面でも報じられた。

二一日の『台湾日日新報』の見出しには「政治秘密結社　台湾共産党事件　被告六名に夫々判決言渡さる」とある。同日の漢文紙面でも報じられた。

楊金泉・張茂良ら六人が控訴した。七月二九日の高等法院覆審部判決（裁判長鈴木英男、検察官石橋省吾）では、楊金泉と張茂良が懲役二年となるなど、やや減刑された（以上、「台北地院―刑事判決原本昭和四年第一二冊B一二月」）。

弁護士飯岡隆は、こうした治安維持法違反事件がつづく事態に「斯くの如く台湾に於ても事態容易ならざる治安維持法に触れるような犯罪が芽生えて、台湾統治史上に拭《ぬぐ》うべからざる汚点を留めたのは実に千秋の恨事である。今や台湾も蓬莱島だとか、南方の楽土だとばかり云うても居られぬ時勢になった」（「治安維持法に就て」『台湾警察協会雑誌』第一四一号、一九二九年三月）という感想を漏らす。

四 治安維持法以外の治安法令活用

体制内反対運動に対する治安諸法令の発動

王泰升は「一九二〇年代以後の台湾人抗日運動の主流が政府転覆を狙う武装抗日から体制内での政治反対運動へと転換」したため、治安維持法の発動という「最も厳しい法的暴力を適用されることが少なかった」と論じる（「日本植民地統治下における台湾の「法の暴力」及びその歴史的評価」）。この指摘に同意しつつ、ここでは「体制内での政治反対運動」に対しても総督府治安当局の抑圧取締がきびしく実行されていたことをみていく。

そのための「法の暴力」の武器となったのは、治安警察法や出版法令・刑法の規定などであった。それを如実に示すのが、一九三五年の治安維持法「改正」案の参考資料として作成された「共産主義並に民族主義的思想犯罪にして治安維持法以外の法律に擬律したるもの」（**表5**）である。そこでは二七年から二八年をピークとして治安警察法、暴力行為等処罰取締に関する法律（以下、暴力行為等処罰法と略す）、台湾違警例、新聞紙法及出版規則、台湾森林令などによる司法的処断がなされていたことがわかる。

もう一つ参照できるものとして、総督府法務課がまとめた「思想関係刑事事件数其他調」（**表6**）がある。二五年から二七年まで三年分の集計が残されている。法務課長は二八年四月に各地方法院検察官長に「思想問題に関係ありと認めらるる事件」の調査・回答を求め、治安警察法などのほかに不敬罪、公務執行妨害罪、騒擾

表5　共産主義並に民族主義的思想犯罪にして治安維持法以外の法律に擬律したるもの（人員）

年別＼法律	治安警察法	暴力行為等処罰法	台湾違警例違反	新聞紙法及出版規則違反	森林令違反	其他
1925	10	—	3	3	—	—
1926	19	8	7	3	—	—
1927	49	289	126	20	58	2
1928	57	144	124	21	62	—
1929	3	25	70	99	—	—
1930	7	17	41	12	11	1
1931	40	20	2	37	—	1
1932	—	—	—	43	—	1
1933	—	—	1	27	—	2
1934	—	—	—	30	—	3
計	185	503	374	295	131	9

拓務省管理局「台湾に於ける思想運動調査資料」（1935年3月、『治安維持法関係資料集』第2巻）

罪などを例記していた。一九二六年の回答集計では「其他」に傷害罪、業務妨害罪、殺人罪なども思想関係事件としてあげられている（「台湾総督府档案／法務、会計参考書類／刑事に関するもの」、国史館台湾文献館所蔵）。

体制内の反対運動のなかで、農民運動と台湾文化協会の活動に抑圧取締が集中した。『台湾社会運動史』は「昭和二年以降三ヶ年間に於ける農民運動関係犯罪罪質調」という表を掲げるが、治安維持法違反は三件七人であったのに対して、治安警察法違反は二三件五九人、騒擾・公務執行妨害は二三件一八八人、暴力行為等処罰法違反は一六件一七五人、出版法違反一五件八七人、森林令違反一一六件一三〇人であり、窃盗・横領・詐欺・恐喝も六九件一六三人に達した。「農民運動」全体では五三六件一三四〇人にのぼる。

それらの代表的事例が一九二五年一〇月の林本源製糖会社蔗農争議に対する弾圧（二林蔗糖事件）や二六年九月の鳳山農民組合員の治安警察法違反事件、

表6　思想関係刑事事件数其他調（人員）

区分／法律	不起訴			起訴			無罪			有罪			其他		
	1925	1926	1927	1925	1926	1927	1925	1926	1927	1925	1926	1927	1925	1926	1927
治安警察法	24	2	17	5	9	19	—	—	—	5	9	12	—	—	38
治安維持法	—	2	2	—	6	46	—	—	—	—	6	3	—	—	34
暴力行為等処罰法	—	1	116	—	1	11	—	—	—	1	1	9	—	—	4
不敬罪	—	—	2	—	—	4	—	—	—	—	—	1	—	—	3
公務執行妨害罪	15	56	59	21	20	51	—	1	1	21	19	42	—	2	22
騒擾罪	4	34	48	—	—	118	—	—	—	—	—	—	—	—	118
その他	52	5	58	54	14	50	6	—	4	48	8	37	—	6	—
合計	95	100	302	80	50	299	6	1	5	75	43	104	—	8	219

「台湾総督府档案／法務、会計参考書類／刑事に関するもの」　国史館台湾文献館所蔵

そして二九年二月の台湾農民組合本部に対する出版法規違反事件であった。二七年七月、簡吉・趙港ら台湾農民組合本部は「地主の搾取を擁護する為め此の正常な運動を撲滅すべく、我々の頭に狂暴な弾圧を加えつつある」として台湾総督・新竹州知事宛に抗議文を提出した。そこでは一五の項目が列挙される。講演会場に干渉して講演を中止させたこと、集会開催者を「治安維持法違反の現行犯として捕縛せんと威嚇したこと」、警察官による組合事務所の書類の強制検閲、講演会講師の検束、農民組合からの脱退強要などであり、上記のような治安諸法令による司法処分と並行して組合運動そのものの抑圧に注力していたことがわかる（『台湾社会運動史』）。

なお、二七年三月の騒擾罪や公務執行妨害を問われた二林蔗糖事件公判には自由法曹団の布施辰治が弁論にあたっている。二六年五月一六日の『台湾日日新報』は「六月下旬公判開始と決定」として、公判には布施や清瀬一郎らが出廷の見込みと報じた。事情は不明ながら、台中地方法院での公判は遅れて二七年三月に開かれ、布施は二五日の最終日に大弁論を展開するほか、各地で講演をおこなってい

る（詳細は森正『ある愚直な人道主義者の生涯　弁護士布施辰治の生涯』〔二〇二二年〕参照）。布施はこの弁論を前に、急遽、台湾での弁護士名簿の登録をおこなっていた（『府報』第六六号、一九二七年三月三〇日）。後述するように、その後の台湾での公判には自由法曹団の古屋貞雄が精力的な弁護活動をしている。

一九二〇年代に限ったことではなく植民地警察に普遍的といってよいであろう、警察の抑圧取締にはしばしば拷問による取調、供述の強要がともなっていた。二五年九月、今村義夫は「科学的探偵法と台湾の警察官」（『実業之台湾』第一七巻第九号）において、次のように論じている。

此の頃台湾各地で、警官の拷問沙汰が頻発して人権問題を惹起してきた、此等の原因は色々あろう、とくに相手が本島人であるから警察官の頭にとかく劣等民族又は賤民に対する専制的感情が強く作動していて、少し位《くら》いの拷問が何だという旧式な封建時代の与力同心的思想がこびりついているのも、拷問是認の一因であろう、又た拷問が僻陬《へきすう》の地に屢《しばしば》行われるのは、社会の輿論が稀薄であり、社会的監視の目が届かないのにも因るであろう、が、併し、それよりも一層重大な事は犯人捜査の衝に当る刑事連中に、科学的探偵法に就ての素養や訓練が殆んどない科学的思想の欠如という事である

「旧式な封建時代の与力同心的思想」および「僻陬の地」での頻出とは、具体的には植民地領有後の匪徒刑罰令の発動段階にさかのぼる。拷問が「人権問題」としてようやく惹起してきたことは、一九二〇年代になって台湾における社会運動・民族運動の意識の高まりと密接に関わっている。

台湾文化協会に参加し、文化協会と農民組合合同の「読書会」活動に参加していた伍金地によれば、台湾人警察官の拷問がよりひどかったと証言する。「日本人の警官は平手でなぐるのですが、台湾人の警官は連行者を後ろ手に縛ったうえ内臓に傷をおわせるように肩やわき腹を空手でなぐり、髪の毛をつかんで気絶寸前まで壁にたたきつけたのです」という（上羽修『夢に駆けた治安維持法下の青春』、一九九六年）。

警務局「文化協会対策」

台湾文化協会が「民族主義啓蒙文化団体」から「無産階級啓蒙文化団体」に方向転換する一九二七年前半、警務局が上山《かみやま》満之進台湾総督に提出したとみられるのが、この転換に対応した新たな取締方針「文化協会対策」である（『台湾近現代史研究』創刊号、一九七八年）。史料を紹介した若林正丈は「「対策」の最大の史料的価値は、この分裂政策の歴然たる存在を官憲の口から直截に証言している点」と指摘する。

「文化協会の現況と其の悪影響」「文化協会に対する従来の対策」を記したのち、「今後の方針」を提示する。総論的に「文化協会破壊の手段としては外部より圧迫を加うるは却て内部の結束を固からしむるを以て、寧ろ会内に内訌を起さしめ、潰滅に至らしむるを以て良策と信ず」とする。すでにこの方針にもとづく工作は順調に進んでいるとして、さらに具体的な対策を列挙する。中心人物林献堂の洋行推進に加えて、穏健派に対する援助善導と急進派に対する分裂推進策が重視される。「善導不能者に対しては「狙い落し」的に犯罪事実の生ずるを待ち、検挙すること」という策は、次のように陰険かつ巧妙である。これは、目標の潰滅を第一義とする治安当局者の発想として普遍性をもつだろう。

彼等は本島三百万同胞の為と大言すと雖、真に犠牲的精神を有する者尠く、物質慾か或は名誉慾に駆られて奔走し居る者多し。故に急進分子中幾分善導し得る見込ある者に対しては、初め隠密の間に生活の安定を得さしめざる様方法を講じ置き、恰《あたか》も猛獣の手懐《てなづ》くるに先《さきだ》ち空腹ならしめ置き、然る後食物を与うると同様の方法にて其の困憊《こんぱい》し居る処を物質を以て誘引すること、而して善導不能と認めらるる者に対しては、所謂「狙い落し」的に犯罪事実の生ずるを待ち、破廉恥罪に因り検挙（本島人は民族性として賭博、詐欺、背任及横領等の行為多し）し、社会の信望を失墜せしむること文化協会を急進分子が占領する際には、「社会の与論も禁止に無理なしと認むる迄に左傾せしめ、最後の手段として禁止命令を為すこと」という策略も立てている。実際にこれらに近いかたちで文化協会を追い詰め、衰退させていった。

立案の中心にいたはずの警務局長本山文平は自伝『夢の九十年』のなかで「第一に、林献堂と親交があったから、同氏に〝政治運動から手を引き、台湾人の文化の向上に努力するよう〟説得した。次に、過激な運動をする青年層に対しては、彼らの陥りやすいアヘン吸入、姦通、賭博、詐欺等のいわゆる破廉恥罪で、ねらい撃ちに検挙する方針を取った。本島人は、非常に名誉心が強く、破廉恥罪で検挙された者は、一度に信用を失墜したため、文化協会は、しだいに勢力を失い、平静に向った」と記している（若林正丈解説より重引）。

治安警察法の適用

ここからは「日治法院档案」資料庫（台湾大学図書館所蔵）中の治安維持法以外の治安諸法令の一九二〇年代後半の適用状況をみていこう。

まず治安警察法である。二三年一月から台湾にも施行された治安警察法は前述のようにすぐにその機能を発揮させた。二〇年代後半になっての運用の特徴は、司法処分を地方法院の「略式命令」によって罰金処分に科す事例が多くみられるようになったことである。講演会などの中止・解散が頻発することと連動して、それらの警察措置への反発に対して発動された。

たとえば、二七年六月七日、台中地方法院（判官嶋田義三）は略式命令で劉戊成に治安警察法第一一条第一項を適用し、罰金三〇円を科した。劉は五月一二日、農民組合宣伝講演会を主催し、「警察官より講演弁士の氏名演題等の尋問を受けながら之に答えず、又は答をするも実《じつ》を以てせざりしもの」という理由である。

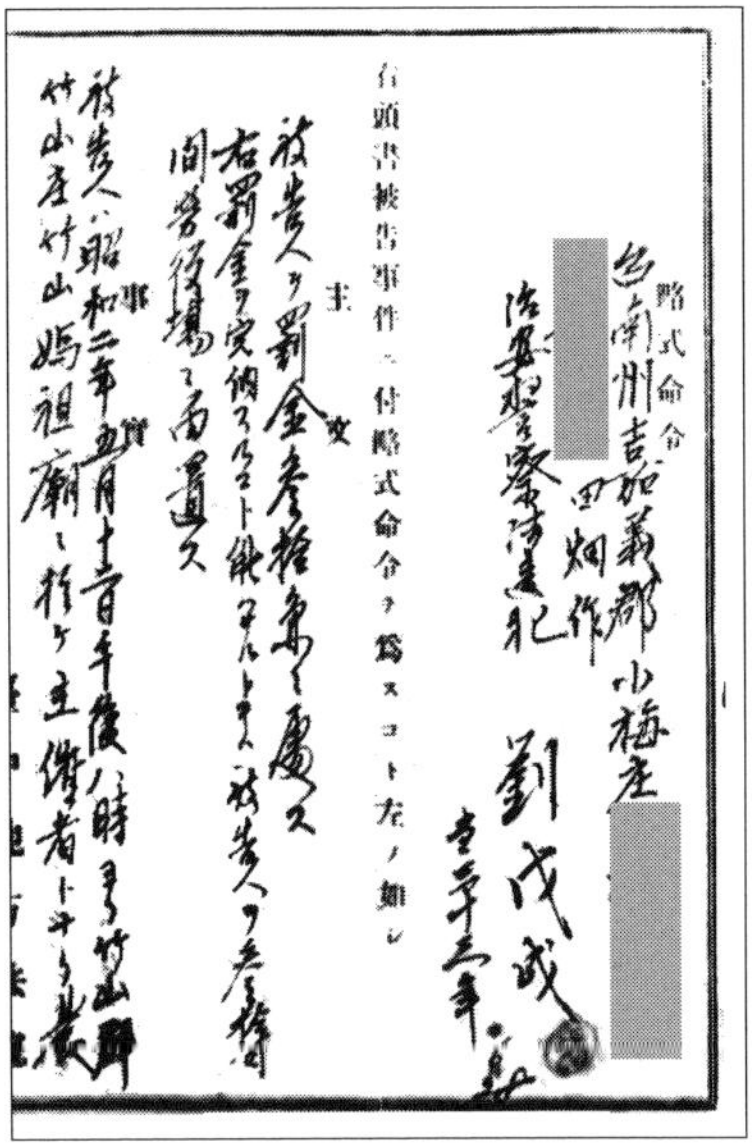
略式命令
台南州嘉義郡小梅庄 [redacted]
治安警察法違犯　劉戊成
右頭書被告事件ニ付略式命令ヲ為スコト左ノ如シ
主文
被告人ヲ罰金参拾円ニ処ス
事実

劉戊成に対する治安警察法違反事件略式命令
「司訓所―昭和二年判決原本第五冊」

七月二七日、台中地方法院（判官嶋田義三）は台湾農民組合本部常任委員の趙港に略式命令で罰金一〇円を科した。趙港が五月二六日の台中市における農民組合講演会の発起人にかかわらず、「制規の届出を為さざりしもの」という理由である（以上、「司訓所―昭和二年判決原本第五冊）。二八年三月三〇日には台中地方法院（判官上野謹一）が張永発と柯炳煌に治安警察法第五条第二項を適用し、略式命令で各罰金一〇円を言渡した。ともに未成年者で豊原文化協会部における政談集会に参加したという理由である（「司訓所―昭和三年判決原本第三冊」）。

こうした地方法院の略式命令に不服の場合、被告は正式な裁判を求めた。二八年六月一一日、台中地方法院（判官上野謹一）は治安警察法第一一条第二項違反として蔡渓惟に罰金三〇円の略式命令を科した。蔡が五月二五日の講演会開催に際し、巡査臨監席の要求を拒否したという理由である。蔡は正式裁判を要求した。七月二七日の公判を経て、七月三一日に台中地方法院単独部（判官上野、検察官坂元義文）はあらためて罰金三〇円を科した。蔡はこれにも不服で控訴する。九月一一日、台中地方法院合議部（裁判長鰍沢栄三郎、検察官林藤香）の判決はやはり罰金三〇円だった。講演会開催直後に解散命令があったのち、すぐに無届で別の場所で開催したことが罪に問われた。公判廷での制服巡査の「緊急にして上司の到来を待つ遑《いとま》なき場合には代って臨監すべく命ぜられ居たればなり」という供述が証拠に採用されている（「司訓所―昭和三年判決原本第一三冊」）。

刑事事件でも傷害や賭博などの比較的軽微な場合は、罰金や科料を科す略式命令による処分が一般的となっていた。講演会解散などをめぐる検挙件数が急増したためだろう、治安警察法違反もそれに準じて処分された。

一方で、通常の司法処分がなされる事案もあった。二七年一二月二三日、台北地方法院新竹支部は戴友剣と郭常を公判に付す決定をした。戴が「新竹騒擾事件の検挙に関し、横暴極まる警察走狗を打倒……等の文字を列ね、警察官を全国無産者が足下に踏み付け居る」図画を画いて門扉に貼付して一般通行者の観覧に供し、警察官の掲出禁止に応じなかったことが、治安警察法第一六条の違反とされた。郭常は掲示した建物の所有者だった（「台北地院—予審終結決定昭和三年第一冊」）。二八年二月一四日、台北地方法院（裁判長堀田真猿、検察官上滝汎）は戴友剣に罰金二〇円を科したが、郭常は証拠不十分で無罪とした。

これに対して検察官は郭常について控訴したが、三月一〇日の高等法院覆審部の判決（裁判長鈴木英男、検察官上内恒三郎）は郭常の犯罪の証明なしとした。さらに検察官が上告すると、八月二四日の高等法院上告部（裁判長金子保次郎、検察官上内）は門前の風刺画の掲示について戴友剣と共謀していたとみなし、郭常に罰金二〇円を科した（以上、「台北地院—刑事判決原本昭和三年第八冊八月」）。

暴力行為等処罰法の適用

暴力行為等処罰に関する法律は、暴力団取締などを名目に一九二六年四月に公布施行された。議会審議では労働運動死刑法の異名をもつ治安警察法第一七条の廃止の代替という指摘を否定していたが、施行とともにすぐに農民運動や水平社運動への適用がつづいた（同法については拙著『治安体制の現代史と小林多喜二』所収の「暴力行為等処罰に関する法律」考——「騙し討ち的悪法」」参照）。

これは八月二七日付で植民地にも施行され、日本国内に増して朝鮮・台湾では重宝な治安法令として活用された。前掲表6のように、治安諸法令のなかでも暴力行為等処罰法違反の検挙者がもっとも多い。それは台北地方法院検察官長三好一八の解説「暴力行為等処罰に関する法律」（『台湾警察協会雑誌』第一二二号、一九二七年八月）の、次のようなとらえ方にうかがえる。

社会的思想の悪化から各々自己の主義を貫徹せしむる為に、主義の実現を為さしむる為に、其の中心分子たるものが財産上の供与を与えて、其の主義に共鳴する団体をして暴力行為を敢てせしめると言う様なことも頻繁に行わるるのであります。何《ど》ちらかと言うと、暴力行為を実行する者よりも其の側に立って財産上の援助を為す者の方がむしろ大きい犯罪をやって居るものと見なければならんのであります。そう言うものを根絶せしむる主旨に於て本条の罰則が規定せられたものであります……同盟罷業は多く団体を背景として暴力威力を用いるのであります。それが暴行・脅迫・器物損壊・建造物損壊等の犯罪をやりますれば、元より本法の一条に依って罰することの出来るものである

二七年一〇月二九日、台北地方法院の予審（予審判官高嶺方美）は施合発商行製材所のストライキの「教唆煽動」の容疑で、台湾工友協助会幹部の薛玉龍と薛玉虎を公判に付す決定をおこなった。ストライキ中には「職工及無頼漢十数名がスト破りをした職工に「悪言罵言を放ち危害を加うべき気勢を示さしめて脅迫」する」ほか、スト中の職工に米やお金を供与したことが暴力行為等処罰法第一条第一項に該当するとされた（「台北地院―予審終結決定昭和五年」）。

二八年四月一二日、台北地方法院（裁判長堀田真猿、検察官三好一八）は薛玉虎と薛玉龍に懲役六月を科した（玉龍は執行猶予四年）。「被告人等は資本家は莫大なる不労所得を獲得し居るに拘らず、労働者は不眠不休の労働を継続し乍ら其酬いらるるところ僅少にして、所謂資本家は九天の上に、労働者は九天の底に呻吟し居るものなりとの思想を抱持し居たる」とみなし、労働者の団体の威力を示して脅迫したとして暴力行為等処罰法第一条

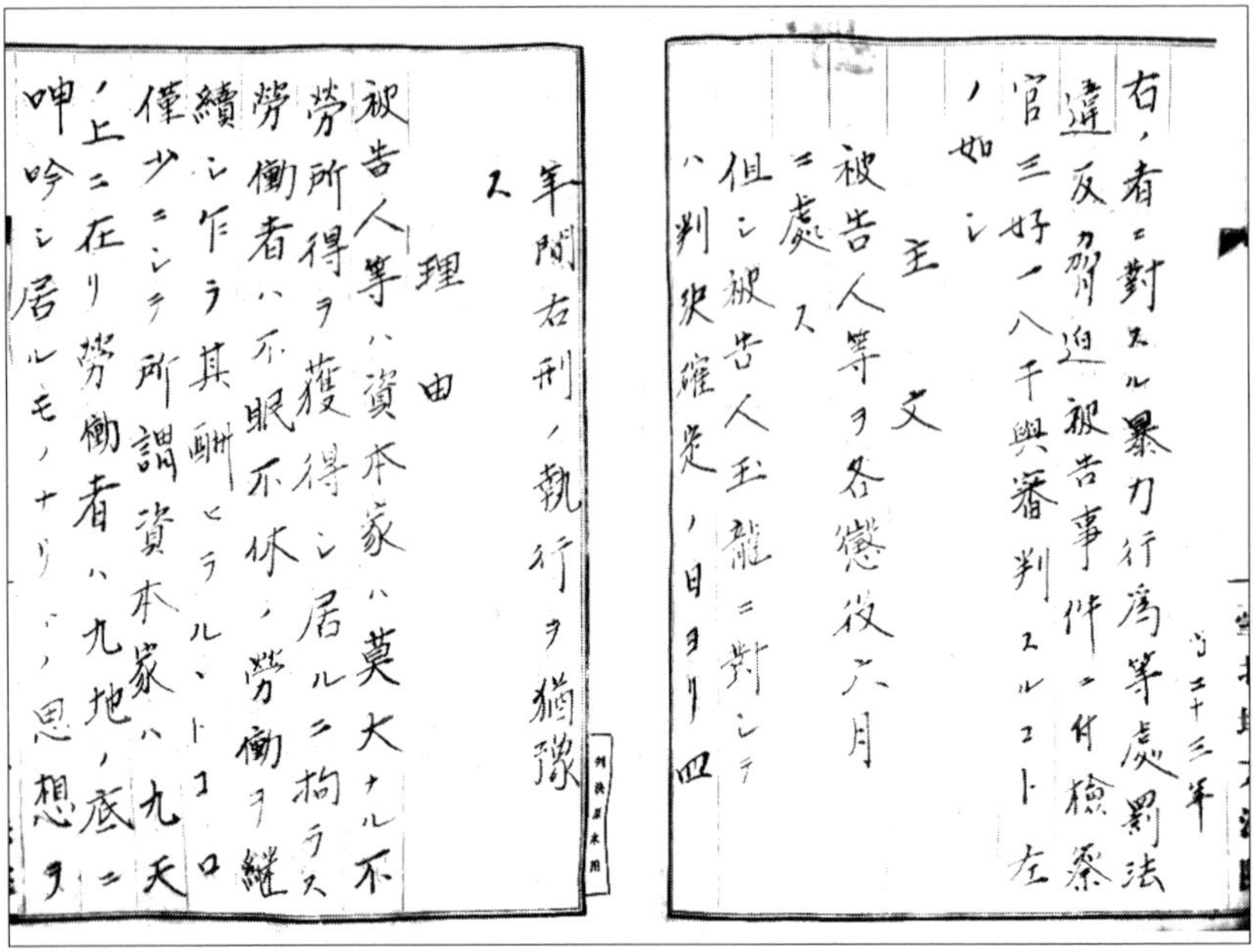
右ノ者ニ對スル暴力行爲等處罰法
違反刑事被告事件ニ付檢察
官三好一八干與審判スルコト左
ノ如シ
主文
被告人等ヲ各懲役六月
ニ處ス
但シ被告人玉龍ニ對シテ
ハ判決確定ノ日ヨリ四
年間右刑ノ執行ヲ猶豫
ス
理由
被告人等ハ資本家ハ莫大ナル不
勞所得ヲ獲得シ居ルニ拘ラス
勞働者ハ不眠不休ノ勞働ヲ繼
續シ乍ラ其酬ヒラルヽトコロ
僅少ニシテ所謂資本家ハ九天
ノ上ニ在リ勞働者ハ九地ノ底ニ
呻吟シ居ルモノナリトノ思想ヲ

暴力行為等処罰に関する罰則違反事件判決（薛玉虎・薛玉龍）
「台北地院―刑事判決原本昭和三年第一二冊一二月」

第一項を適用した。量刑にそれぞれ不服の被告・検察はともに控訴した。九月二八日、高等法院覆審部（裁判長鈴木英男、検察官上内恒三郎）は薛玉虎を無罪とし、薛玉龍に懲役六月（執行猶予四年）の判決を言渡した（以上、「台北地院―刑事判決原本昭和三年第一二冊一二月」）。

　二八年三月二九日、台北地方法院新竹支部は予審（予審判官鱖沢栄三郎）を終結し、農民組合湖口支部長譚廷芳と同支部委員陳英会を公判に付すとした。二人はそれぞれ果樹園の小作権引揚げに不服な農民の依頼を受け、果樹園主を「威嚇する為傲慢の態度」で「農民組合なる団体の威力を示し」、その「自由財産に危害を加うべく告知し、以て仝人を脅迫」したことが暴力行為等処罰法第一条第一項に該当するとされた（「台北地院―予審終結決定昭和三年第二冊」）。

　九月一日、台北地方法院（裁判長堀田真猿、

検察官上滝汎）は譚廷芳に暴力行為等処罰法第二条（集団的、常習的な面会強請・強談威迫の罪）を適用し、罰金二〇円を科した。陳英会は「公訴事実の犯罪の証明なき」として無罪となった（「台北地院―刑事判決原本昭和三年第九冊九月」）。

二九年二月一二日、台北地方法院予審は予審請求されていた二五人のうち、農民組合中央常任委員趙港ら二二人を公判に付す決定をおこない、三人を免訴とした。台湾農民組合中壢支部をめぐる問題で、「管内農村の平和を保持し、農民の福祉を増進せん」という警察当局の解散慫慂《しょうよう》に迫られて解散決議をしたところ、中壢支部の再建を図る組合員らは秘密会議を開いて準備を進め、再建大会当日、主要な会同者が警察官派出所に出頭したところ、被告らは「数百名の組合員等と共にワイワイ喧騒して」殺到し、制止しようとする警察官を「押除け」、上着を引裂き、派出所に「闖入」したことが暴力行為等処罰法第一条違反とされた。

七月一三日、台北地方法院（裁判長堀田真猿、検察官松村勝俊）は二人を懲役六月、三人を懲役四月、九人を懲役三月（いずれも執行猶予四年から二年）とし、趙港ら八人を無罪とした（「台北地院―刑事判決原本昭和四年第七冊七月」）。

なお、二八年三月二四日、台北地方法院新竹支部は暴力行為等処罰法や公務執行妨害で予審請求されていた一六人について六人を公判に付し、一〇人を免訴とした（予審判官鰍沢栄三郎）。一月二三日、賭博現行犯の逮捕者の拘引に際し、被告らが「巡査の制止を肯ぜずして拍手哄笑し、罵言して追随しつつ」あったほか、「巡査が故意に子供を殴打したりと吹聴して気勢を揚げ、部落民百五十名位の多衆」により二巡査を包囲し、「交々《こもごも》巡査を殴れと絶叫し、如何なる危害を加うるやも計り難き気勢を示して脅迫し、其職務の続行を不能ならしめたるもの」という「犯罪事実」とされたが、暴力行為等処罰法を適用せず公務執行妨害とした（「台北地院―予審終結決定昭和三年第二冊」）。公判での判決については不明である。

騒擾罪・公務執行妨害罪の適用

台湾文化協会関連の講演会開催をめぐり、騒擾罪や公務執行妨害罪の発動は頻繁になされた。

一九二八年二月二九日、台北地方法院予審（予審判官鮲沢栄三郎）は林冬桂ら八一人を騒擾罪で公判に付す決定をした。文化講演会に関連して検束引致された際に巡査の暴行を受けることなどから新竹郡警察課に対する反発は強まっており、「横暴を糾弾する趣旨」で文化協会新竹支部長で中央委員の林冬桂らは政談演説会を開催した。中止・解散を命ぜられると「群衆に対し台湾人の幸福を得んとする者は郡役所に押寄せ、検束者を取り戻せ、帰ってはならぬなど交々絶叫し……喊声を挙げしめ、投石するなどの騒擾を為さしめ」たという理由である（「台北地院―予審終結決定昭和五年」）。

七月二六日、台北地方法院（裁判長堀田真猿、検察官内田保次）は柳金城の懲役一年を筆頭に七三人に懲役刑あるいは罰金刑を科した（八人は無罪）。懲役一〇月（執行猶予三年）となった林冬桂については「聴衆を駆って郡役所に赴き、多衆を背景として警察課長に解散理由を強談し、以て課長を威迫せんことを企て、廟内弁士控席に於て熱狂せる多衆に向い、当夜の解散は不当なるを以て吾々弁士は之より郡に赴き課長に其理由を質問すべきを以て諸君も追従すべき旨《むね》絶叫、因て多衆を郡役所に殺到せしめ、以て前記騒擾の醸成に付《つき》率先して其勢を助け」とされた（「台北地院―刑事判決原本昭和三年第一二冊一二月」）。

一二月二〇日、台北地方法院新竹支部予審（予審判官緒方清継）は文化協会所属の演劇団俳優陳鹿港を騒擾罪で公判に付す決定をした。陳は俳優仲間が警察官に暴行されたことを糾弾しようと二七年一一月に政談演説会を開催し、臨監の警部により解散を命ぜられたが、「多数の者が喧躁を極め新竹郡役所に押寄、騒擾するや、群衆に向い警察官が只今石を投げた、或は剣を抜いた等と叫び、巧《たくみ》に群衆の激昂を醸《かも》させ、群衆中郡役所に向け投石する者あるや、やれやれと勢援し、他人に率先して勢を助けたるものなり」とされた（「台北地院―予審終結決定昭和三年第一冊」）。

二九年三月一六日、台北地方法院（裁判長堀田真猿、検察官対馬郁之進）で陳鹿港は新竹郡役所前の行動を否定したが、証人の供述により騒擾罪の適用を受けて懲役六月（執行猶予三年）の刑となった（「台北地院―刑事判決原本昭和四年第三冊三月」）。

一〇月二九日、台北地方法院新竹支部の予審（予審判官下瀬芳太郎）は台湾文化協会員の林乞食を騒擾罪で公判に付す決定をした。二七年一一月、警察課の横暴糾弾の政談演説会において、「被告人は右中止解散命令の都度、横暴々々と絶叫して喧噪を助勢」したあと、次のような行動をとったという（「台北地院―予審終結決定昭和四年第一冊」）。

新竹郡役所前に蝟集《いしゅう》したる群衆四五百名を警戒中の警察官と鉄門を距《へだ》てて相対峙し　喧騒を極めたるを以て、警部は群衆に解散を命じたるが、右群衆は当夜の集会の解散は不当なり、検束者を即時釈放せよ、抜剣せる巡査を処分せよと怒号し、遂に喊声を挙げ庁舎に向って盛《さかん》に投石せるが、被告人は外二名と共に右群衆の代表となりて警察課長に解散理由を強談し、且熱狂せる群衆の先頭に立ち、率先して三個の要求を容《い》れざる限り解散せざる旨大声叱呼し、以て其勢を助けたるものなり

公判での判決については不明である。

農民運動の争議でも騒擾罪などが発動されている。『台湾社会運動史』が「日本拓殖会社所有地小作争議（第一次中壢事件）」とする事例をみよう。同書では二七年一一月、台湾農民組合中壢支部と会社側の対立が激化し、立毛差押の仮執行では「付近の農民六十名は鎌、鍬、棍棒を携えて之を阻み、二百余名の農民蝟集し来り形勢不穏なる為一時中止する」という事態に、「本件に対する農民組合指導下の農民の行動は此儘放任し得ざる事

態なる為、騒擾及公務執行妨害罪として関係者の一斉検挙を行い、断乎反省を求めるに決し、八十三名を検挙」したと叙述する。

このうち四一人が予審請求（起訴）された。一八年三月三〇日に台北地方法院新竹支部の予審（予審判官鰍沢栄三郎）が終結し、三五人が公判に付された（六人を免訴）。遅れて六月一二日に予審終結（予審判官高嶺方美）となった謝伝華は「騒擾の主動《ママ》者として主唱画策し、右現場に於て多衆をして其の合同力に依り騒擾を為さしめたる首魁」とされた。また、巡査と格闘したことが公務執行妨害罪にも問われた（「台北地院―予審終結決定昭和三年第二冊」）。

一〇月一一日の台北地方法院（裁判長堀田真猿、検察官武井辰磨）は無罪一人、罰金刑一人のほか、三四人に懲役二年六月から三月を言渡した。謝伝華は「現場に集合せる約四、五十名の農民と共に、遣《や》れ遣れ、殴れ殴れと怒号し、群衆も亦之に応じて喧騒し」などと認定されて、懲役二年を科された（「台北地院―刑事判決原本昭和三年第一〇冊一〇月」）。

台湾違警例の適用

一九一八年六月二六日、総督府令として施行された台湾違警例は日本国内では警察犯処罰令に相当し、比較的軽微な犯罪行為に対して拘留や科料を科した。甲斐春夫『台湾違警例解義』（一九三四年）は「台湾総督が管轄内に於ける安寧を保全せん為の必要に依り、其の職権に基き内容を決定したる命令」で、「実質上の刑法たる性質を有する規則」とする。主に賭博の取締に活用されているが、第一条三号の「故なく面会を強請し、又は強談、威迫の行為を為すべからず」は争議の取締などに発動されている。『台湾違警例解義』では「本号は刑法脅迫罪及恐喝罪の適用なき罪質軽き行為を取締の対象とし、公安保持の為の禁止規定なり」と解説している。

この第一条三号の適用事例をみよう。一九二九年六月二八日、台中地方法院（裁判長竹内吉平、検察官岩切辰雄）は張阿丁に罰金五〇円を科した。多数農民とともに張は大農拓殖会社取締役の居宅に至って面談を申し入れ、不在として退去を求められると、「吾々はどうせ餓死するなら此二階で餓死しよう、此三階建も吾々農民の膏血を搾《しぼ》って建てたものだ等と放言怒号し、以て強談威迫をなしたるもの」とされた（「司訓所―昭和四年原本第五冊」）。

二九年二月四日、台北地方法院合議部（裁判長竹内吉平、検察官坂元義文）は楊慶珍に台湾違警例第一条二〇号違反として、拘留一五日を科した。二八年一一月九日の同法院単独部判決に楊が控訴したもので、映画「水上の英雄」映写中、「多衆来場せる観覧席の中央に立上り、無産者《ママ》を圧迫《ママ》する我々は汝に助勢するぞ、資本階級を倒せ等と大声連呼して以て不穏の言動を為し、公安を害したるもの」とされた（「台北地院―刑事判決原本昭和四年第二冊二月」）。

台湾農民組合の指導者の一人簡吉も、二九年一月二五日、台北地方法院単独部（裁判長竹内吉平、検察官坂元義文）から簡氏娥という女性を自宅に居住させていたにもかかわらず、その母親の保護依頼による警察官の質問を受けながら居住せずという「不実の申述」をしたとして、科料五円を科されている。三月二六日の同法院合議部（前同）の判決も変わらなかった（「司訓所―昭和四年原本第三冊」）。この公判の弁論には在台中だった自由法曹団の古屋貞雄があたっている。

なお、無罪となったケースもある。二八年一一月二八日、台中地方法院単独部（判官竹内吉平、検察官松尾海造）は「不穏の言論行為をなし、公安を害したる」という公訴事実の犯罪証明が十分ではないとして、黄天に無罪を言渡した（「司訓所―昭和三年原本第一二冊」）。

台湾出版規則の適用

一九三〇年五月、総督府警務局の実務を担当する工藤折平は「本島に於ける出版物取締政策」に言及し、新聞紙発行の「許可主義」について「現在及近き将来」における撤廃について否定的な見解を示した。それは「本島の民度未だ以て内地とは大なる径庭あり、之を自由に放任せんか統治上種々なる不利益を来す」とみるからである（「台湾出版警察の研究（三）」『台湾警察時報』第一〇号）。建前としては自由主義をとる出版物の取締も基本的に同様な方針で臨んでいたことは、具体的な台湾出版規則の発動によって明らかだろう。

三三年四月の『警友』掲載の井上嵩《きょう》「出版警察雑話」は「出版物発売頒布禁止の一般的標準」を考えるうえで手がかりとなる。日本国内で運用される「皇室の尊厳を冒瀆する事項」など一二項目の「安寧秩序紊乱事項」に加えて、次のような台湾としての「特殊事項」があった。

1、内台融和を阻害するもの。
2、台湾の独立を慫慂し、又は民族意識を唆《そそ》り暴力行動を慫慂するもの。
3、台湾統治並施政方針に対し悪宣伝を為し、民度低き島民に疑惑の念を抱かしむるもの。
4、台湾総督を誹謗し、其威信を失墜するもの。

本節が対象とする一九二〇年代後半から少しあとのものだが、「民度低き島民」などという認識からすると、これらの台湾の「特殊事項」が台湾文化協会や農民運動の抑圧の基準となっていたといってよい。

そして、井上は「正規の手続を履《ふ》んで、公然と出版する出版物には公安線を遥かに彼方《かなた》に突破する様な極端なものはさまであろうことは想像し難いのである。吾々の取締は斯かる正規の手続を避けたる所謂非合法秘密出版物に対して、より以上の関心を持たねばならないが、何れにせよ、第一線に立って民衆に直接する警察官は所謂街頭の検閲官であり、其頭を以て発禁出版物は勿論、各種の容疑出版物の発見取締に努め、相俟って之が完璧を期せねばならない」とも述べていた。まさにこの第一線の警察官が「街頭の検閲官」として、台湾文化協会や農民運動関係の宣伝文書・チラシなどの「非合法秘密出版物」の発見に努めていた。その際の取締の武器となったのが台湾出版規則（一九〇〇年二月、府令第一九号）である。台湾新聞紙令（一九一七年一二月、律令第二号）も運用されていたが、上述のように新聞紙発行は「許可主義」となっていたため、そもそも取締対象となりうる言論活動を展開する余地は乏しかった。

二九年一月二一日、台北地方法院（判官吉里直喜、検察官武井辰磨）は侯余文・林裴潤・陳本生にそれぞれ禁錮三月（執行猶予三年）を言渡した。台湾文化協会基隆《キールン》機械工会に属していた被告らが、鈴木鉄工場閉鎖にあたり失業職工に手当を支給しないことを不当として機械工会の出した声明書が「安寧秩序を紊乱する不穏文書の出版」とみなされ、台湾出版規則第一八条の適用を受けた（「台北地院—刑事判決原本昭和四年第一冊一月」）。四月一〇日、台北地方法院（判官山岡重良、検察官松村勝俊）は林朝宗に罰金五〇円の判決を言渡した。三月一八日、「巴里コムキユン《ママ》記念日に際し会員諸君に激す」と題する公安秩序を妨害する宣伝文を起草・印刷のうえ、届出・納本せずに頒布したことが出版規則第一八条の適用とされた（「台北地院—刑事判決原本昭和四年第四冊四月」）。

七月二三日、台北地方法院（判官鴛海隆《おしのうみ》、検察官松村勝俊）は連嘴・王万得・李徳和にそれぞれ禁錮四月の刑を科した。台湾文化協会の台北特別支部で六月一七日の台湾始政紀念日に「始政紀念日に反対す」と題する次のような宣伝文書約四千枚を印刷・配布したことが、「安寧秩序を害する」として出版規則第一八条に問われた。

所謂始政紀念日とは即ち是ぞ三十四年前の今日、日本帝国主義が台湾を侵略して台湾に総督独裁政治を実施し、搾取奴隷視し、而して屢次《るじ》我等大衆を残虐せる日なり、故に始政紀念日に施策反対するのみならず、当《まさ》に苦痛甚だしき現在に於て左の標語を絶叫す、解放運動の犠牲者の即時釈放を要求す、総督独裁政治を打倒せ、奴隷教育に反対す、中国の工農革命を擁護すべし、露西亜を擁護せよ

これに対して被告らは控訴した。九月二七日の台北地方法院合議部判決（裁判長緒方清継、検察官滝口民三）は連と王に禁錮四月、李に禁錮三月を言渡した（以上、「台北地院—刑事判決原本昭和四年第一二冊B一二月」）。

二七年二月に結党した台湾民衆党がしだいに総督府施政に批判・対立的な活動を強めると、治安当局の抑圧が加わった。『台湾社会運動史』には二九年六月の始政紀年日にあたり、「民衆党員謝祈年名義を以て講演会開催を計画し、宣伝ビラを撒布せんとしたるを発見、之を阻止せり」とある。

こうした抑圧の一つとして、台湾民衆党組織部主任の陳其昌が七月一八日、「民衆党に加入した以上は解放運動の実行に当らざるべからず、我々は既に入党したる以上、我々の生命は党の為に捧げざるべからざる旨の内容」を記した「通達」を印刷し、民衆党各支部委員らに郵送した。これが出版規則第二条第一項（届出の義務）の違反として検挙された。八月三一日、台北地方法院単独部（判官讃井《さぬい》健）は出版規則第二条第一項を適用し、略式命令で罰金三〇円を科した。陳は正式裁判を求めたが、一〇月二二日の単独部判決（判官高柳愿《すなお》、検察官志熊三郎）は変わらなかった。陳はさらに控訴するが、一一月二六日の台北地方法院合議部判決（裁判長緒方清継、検察官滝口民三）も罰金三〇円のままだった。

高等法院上告部への上告趣意書で弁護人蔡式穀は原判決が「通達」の「何れの点が通信報告に非ざるかを指摘せず、且文書の記事の一小部分を以て全体を測る嫌ある」と主張したが、三〇年三月一五日の判決（裁判長後藤和佐二、検察官石橋省吾）は「単純なる通信報告を配布したるものに止まらず、尚自己の意見思想をも併せて発表告白し、之を多数の者に交付したるものなること明白なり」として、上告を棄却した（以上、「台北地院—刑事判決原本昭和五年第三冊三月」）。

三〇年一月一一日、台北地方法院単独部（判官高柳愿、検察官松村勝俊）は台湾民衆党基隆支部書記兼主幹者楊元丁に罰金一〇〇円を科した。『絶対反対阿片吸食新許可的宣言』を届出納本せずに印刷配布したこと、さらにその趣旨が「我等の悲憤は只々痛哭流涙大声し、四百万親愛なる同胞に訴うるのみ、二十世紀文明の今日に処する我等は金を要せず、生命を要せずと雖も亦須《すべか》らく全台湾人の体面を顧みざるべからず、速かに一斉に憤起して正義の肉弾を用いて協心同力し、万悪害人、亡国、敗家、喪身的阿片並に仮装的慈悲的の執政者を打倒せざるべからず」という公安を害するものだったとして出版規則第一四条（届出・納本義務の罰則）と第一五条（出版者・印刷者の住所・名前などの不記載）が適用された。

量刑に不服の検察官が控訴した。二月一四日の台北地方法院合議部（裁判長緒方清継、検察官松村勝俊）は禁錮四月を言渡した。これに被告が上告した。四月三〇日、高等法院上告部（裁判長後藤和佐二、検察官松村勝俊）は上告を棄却した。弁護人古屋貞雄の上告趣意書には次のようにあった。

> 文書の内容が単に現行制度の不備、社会組織の欠陥、為政者の行為又は秕政《ひせい》を指摘して之を攻撃するに止り、何等不法の手段を用い、又は急激に之を変更せんことを試みるものに非ざるときは、縦令《たとい》其の文書の内容が執政者の施政に不満を抱き、而も其の前提に判断の誤謬あり、事実誇張ありて其の措辞又多少矯激に渉るものありとするも、現時社会の安定を破壊する虞《おそれ》なき限り未だ以て安寧秩序を妨害するものと云うことを得ず、従って此の種の文書は台湾出版規則の埒外《らちがい》に逸したるものとして同法第十八条の規定を適用処断することを得ざるものとす

弁護人蔡式穀も「敢て不法手段を用い現政府に対し不穏の挙に出づべきことを以て挑発又は煽動したるものに非ず……原判決は何れの点より見るも理由不備又は重大なる事実の誤認ある」と主張したが、判決は「矯激なる文詞を羅列し、当局官憲に対する反抗心を挑発せしめんとして民衆を扇動したるものにして、単に当局官

憲の政策を批判し之を攻撃するものに止まらざること明かなり、而して斯《かか》る言動は国家の秩序を破壊し、公共の平和を攪乱するの虞ある」と断じた（「台北地院—刑事判決原本昭和四年第一二冊B一二月」）。

台湾農民組合出版規則違反事件

『台湾社会運動史』は「台湾共産党の台湾農民組合に対する攻撃は著々《ちゃくちゃく》発展し、研究会の開催、組合内に於ける思想的統一の達成、各団体共同戦線の実践、農民組合諸方針の決定等を行いつつあり」とする。それは一九二八年一二月末の農民組合第二次全島代表大会でさらに進展したため、警務当局は「其の対策と実体の究明に関して種々考慮し、検察当局とも協議の結果、既に明瞭なる共産主義運動を行いつつある台湾農民組合を存在せしめて農村の思想悪化を放任し難しとの結論に到達」した。そして、二九年二月一二日、一斉検挙を断行した（二・一二事件）。

そこでは「検挙の経過に於て党の実体を究明し得べき予想の下に、最小限度の犯罪を出版法規違反として」検挙するという奇策をとった。検挙は台北、台中、台南、高雄各州におよび、家宅捜索箇所は三〇〇カ所にのぼった。検挙者は五九人で、八人が警察限りで釈放され、五一人が台湾出版規則・治安維持法違反容疑で検察局に送致されたが、その後の司法処分では農民組合指導部に実際的な打撃を与えることを優先し、台湾出版規則違反という「最小限度の犯罪」の追及に絞っていった。二月二八日、譚廷芳・簡吉・張行・楊春松ら一三人が出版規則第一七条違反として台北地方法院に起訴（予審請求）された。第一七条は「皇室の尊厳を冒瀆し、政体を変壊し、又は国憲を紊乱せんとする文書図画を出版したる者」に一年以下の軽禁錮、あるいは二〇〇円以下の罰金を科すもので、「安寧秩序」妨害などを処罰する第一八条（六月以下の軽禁錮、あるいは一〇〇円以下の罰金）より重い。五月二五日、予審が終結し、一二人が公判に付されることになった（一人は免訴）。

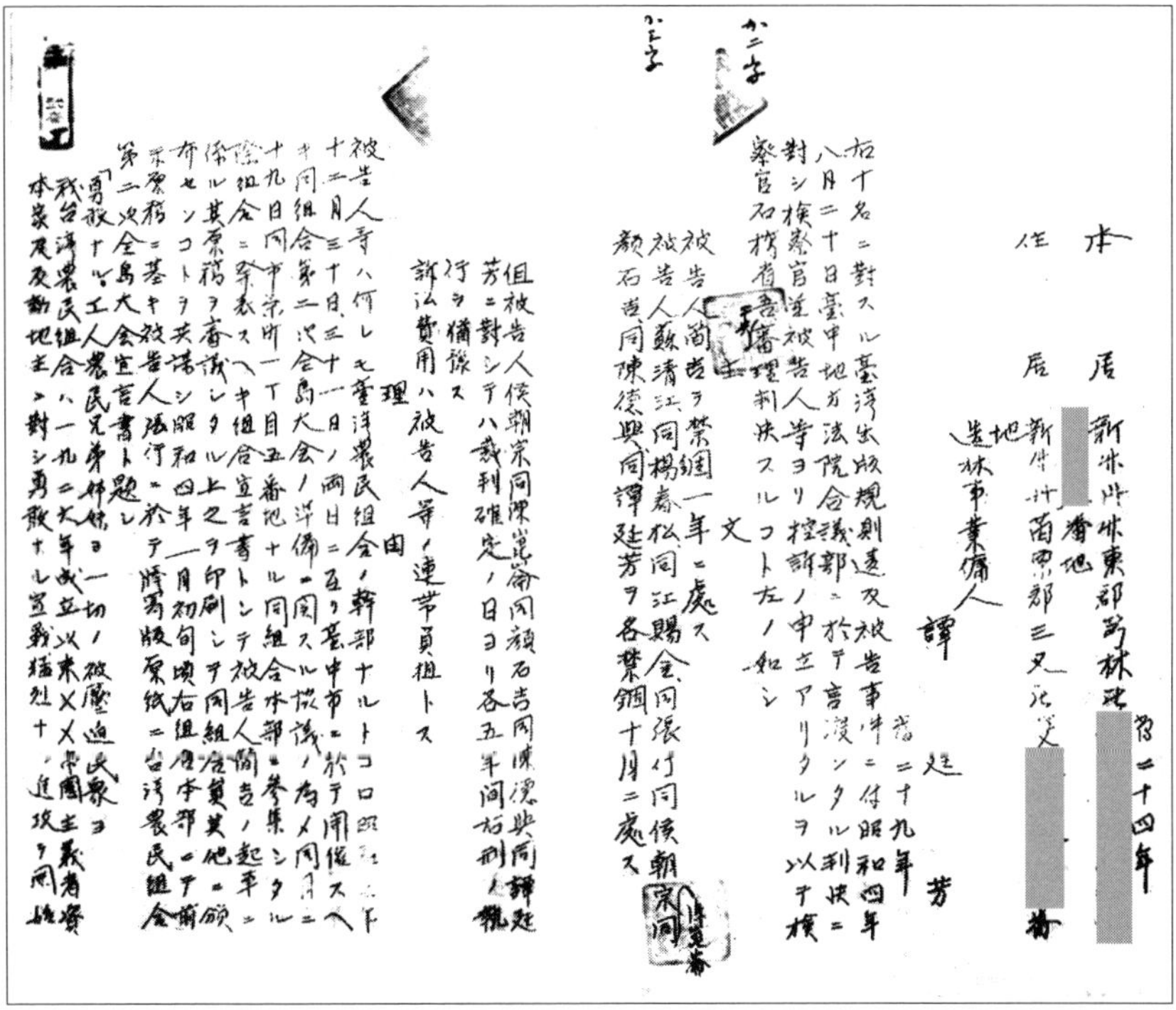
本居 新竹州竹東郡芎林庄[redacted]
住居 [redacted]番地 新竹州竹東郡三叉庄[redacted]番
地 造林事業傭人
譚廷芳 明治二十九年

右十名ニ對スル臺湾出版規則違反被告事件ニ付昭和四年八月二十日臺中地方法院合議部ニ於テ言渡シタル判決ニ對シ検察官並被告人等ヨリ控訴ノ申立アリタルヲ以テ検察官石橋省吾審理判決スルコト左ノ如シ

主文

被告人簡吉ヲ禁錮一年ニ處ス
被告人蘇清江同楊春松同江賜金同張行同侯朝宗同陳崑崙同顔石吉同陳徳興同譚廷芳ヲ各禁錮十月ニ處ス
但被告人侯朝宗同陳崑崙同顔石吉同陳徳興同譚廷芳ニ對シテハ裁判確定ノ日ヨリ各五年間右刑ノ執行ヲ猶豫ス
訴訟費用ハ被告人等ノ連帯負担トス

理由

被告人等ハ何レモ臺湾農民組合ノ幹部ナルトコロ昭和三年十二月三十日三十一日ノ両日ニ亘リ臺中市ニ於テ開催スヘキ同組合第二次全島大会ノ準備ニ関スル協議ノ為メ同月二十九日同市楽町一丁目五番地ナル同組合本部ニ参集シタル際組合ニ発表スヘキ組合宣言書トシテ被告人簡吉ノ起草ニ係ル其原稿ヲ審議シタル上之ヲ印刷シテ同組合員其他ニ頒布センコトヲ共謀シ昭和四年一月初旬頃右組合本部ニ於テ被告人張行ニ於テ謄写版原紙ニ台湾農民組合第二次全島大会宣言書ト題シ「勇敢ナル工人農民兄弟姉妹ヨ一切ノ被壓迫民衆ヨ我台湾農民組合ハ一九二六年成立以来×××帝国主義者資本家及反動地主ニ對シ勇敢ナル宣戦猛烈ナル進攻ヲ開始

簡吉らに対する台湾出版規則違反事件判決
「司訓所—昭和六年判決原本〔七〕」

八月二〇日、台中地方法院（裁判長鰍沢栄三郎、検察官帯金悦之助）は台湾出版規則第一八条を適用し、簡吉に禁錮四月、他の一一人には懲役一月（一人は執行猶予二年）を科した。組合幹部は第二次全島大会準備の協議で「組合宣言書」をめぐって「官憲並地主資本家階級を徒《いたずら》に誣罔《ふもう》非議し、右階級に対する農工無産階級の反抗心を煽り、以て階級闘争の熾烈化を謳歌慫慂せんとするが如き安寧秩序の妨《さまたげ》となるべき文字を各所に列ねたる文書を印刷の上、島内農民組合員其の他に頒布せんことを共謀」したと認定された。「宣言文」には「一切の被圧迫民衆よ、瀕死の帝国主義者と反動地主は其の狗命《くめい》〔つまらぬ命〕を保持する為めに、一面に於ては工農を屠殺する処の第二次世界大戦を準備し、積極的に無産階級――特に植民地台湾無産階級に対する圧迫と搾取とは益々残忍さを加え、益々露骨さを加えて来た」などとあった。

この判決に被告一〇人と検察がともに控訴した。一二月二〇日、高等法院覆審部（裁判長堀田真猿、検察官石橋省吾）は出版規則第一七条を適用し、簡吉に禁錮一年、他の九人に禁錮一〇月（五人に執行猶予五年）と一審よりも重い刑を言渡した。「本島内工農無産階級に対し、一致団結して官憲及資本家と闘争せんことを力説し、工農独裁の共産国家を誇張嘆《ママ》美して暗に工農無産階級の団結力により我が社会組織の根底を覆し、以て工農独裁の共産社会を実現すべきことを慫慂し、又一面他国植民地の独立運動を例証して暗に島内工農の団結により本島に於ける我帝国の主権を排除し、民族的独立を企図する如き思想を鼓吹せること、論旨自体に徴し極めて明瞭なる」とされた。

これに対して、楊春松・江賜金が上告するが、所定期日内に上告趣意書の提出がなかったため、三月七日、上告は棄却となった（「司訓所―昭和六年判決原本（七）」）。

再び『台湾社会運動史』によれば、この検挙の影響は大きく、「小《ママ》数指導者以外の組合員の動揺を招き、地方各支部の統制みだれ、二支部一出張所は解散し、其の他は一斉に活動停滞不振に陥り、没落者の頻発をさえ招くに至れり」とある。一方で、農民運動は「益々非合法的傾向を強め」たという。

台湾森林令の適用――農民運動系の思想犯罪処罰

一九一九年一一月に公布施行されていた律令台湾森林令が、二〇年代後半の農民運動の抑圧取締に活用されたことは前掲の**表5**「共産主義並に民族主義的思想犯罪にして治安維持法以外の法律に擬律したるもの」から了解される。なかでも二七年には五八人、二八年には六二人が検挙されている。

『台湾社会運動史』は三菱竹林事件に関連して「農民組合嘉義支部組織後、竹林争議は更に尖鋭化」し、二六年一一月の朝香宮《あさかのみや》来台に際して直訴があったことに加えて「保管許可取消を無視して従来同様竹林の伐採を行いつつ」あるため、二七年三月一二日、二六人を森林令違反として検挙し、三月から四月の公判で懲役および罰金刑を科したとする。それらの事件の判決は見当たらないが、「日治法院档案」資料庫にはこの事件前後の森林令違反の判決が多数所蔵されている。

二七年八月八日、台中地方法院（判官嶋田義三、検察官代理一迫直衛警部）は被告五人に一〇〇円から二〇円の罰金を科した。森林令第二一条第二号（森林において濫《みだ》りに焚火を為したる者）と第三号（他人の森林を開墾したる者）が適用された。ある被告の場合、「官有森林の雑木を伐採し、之を数カ所に堆積して焼却し、約二分（約六〇〇坪）を官庁の許可を得ずして開墾」したというものである。以前から既得権として伐採・開墾していた森林を「官有」とされたため、従前どおりの伐採・開墾の行為が森林令違反の犯罪とみなされた（「司訓所―昭和二年判決原本第四冊」）。おそらくこれらの被告は農民運動に関わっていることから、狙い打ちにされただろう。検察官の代理として警部が公判に立ち会っていることも「思想犯罪」であることを推測させる。

九月九日、台中地方法院（判官上野謹一、検察官代理跡部慎蔵警部）は被告三人にそれぞれ懲役三月（執行猶予二年）と科料一円を科した。保有林内の相思樹（タイワンヤナギ）を「窃取」したことが森林令第一四条（森林の産物の竊取《せっしゅ》）と第一五条第二号（保安林における犯罪）違反とされた（「司訓所―昭和二年判決原本第六冊」）。

森林令違反事件が上告審まで争われることもあった。九月一六日、台中地方法院（判官上野謹一、検察官代理跡部慎蔵警部）は呉金号に対して保安林の開墾に際し許可を受けなかったとして森林令第三条を適用し、懲役三月を科した。開墾地が保安林内であることを認識していたかどうかが焦点となった。呉は公判で「自分は右開墾地付近が保安林たることは周知し居たるも其境界は明《あきらか》ならず、而して集々人が同地付近を開墾し居りたる

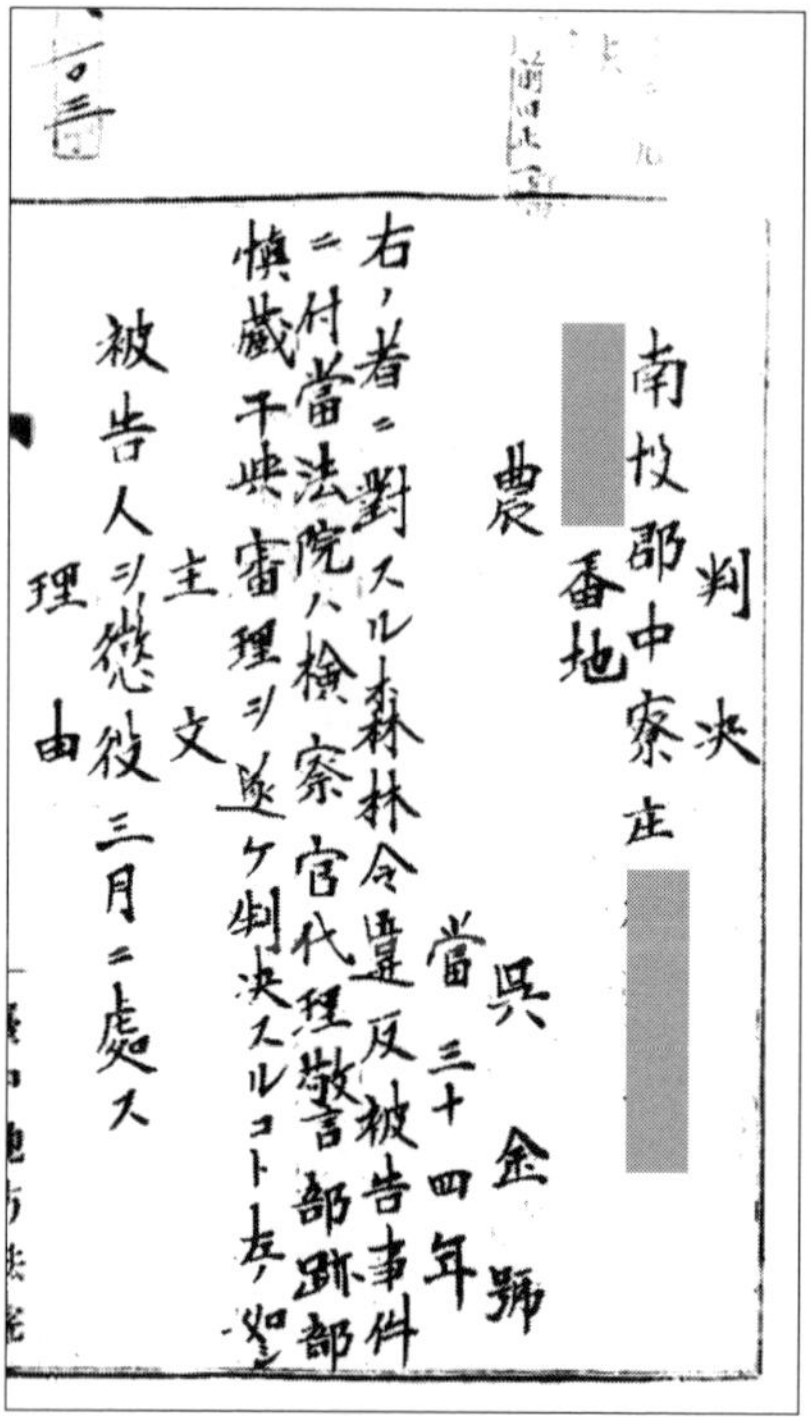
判決
南投郡中寮庄[redacted]番地
農
[redacted]
呉金号
當三十四年
右ノ者ニ對スル森林令違反被告事件ニ付當法院ハ検察官代理警部跡部愼蔵干與審理ヲ遂ケ判決スルコト左ノ如シ
主文
被告人ヲ懲役三月ニ處ス
理由

呉金号に対する台湾森林令違反事件判決
「司訓所—昭和三年判決原本第二冊」

より自分も開墾したる旨」陳述したが、認められなかった。一二月一三日の高等法院覆審部の判決、二八年三月八日の高等法院上告部の判決でも量刑は変わらなかった。弁護人古屋貞雄が上告趣意書のなかで「被告人は本件開墾土地が保安林内なることを認識し居らざりき……被告人の本件行為は意志責任を欠く行為なるものなり」と論じたが、上告棄却となった。古屋が弁論にあたっていることから、この事件も農民運動関係の思想犯罪と推測される（「司訓所—昭和三年判決原本第二冊」）。

しかし、多くは地方法院の略式命令による罰金や科料という処断となった。たとえば、二八年五月二九日、台中地方法院単独部（判官上野謹一）は台中州大屯郡の大宝農林部経営の造林地に無断で道路を作り、楠木や相思樹を「損壊」したとして被告三人にそれぞれ罰金三〇円を科した。森林令第二一条第五号（他人の森林内での産物の損壊）違反とされた（「司訓所—昭和三年判決原本第八冊」）。

こうした台湾森林令の適用は農民運動の高揚を抑えるために、恣意的になされたといえる。ただし、警察や検察が治安警察法や暴力行為等処罰法違反の適用でも司法手続きを進めたのに対して、判決では森林令違反のみの罰金となった事例もある。総督府警務局保安課主管の第六〇帝国議会に向けて作成された『議会説明資料』

（河原功解題『台湾総督府第六十回帝国議会説明資料』第2冊）所収の「呉遠飛外十三名治安警察法違反事件」である。

同資料によれば、新竹州苗栗郡銅鑼庄の呉遠飛らは三井合名会社所有の山林の分譲を求め、交渉を進めるために秘密結社「結血団」を組織し、決議書を作成して署名を集めたほか、屋外の非合法集会開催、会社造林地の相思樹伐採の断行などをおこなったとして検挙された。二七年九月に呉ら一四人が台北地方法院の予審に付され、一〇月三一日、公判に付す決定がなされた。二八年五月二九日、台北地方法院（裁判長堀田真猿、検察官三好一八）の判決では、森林令違反として呉に罰金二〇〇円を科すほか、六人に罰金一〇〇円、二人に罰金三〇円を科したが、五人は無罪となった。

判決文によれば、「結血団が結社たることは或は之を肯定し得べしと雖、其社員たる被告人初め捺印者間に右結血団に関する事項を秘密にすべき合議有りたりと認むるを得」ず、むしろ「当初より秘密にせざる意思を以て組織したるものと解すべく」として、治安警察法の適用を認めなかった。また、屋外集会についても「具体的に特定せる人のみの集会たること」は明瞭であり、「公衆集会と解するを得ず、従て仮令届出無かりしとするも罪とならず」とした（「台北地院—刑事判決原本昭和三年第五冊五月」）。

五　抑圧取締機構の確立

高等警察の前史

一九二〇年代以降、社会運動・民族運動の抑圧取締にあたった警察を台湾でも朝鮮の場合と同様、「高等警察」と呼んだ。その確立に至るまでの前史を機構面から素描しておこう。

一九〇一年一一月、総督府民政部に警察業務を担当する警察本署がおかれ、分課規程では第七条で「高等警察に関する事務は警察本署長に専属す」とされた。統治体制の根幹にかかわるだけに、それは日本国内の国事警察・高等警察と同じく中枢に直結していた。警務課の分掌に台湾原住民を対象とした「隘勇《あいゆう》に関する事項」があった。〇二年三月、詳細な警察本署処務規程により署長に専属する高等警察掛の分掌は「一　政社、集会、新聞、雑誌、其他出版版権に関する事項　二　土匪に関する事項」などと定められた。Ⅰでみた匪徒刑罰令の発動の指揮所がこの警察本署の高等警察掛だった。

「匪徒事件」の収束がみえた一九〇九年、警察本署は蕃務本署と民政部内務局警察課に再編された。一一月八日施行の内務局処務規程では警察課は庶務掛・保安掛・司法掛・戸口掛から成り、高等警察については新設の警視総長の専属とし、高等警察主事をおいた。その分掌では先の規程から「土匪に関する事項」が削られている。一一年一〇月二〇日、警察本署が再設置された。次のような処務規定である。

第二条　警視総長専属に高等警察掛、機密掛を置き、専属主事をして之を統理せしむ
第三条　高等警察掛に於ては左の事務を掌る
一　政社、集会、新聞、雑誌、出版、版権に関する事項
二　保安規則に関する事項
三　其の他高等警察に関する一切の事項
第四条　機密掛に於ては左の事務を掌る
一　危険思想取締に関する事項
二　其の他機密取締に関する事項

一一年一〇月というタイミングからみて「危険思想取締に関する事項」をあつかう機密掛の設置は、幸徳秋水らの「大逆事件」の衝撃を受けた可能性もある。ただし、一九一〇年代を通じて台湾に具体的な「危険思想」が出現することはなかった。前述の苗栗事件や西来庵事件などの「匪徒事件」の再来への対応が高等警察主事の下でなされただろう。

一九年六月二九日、警察本署を廃止し、警務局を設置した。警務局には警務課・保安課・理蕃課・衛生課がおかれ、高等警察事務は警務局長に専属した。高等警察主事はそのままだったが、二〇年九月一日の事務分掌規程の改正で保安課が高等警察事務を担当することを明記した。高等警察主事と保安課長の関係は不明である。一九二一年一一月の『台法月報』には「警務局高等警察主事　佐々木国重氏」という紹介記事が載る。「現代の彼の澎湃《か》たる病的思想」について「所見の多くを持つ」とされるが、開陳されなかった。

同時に地方の高等警察も整備された。地方警察配置及処務規定によれば、「高等警察其の他機密に関する事項」については各警察署長が「親《みずか》ら掌理すべし」とされた。各州警務部には高等警察課が新設された。

二四年一二月二五日、警務局の事務分掌規程が改正された。保安課は次のような分掌になっている（台湾総督府『府報』、一九二八年一一月二日）。

一　集会、結社、言論に関する事項
二　新聞紙、雑誌、出版物及著作物に関する事項
三　外国人取締に関する事項
四　労働争議に関する事項
五　保安規則執行に関する事項
六　危険思想、其他機密取締に関する事項
七　活動写真フィルム検閲に関する事項
八　前各号の外、高等警察に関する事項

高等警察事務の嘱託

台湾において社会運動・民族運動が勃興する一九二〇年代には、後述する二八年の高等警察専任者が設置されるまで機構的な改編はなかったものの、いくつかの注目すべき高等警察をめぐる態勢整備があった。

第一は高等警察事務の嘱託である。すでに一六年と一七年に一例ずつあったが、二二年に一挙に八人が任命された。その一人、林啓三郎は上海在住の実業家（台湾人）で、月手当二〇〇円という高給で警務局勤務となる。五月一六日付の総督宛警務局長の内申には「本件は高等警察事務の内、特に機密に関する事項を嘱託するもの」で、身元照会や職員録登載などを避ける人事とする（以下の嘱託人事でも同様）。つづいて一〇月にかけて許天送（手当五〇円、公学校教師）、北川恒俊（手当一六〇円、元台南新報記者）、陳全永（月手当八〇円、明治大学学生）、

蔡添丁（月手当五〇円、早稲田大学学生）、安藤盛（月手当一二〇円、元新聞記者）、蔡扁（月手当三〇〇円、貿易商）、林寛誕（月手当五〇円、東京物理学校予科生）が相次いで任命されている（以上、「大正十一年台湾総督府公文類纂、進退（判）第三巻秘書」、国史館台湾文献館所蔵）。

新聞記者や実業家、東京在住の留学生らへの「高等警察事務の内、特に機密に関する事項」の嘱託とは、各方面にわたる情報収集の役割を求めたことを意味する。その存在が外部に秘匿されていることからみて、警務局直属のスパイといってよい。

なお、二二年一一月には警視庁の橘高広と穐山《あきやま》新之助に高等警察事務を嘱託している（無給）。橘は一九年六月から特高課検閲係長の、穐山は二二年六月から高等課高等係の警部である。警視庁と連絡しながら、在日台湾人の動静をつかもうとしたのだろう（「大正十一年台湾総督府公文類纂、進退（判）第一〇巻秘書」）。これに先立つ二一年九月、総督府警務局属の菊地安二が「在京台湾人留学生其他の行動視察の為」として警視庁警部を兼務していた（特高課内鮮係兼外事課外事係勤務、「大正十年台湾総督府公文類纂　進退（判）第九巻秘書」）。

翌二三年に四人、二四年に五人、二五年に一人、二六年に一人が高等警察事務の嘱託となっている。二四年一二月、崔燦旭《チェチャンウク》（朝鮮人）は大阪府特高課の巡査部長を退職したのち、月手当九〇円の嘱託となった。大阪在住で、朝鮮と台湾の独立運動が連携することに警戒が向けられたと推測される（「大正十三年台湾総督府公文類纂、進退（判）第六巻乙秘書」）。

二五年六月の川崎義夫は江李子という嘱託の解任による任命で、前年末まで台北州警部として四年以上にわたって上海に滞在し、情報収集にあたっていた。総督宛警務局長の内申には月手当三〇〇円について「稍《やや》高きに失する如くなるも、嘱託後は上海に滞在、主として諜報其の他の高等警察事務に従事せしむるものにして、各方面に亘り多額の失費を要すべく、殊に支那人の特性は地位の高低（特に収入の多寡）に依りて事務の能率に至大の関係あるもの」ゆえという文書が付されている（「大正十四年台湾総督府公文類纂、進退（判）第五巻秘書」）。上海を中心に台湾の独立を志向する動静の情報収集にあたったはずである。

二六年五月三一日、台北州警察部高等警察課や警務局保安課に勤務し、退職時には警視に昇格していた金田耕作が高等警察「事務に関し抜群の手腕を有し」ていると評価されて、退職とともに月手当一五〇円の嘱託となった。警務局長の総督宛内申には、次のような特別の理由が記されている（「昭和元年台湾総督府公文類纂、進退（判）第二巻乙秘書」）。

主として高等警察上の内偵事務に従事し……最古参者たりしのみならず、其の閲歴声望の上からも近く適当なる優遇の途を講ずる必要ありたる者に有之候処、本人も永く高等警察事務に従事し事務に精通せるのみならず其の清廉なる性格と抜群の技倆《ぎりょう》とは殆んど他の追随を許さざりき、本人を惜《お》て他に後任を求むるも容易に適任者を得難く、本人亦現在の職務に趣味を有し他を省みざる状況にありたるに依り、本人を現職に止め、而かも出来得る限り優遇方考慮

その後、三一年六月にやや減俸となったが、三五年六月には勤続者として名前がみえる。一〇年以上も嘱託をつづけている。

さらに二八年三月には一時手当二〇〇円で林旭初を高等警察事務の嘱託としている。「支那廈門《アモイ》における台湾籍民の情勢調査」と明記された。この人物は「有力者林幼の異母弟にして、林献堂の又従弟」という関係であった（「昭和三年一月至三月台湾総督府公文類纂、判任官進退原議」）。

高等警察講習会と高等警察関係の会議

第二は治安維持法の施行を前に、一九二五年五月四日から一六日までの二週間にわたって開催された警務局

主催の高等警察講習会である。「講習員の半数は警察課長〔各州庁郡警察課長〕や高等課長級の御歴々で、其の他の人も皆高等課長の外、枢要な地位に居られる」四〇人のほか、警察官練習所の練習生も聴講した。講師は次のような顔ぶれである（『台湾警察協会雑誌』第九七号、一九二五年七月）。

一　社会問題及外事警察（三十時間）　土屋講師
一　治安警察法、治安維持法（十一時間）　三好検察官長
一　支那事情（六時間）　青木参謀
一　思想運動と其取締に就いて（二十時間）　水原教官
一　台湾旧慣（六時間）　藤田講師
一　警察上より見たる支那及朝鮮（三時間）　山下属
一　出版物に就いて（二時間）　池尻属

土屋講師とは元内務事務官（警保局勤務）の土屋正三である。この講習に元警視庁外事課長兼特高課長の岡田喜久治とともに招聘された。理由は不明だが、「言論、結社、集会、新聞雑誌取締に関する事項、治安警察法」を担当する予定だった岡田は来台できず、代わって三好一八台北地方法院検察官長と池尻属が登壇した。土屋らの招聘の理由には「本島最近の傾向を徴するに、一般に時代思潮の影響を受け民情動《やや》もすれば顧念すべき状態を呈せり、之が取締の完全を期し指導宜しきを制せんとするには、其の之に従事する警察官の教養訓練を以て第一義とせざるべからず、而して之が内地に在りて実際の経験を有する者をして当らしむるを最も効果ありと認むるに由る」とある（「大正十四年台湾総督府公文類纂、進退（判）第二巻秘書」）。

講習会後、土屋は台湾各地を視察するとともに警察官向けの講演を数回おこなっている。六月二日の警察官及司獄官（監獄の看守ら）練習所における「警察の進むべき道」という講演が『台湾警察協会雑誌』に掲載され

た。冒頭で「警察の社会化、警察の民衆化」に言及し、「警察の社会に対する権力の執行を緩慢にすると云う意味」に理解されがちなことに異を唱えて、「社会に対して警察を理解させる、そうして健全なる社会の協力を受けると言うことにある」と述べている（『台湾警察協会雑誌』第九八号、一九二五年八月）。

この講習には台中州の大屯郡警察課長の吉岡喜三郎も参加している。「日記」には毎日の講習科目が記されている（『警察吉岡喜三郎日記選輯』）。

各州レベルでも高等警察講習が開かれた。台中州竹山郡警察課長の吉岡喜三郎警部の二三年七月五日の「日記」には「演武場にて講演あり　社会主義に就て　高橋警部　思想問題に就て　高橋警部　小作問題に就て河合警部補　社会事業概論　徳永警部補」（『警察吉岡喜三郎日記選輯』）とある。高橋警部らはいずれも台中州警務部保安課員で、州内各郡の警察課を巡回していると思われる。

台南州では二六年二月の三日間、「各郡及警察署に於ける高等警察事務の取扱者及高等特務〔巡査〕等、警部補以下三十一名」に対して実施されている。「本島小作慣行、蔗農〔サトウキビ栽培農家〕問題」から「高等上の視察尾行等」におよび、警務局保安課長や台南地方法院検察官長の「科外講演」もあった。「此種の講習は初めての試みなるが、思想問題の抬頭しつつある本州の現状に鑑み、頗る機宜に適したるものにして、必ずや実務の上に於て一段の光彩を放つに至るべし」と報告されている（『台湾警察協会雑誌』第一〇六号、一九二六年四月）。

大屯郡警察課長となっていた吉岡喜三郎の二五年一〇月の「日記」には「警務部に赴き原巡査土語教授の件に就き交渉し、毎週二回火金の両日来ることに決せり」とあり、二六年九月までその講習の記述がつづく（『警察吉岡喜三郎日記選輯』）。

第三は、警察の各種の会議で高等警察に関する方策が議題にのぼることである。二二年二月、台中州警部・警部補会議では高等警察課主管の諮問事項の一つに「高等警察事務に関し、部下の監督実況及之に対する指導の状況如何」があった。各郡警察課から答申がなされたはずだが、内容は不明である。また、高等警察課からの注意事項として「高等報告書作製上の注意に就て」と「高等警察上に付部下指導督励の件」があった。同月、台南州では「高等警察事務の統一を期する為、各郡及警察分署に於ける高等事務取扱者を召集」した。二日間にわたり、「時代の趨勢に鑑み思想問題を中心とし、各事務取扱上注意を要すべき諸点の打合」をおこなっている(『台湾警察協会雑誌』第五八号、一九二二年三月)。

三月二二日、新竹州知事常吉徳寿は州警察会議で訓示するが、その半分を高等警察関係に割いている。「輓《ばん》近《きん》社会の思想が次第に悪化致しまして、従前と比較すると余程処理困難な状態に陥って参りました」としたうえで、「智識階級と無智識階級との懸隔が甚しい」台湾においては「煽動され易く、無我夢中に動揺し易い状態となり、「社会の秩序に非常なる動揺を来して居る」とする。その際、高等警察官は「新しい思想の前に僻易して行動を鈍らし、逡巡躊躇すると云う事」があってはならないと述べ、「政府の耳目となり、手足となって働いて貰い度い」と奮起をうながした(『台湾警察協会雑誌』第六〇号、一九二二年五月)。植民地統治の「耳目」や「手足」たるべきという高等警察の本質がよくうかがえる。

二七年七月の新竹州警察会議で永山止米郎知事は高等警察について訓示し、「思想にして無形の境域を脱却するに於ては之を放任すること能わない」「苟《いやしく》も本島統治の根本に背馳し、又は民心の融和を阻害するに於ては断乎として之を取締ることを必要とさる」と述べて、強硬姿勢を示した(『台湾警察協会雑誌』第一二三号、一九二七年九月)。

いうまでもなく前述のような治安警察法や治安維持法などの発動という実践を通じて、一九二〇年代の高等警察は新たな社会運動や民族運動に対応しつつあった。それらに要請されての上述の三つの方面からの態勢整備であった。

こうして台湾警察内において高等警察の比重が強まることに、批判が浴びせられることがあった。台中地方法院検察官長石橋省吾の二八年二月の『台湾警察協会雑誌』第一二八号の「高等警察偏重策を排す」である。「政治犯又は過激思想犯の発生を事前に防止するを第一義とし、事変勃発せば直に司法処分として処遇すべき筋合のもの」と考える石橋は、高等警察事件の司法処理にあたる現在の高等警察課の警部・警部補らの対応が拙劣であること――「イザ検挙となると到底高等課員の手丈《だ》けでは旨く証拠を摑《つか》む事が出来ず、結局取調は一切司法係に一任し、其の手に依り漸く事件を物にする事が出来たと云う有様」――に強い不満をもっている。検察の立場から石橋は「本島に於ては危険思想鎮圧の手段としては司法権を以てするのが最も有効である」と断言し、そのためには高等課の増員ではなく、司法係を増員すべきと主張した。

この石橋の論の背後に、高等警察の態勢整備を進めるなかで機構拡充への要望の高まりがあったことが推測される。そして、その拡充の機会は日本国内の三・一五事件によって実現をみた。

吉岡喜三郎「日記」

一九二〇年一一月の台中州警務部警察係長への転任から台中州竹山郡、大屯郡、彰化郡、員林郡の各警察課長を歴任することになった警部吉岡喜三郎は「日記」に頻繁に高等警察関連の記事を書き残している。二五年四月六日には「高等書類多く多忙を極む」、七日には「高等書類多く、本日も引続き多忙を極む」とあり、二六年八月七日にも「高等事務多忙を極む」とある。二七年一一月五日には「尾行者其他の要件にて雑沓を極む」とある。

どのような高等警察関係の業務でこれほど多忙だったのだろうか。『警察吉岡喜三郎日記選輯』をたどってみよう。

『警察吉岡喜三郎日記選輯』書影
吉岡喜三郎原著／鐘淑敏主編　中央研究院台湾史研究所刊　2022年1月

　まず、農民運動関係の事項が目につく。二四年九月には三菱竹林事件で会社側の事情聴取や民情調査をおこない、報告書の作成に追われていた。一二月には台湾果実会社をめぐる紛糾で「会社に対する誤解を解く為、生産者二十余名及関係派出所員を召集」、郡役所からの説明と質問の場を設けている。二五年一月一九日には「万斗農民嘆願の件に就き高等警察課に打合を為し、之れが調査を為しぬ」とある。二月一二日には「大宝農林関係調停として、小作者側七名、会社側三名出頭、郡守〔郡の行政事務の総括者〕らとともに立ち会い、三月三日には「頭汴坑芭蕉関係者と大宝との契約未済に付、代表者三十数名を会議室に集め、郡守より注意せり」とある。この問題では強引に契約を結ばせたのか、同夜には「生産者と大宝側との懇親会」をおこなっている。

　二六年になると「帝国製糖会社対蔗作民との交渉に関する件に付、佐々木総務部長〔帝国製糖〕来所し郡守と共に之を聴取し、此等の報告を為す為多忙を極めたり、夕方、高等課長〔台中州警務部〕に之れが顚末を通知せり」という二月四日の記事を手始めに、帝国製糖と蔗作農との紛糾について二月一八日まで連日の記載がある。一六日には乙種巡査の操練の立会を欠席するほどだった。帝国製糖の佐々木総務部長としばしば会って報告を受けている。

　二五年六月頃から農民運動や台湾文化協会などの講演会の対応に追われるようになった。七月下旬に文化協会主催の夏季講習会が台中州霧峰で開かれると、臨監や講演の筆記に高等係員を出張させ、吉岡は報告を受けた講習筆記の整理にあたっている。七月二八日の「日記」には「霧峰方面の状報《ママ》等にて高等多忙を極む、昨夜の懇親会状況報告あり、午后四時過まで執務す」とある。

彰化郡警察課長に転任したばかりの二七年三月二二日、二林蔗糖事件公判で来台中の布施辰治に吉岡は講演会場に出向いて開会前に直接「注意」をおこなっている。また、四月一三日の矢内原忠雄の講演に際しても、「州よりの命により開会前郡守が現場にて注意」を加えた。同講演では「文協〔台湾文化協会〕急進派の呉石麟等が主催者に対する反感的にて多少の野次ありしも、大事に至らざりき」という。

二七年八月一八日の東京留学生によって組織された礦渓会の講演会では主催者に事前に注意を与えたうえで、吉岡自身が臨監している。「演題は台湾社会問題改造観にて過激なものにあらざりしも、多くは蔡培火派との軋轢なりし為、大抵之を黙過し、中止五名にて無事終了せり」とある。

八月三〇日、労働組合の彰化総工会発会式では代表者を召喚して「注意」を与えた。「日記」には次のように記された。

発会式には泉部長〔巡査部長〕其他二、三名入場し、状況内偵に当らしむ、事故なかりしが、午後八時よりの講演には三上警部補臨監し、四名中止の上解散を命じたるが、群集門前に押寄せたるに付三名検束す、王敏川等の一行は警察課に用談ありとて来りたるも面会せざる為、郡守方に赴けりと云う

又、今夜新港にて農民組合講演あり、大重警部補臨監せしが何れも中止とせしに、弁士許廷燎、謝神財の二名残留、屋外にて講演せるを検挙し、取調に従事せり

さらに翌三一日には台湾民衆党の政治講演に吉岡自身が臨監している。午後と夜の連続講演で、一一時四〇分頃の終了という。大半の講演が中止となった。こうした講演の状況は州警務部、総督府警務局保安課などに報告することになっているため、それらの取りまとめに追われることになった。

しだいに講演会や集会の中止・解散が強行されるようになる。二七年九月一日、「政治講演を為すとて一時

前届出」してきた王敏川らに対して、それを文化協会主催と判断して拒絶すると、王らは「更に交渉せられたし」と求めてきた。州警務部の判断でも「絶対に之を認めず」だったので、開催すれば解散すると通告した。そのまま開催となったので、開会と同時に解散を命じた。「万一を慮《おもんぱかり》て制服巡査三十名」を準備していたが、使用には至らなかったという。左派の力が強まった文化協会主催の講演会の多くは中止・解散に追い込まれた。二八年四月二〇日の定例講演会には臨監の警部補から全部中止を命じた。

メーデーの開催にも圧迫を加えている。二八年の彰化のメーデー大会開催については事前に注意を与えたうえで、五月一日には各派出所全員を召集し早朝から配備態勢をしいた。開会後、「三上警部補臨監十余分にして解散を命じた」ところ、「群衆は打連れて南部に向わんとしたるを以て之を解散せしめ、検束者十四名に及べり」という。

五月一二日には台湾民衆党彰化支部による「政治講演」を「阻止せしめんとした」が聞き入れないため、翌一三日にも「種々説得」したが、断念させることはできなかった。開会後は「二、三注意、二名中止」としている。

講演会の臨監などに関する記事は頻出するが、検挙・取調となる事件についての記事は少ない。講演中止や検束にあっていた中央大学の留学生張聘三に対して、二七年一月八日、出版規則違反事件として家宅捜査をおこなったが、「何等得るものなし」だったという。

三一年八月三一日、吉岡は台湾共産党検挙を警察課長として員林郡で実施している。すでに二四日に「監督者、高等係員、特務等打合」をおこない、二五日には関係派出所員と打合せをしていた。「日記」では実際にどのような被疑者の検挙があったのか不明だが、九月四日には「共産党事件捜査状況視察として福田部長〔州警務部長〕、谷山課長〔州高等警察課長〕」が来所している。さらに、九日、州警務部に召集され、共産党事件の打合せに臨んでいる。

まもなく吉岡は警察官を辞職して、出身地千葉に帰っている。

台湾文化協会や台湾農民組合の活動が活発だった台中州において、高等警察の第一線の「現場」で吉岡は必然的に高等警察関連の業務に奔走することになった。自らが治安維持法違反事件について捜査や検挙にあたることは少なかったが、講演会の取締や農民を一方の当事者とする紛糾や事件に対峙していた。『警察吉岡喜三郎日記選輯』はそれらの日常的な警察活動をよく伝える。

高等警察の確立

台湾における社会運動の抑圧取締を専門に担当する高等警察部門の確立は、一九二八年の日本国内の三・一五事件を契機とする特高警察の大拡充に連動している。ただし、台湾側に高等警察の機構的拡充への要望は高まりつつあったとしても、この時点での拡充の実現は中央政府から働きかけられた他動的なものであった。

二八年七月七日、台湾総督府部内臨時職員設置制中改正として「高等警察事務」従事のため、総督府警務局保安課に事務官（高等官）二人と属（判任官）二人、州警務部に警視と警部・警部補の各五人が増員された。その理由として「近時台湾に於て濃厚なる民族的反感を背景とする社会運動漸く勃興し、帝国統治の破壊を目標として大規模なる連盟を結成し、統治上悔《まこと》に憂慮に堪えざる情勢を見るに至れり」が掲げられている（「公文類聚」第五二編・一九二八年・第七巻、国立公文書館所蔵）。

この時点で当局者は「統治上悔に憂慮に堪えざる情勢」としているが、客観的にみて高等警察の拡充を緊急に必要とするほど緊迫感が高まっていたわけではない。朝鮮の場合もそうであったが、事前の予防的な措置であり、中央政府からもちかけられた機会に便乗したといってよい。「本島に於ても四囲の影響に依り、過激思想は既に相当浸潤し、加うるに特殊の民情関係ありて之が取締を忽《ゆるがせ》にすべからざる気運に到達せるを以て、今回内地に於ける右施設と共に臨時職員を設け、過激思想取締の衝に当らしむ」という八月二日の総務長官の通牒に便乗というニュアンスがうかがえる（台湾総督府警務局編『台湾総督府警察沿革誌』Ⅰ）。

警務局保安課に増員された事務官の一人は保安課長となった。八月二〇日付の任命となった警視庁警視で、監察官だった山内継喜が転任してきた。もう一人の事務官はやはり同日付で、警視庁警部（保安部）だった今田卓爾が任命されている。警視庁からの異動ではあるが、二人とも特高警察の経験は乏しいようである。山内はおそらく二年程度で青森県に転出し、さらに岐阜県などに移るが、特高畑を歩いてはいない。今田は三二年三月、警務局警務課長となるなど台湾での勤務がつづくが、これも高等警察畑とはいえない。

むしろ注目すべき人事は警視庁特高課長やハルビン駐在の内務事務官などを務め、特高的知識の豊富な大久保留次郎を、二八年七月、警視庁官房主事から警務局長に転じさせたことである。もっともこの人事は、大久保が一九一六年から一八年にかけて台湾総督府民政部警察本署に勤務していたことと関連があるのかもしれない。

大久保は「御大典に当りて本島警察官に希望す」（『台湾警察協会雑誌』第一三七号、一九二八年一一月）のなかで、台湾警察の課題の一つに「思想問題の研究」をあげている。台湾の社会運動について「或は内地より影響を受け、或は対岸方面より影響を受けて、台湾固有の社会運動らしいものはな」く、「殆んど模倣的にやって居るだけ」ととらえつつも、「島民の自覚に基かない社会運動、少くとも統治の方針に反するような社会運動に就ては、断然取締の方法を講ぜねばならぬ」とする。台湾の社会運動・民族運動を弱小と見る一方で、その「模倣的」なものであっても統治に支障をおよぼすものには断固とした取締をとるとした。

地方庁職員としては台北州・新竹州・台中州・台南州・高雄州の各警務部に警視一人が、台北州警務部に警部二人、台中・台南・高雄州の各警務部に警部一人が、高雄州を除く各警務部に警部補一人、台北州基隆署に警部補一人が配置された。これらは国庫予算によるもので、地方費予算による高等警察専任の巡査も二五人（台北州一四人、新竹州二人、台中・台南・高雄州各三人）配置された。台北州の一四人のうち一〇人は「内（内地）台航路及台支航路の各定期船に分乗せしめ、高等警察上の要視察人及過激宣伝印刷物等の発見に従事」（『台湾総督府警察沿革誌』I）した。いわゆる移動警察である。

警務局配置の二人は警視庁からの移入人事だったが、地方警察の増員ポストの大半は台湾警察内部での人事異動で埋められた。台北州には山田弥市（台北北警察署長）、台中州には井上儀八（警務局属兼台北州警部）、台南州には菊地安二（警務局属）、高雄州には宮尾五郎（警務局属）が警視に昇格し、それぞれ警察部高等課長となる。新竹州警察部高等課長にはやや遅れて秋田県警部の幸野純一が就いた。なお、菊地は前述のように二一年九月以来、警視庁警部を兼務していた。

一一月二日、警務局の事務分掌規程の改正がおこなわれ、保安課は次のような分掌になった（台湾総督府『府報』、一九二八年一一月二日）。

一　思想運動、政治運動及社会運動の取締に関する事項
二　新聞紙、其の他出版物に関する事項
三　活動写真フィルムの検閲に関する事項
四　御紋章、御肖像、勲章、褒章及記章の取締に関する事項
五　外国人の取締に関する事項
六　前各号の外、高等警察に関する事項
七　台湾保安規則の執行に関する事項

全警察官の「高等警察」化

ここに台湾の高等警察は確立をみたことになるが、その活動状況については前述の治安維持法とそれ以外の治安諸法令の発動以外には史料に乏しい。

専任者を配置するという高等警察重視の方針は、高等警察以外の警察官にも波及した。たとえば、警察官全員を読者とする語学雑誌『語苑』は一九二八年七月号の「漫言漫録」欄で「高等警察の陣容が拡張された、思想取締を徹底的にやることになった」としたうえで、「その斥候となり、耳目となって働かねばならぬのは我本島語研究者に非ずや、この任に当る諸君は彼等の発表する言を聞き漏らし、文を見落とすることなきまで語と文に上達せねばならぬ」と論じる。「本島人の思想取締は単に高等警察の人のみが担任すべきではなかろう、思想を取締って治安を維持することは警察官全体の本来の責務」と考えるからである。前号の「漫言漫録」では、「文協〔台湾文化協会〕の講演を漏れなく聞き得るだけの耳」、台湾内外で発刊される「漢文其他漢文刊行物」を読む力を必須としていた。

この全警察官の「高等警察」化ともいうべき実践はすぐに始まる。『語苑』一一月号には「広東語訳乙科警察講習資料」として「高等警察」の欄が設けられ、次のような例文が掲げられた。

(2)近来の青年の中にはややともすれば警官に喰ってかかり、そして自ら新しい学問ありと称して、常に自由や平等を唱えたがって偉《え》ばっている。

(3)言論の自由は必要であるけれども、それは程度問題である。

(4)彼自《ママ》分が乱暴な演説をなし、若し警察官が中止を命ずると直に警察横暴を叫びます、誠に仕方がありません。

また、警察官練習所の講習でも高等警察の基礎知識があつかわれるようになった。二九年七月の乙科第一班後期試験問題には「思想」として「一、空想的社会主義と科学的社会主義との差異を述べよ」のほか、「第三インターナショナル」「文化協会」「台湾民衆党」などの説明を求める問題が出題されている。「警察実務」の問題の一つは「派出所員と高等警察との関係を述べよ」だった（『台湾警察協会雑誌』第一四七号、一九二九年九月）。

先に「高等警察偏重策」を批判していた台中地方法院検察官長の石橋省吾は「陣容なれる高等課」を『警察協会雑誌』（第一三六号、一九二八年一〇月）に寄稿する。「危険思想防止の大旆《たいはい》下に高等課が著しく拡大した。しかも、各州共其の課員は若手の腕利き揃《ぞろい》なる事は、今後の活動を期待され一《ひと》しお人意を強うする所である」と述べる一方で、「此の職務遂行の重心として、何が取締の対象となるべき、所謂危険思想であるかを明白にして欲しい」とするとともに、拡充に見合うことを意識して「故《ことさ》ら活動し無理に仕事をせぬ事を希望する」と注文を付した。それは思想検察の立場からすると、従前の高等警察の活動が次のような問題点を有しているとみているからである。

従来の思想取締が、無届にて集会したとか、臨監席を設けなかったとか、解散命令を下され乍《なが》ら素直に退散せず喧噪したとか、鳴物入りで政談会の開催を触れ騒ぎ廻ったとか、その他等々比較的些事に力を尽し、付和雷同せる末輩《まっぱい》に対しては一歩も仮借せざる態度を執り乍ら、元兇株に対しては万事がナマヌルく甚だ弱腰であった事は隠れもなき事実であった。平和を紊す根源として打倒せねばならぬ悪分子は、訳も判らず漫然騒ぎ廻る日傭人足同様の輩ではなく、其の背後にあって是等思慮浅薄なる手合を使嗾《しそう》する黒頭巾である

とりわけ前節でみたような治安維持法以外の治安諸法令を駆使した社会運動・民族運動の抑圧は、石橋に言わせれば「比較的些事」であり、中心的な指導者に対してはむしろ「万事がナマヌルく甚だ弱腰であった」こ

とになる。

思想検察官の設置

高等警察の拡充にやや遅れて、一九二八年七月二四日、「思想に関する犯罪の捜査並研究」を職務とする思想検察官が設置された。台湾総督府法院職員定員令中の改正によるもので、地方法院検察局に検察官と書記の各三人を増員する（台湾の地方法院検察官と書記の定員は二〇人〈現員一九人〉と二三人〈現員二三人〉）。

この思想検察官創設の必要性を説明するために付された「台湾に於ける社会運動状況」では、次のような現状認識が示されている。

本島に社会運動の抬頭したるは大正十年以後に属するも、其運動には多く濃厚なる民族的反感を含み、各運動者の抱持する階級闘争意識の重点は民族闘争意識にして、無政府主義たると共産主義たるとに別なく一意帝国の統治破壊を目標とし、民族的反感を利用して大同団結を見るの情勢なり……現在台湾島内に存在する運動者は一は内地共産党系人物と連絡あるのみならず、一は支那共産党、支那無政府主義者等と連絡し、在支露国大使館を通じてモスコー政府との連絡をも取り居るものなり

ついで最近の「過激なる社会運動の数例」をあげ、そこには前述した范本梁事件、藍煥呈らの中台同志会事件、張月澄らの台湾革命青年団事件、小沢一らの台湾黒色青年連盟事件が含まれている。なかでも「対岸支那の情勢は直ちに本島の民情に至大の影響を及ぼし、殊に福建省は既に革命軍の手に帰したる、今後本島に於て思想上に及ぼす影響蓋《けだ》し尠なからざるべし」として、「憂う可き情勢」にあることを強調する。参考資料として「思想関係刑事事件数其他調」や「労働争議件数」「農民争議件数（小作争議、蔗農争議）」が付された（以上、「公文類聚」第五二編・一九二八年・第七巻）。

ただし、高等警察の拡充と同様に、この思想検察官の設置も三・一五事件の衝撃を最大限に活用した日本国内の思想検察創設に連動するもので、この時点での設置は中央での動きに便乗したものであった。それは、一二月二九日と三〇日の『台湾日日新報』掲載の高等法院検察官長岩松玄十の「思想的色彩を帯びた犯罪増加」と題する談話にうかがえる。思想的色彩を帯びた犯罪が台湾でも増加傾向にあるものの、「犯罪の手段は概して幼稚、之が取締亦容易にして、内地の状況に比し其量に於ても将《はた》亦質に於ても遥《はるか》に遜色ありて誠に結構に存ずる次第」と楽観的情勢を述べたうえで、「予め思想取締の対策を講じて置く方がよいとの先任者の御卓見から議会の承認を得て内地同様、本島に於ても思想係の検察官を設置する事になった」とする。予防的な措置だった。

岩松は千葉地方裁判所検事正から五月二二日付で高等法院検察官長に転任していた。「先任者」とは後藤和佐二を指す（後藤は高等法院長となる）。岩松は「医術が各専門に分《わか》るると同様、犯罪捜索も区別さる」として、「思想係検事は常に思想問題の基本観念、特に我邦の国体及固有の道義観念に明にし、社会科学とかプロレタリヤ芸術等を攻究し、併せて精神病理、刑事政策等を研究して思想犯の発生する原因を詳《つまびらか》にすることに努力しなければなりませぬ」とする。なお、台湾への転任にあたり、岩松は「思想問題の取締は　手加減が大切　放任も圧迫もいけぬと」と語る人物だった（『台湾日日新報』一九二八年五月二七日）。

思想検察官設置が決まると、岩松は上京して各方面の人材を物色する。その結果を、八月二三日の『台湾日日新報』漢文紙面が「先定柳沢吉川二氏」と報じた。吉川は吉江潤国の誤りで、もう一人は柳沢七五三治《しめじ》である。いずれも一九二八年八月一八日、東京地方裁判所検事局検事からの転官となる。吉江は横浜地裁検事などを経たのち退職し、弁護士となっていたが、この台湾への赴任に際し形式的に東京地裁検事となっていた。柳沢は司法官試補を経て東京区裁判所検事になったばかりだった。ともに日本国内で思想検事の経験はない。吉江は発令後、「当分東京滞在」とし、九月一六日から開催予定の思想検事会議に列席させることになった。思想問題に有能な検察官を台湾側に転官させることを司法省が渋ったために、思想問題に習熟していない吉江と柳沢という人事になったのだろう。

この新設の思想検察官は台北・台中・台南の各地方法院検察局に一人ずつ配置の予定だったが、実際には吉江と柳沢は台北地方法院検察局の勤務となった。一一月一日現在の法曹会編『司法部職員録』によれば、検事が九人在籍する台北地方法院検察局で吉江の序列は三番目、柳沢は九番目である。先の年末の談話で岩松検察官長は吉江・柳沢について「本島に於ける特種の事情に不案内な為」、当分普通事件を担当させているとするが、実際にはすぐに直面する思想事件がなかったというべきである。

新設された思想検察官のもう一人は山本真平で、二八年九月二六日付で総督府官房法務課の事務官となる（台北地方法院検察官を兼任）。二七年七月に台湾総督府法院検察官に転官する前、山本は大阪地方裁判所検事などを歴任していた。三二年七月には法務課長となる。

このようにみると、二八年の思想検察官の設置は差し迫った状況でおこなわれたわけではなかったので、その本領発揮にはほど遠く、しばらく開店休業の状態がつづいた。吉江は三一年八月に退官し、台湾で弁護士を開業した。残された判決記録からみると、一般刑事事件の弁護にあたっており、思想事件の公判にはかかわっていないようである。一方、柳沢はそのまま台湾に残り、四〇年には高等法院検察局の検事となっている。

ついでに台湾の法院検察官の人事についてみておこう。そのトップである高等法院検察官長は先の岩松玄十が一年余で横浜地裁検事正に転任し、二九年八月、横浜地裁検事正だった竹内佐太郎が赴任する。八月二九日の『台湾日日新報』は「内台間官吏の人材入替へ　先づ司法官から実現　岩松氏の転任が其範」と報じた。一九三〇年代以降、同じ植民地でも朝鮮の法院・法院検事局の陣容がほぼ朝鮮内で完結していたのと比較して、台湾の場合には「内台間官吏の人材入替」という日本国内の司法官の人事システムのなかに一部が組み込まれていたといえそうである。おそらく規模の小ささと関連している。

思想検察官の設置よりやや遅れて、高等法院検察局は三〇年一月一七日、高等法院および地方法院の各検察局の「思想部執務基準」を制定し、「思想部所管事件は思想犯罪及詭激思想懐抱者の犯した普通犯罪事件とす」とした。地方法院検察局思想部の場合、その「捜査の準備」は「一　一般思想の研究　二　情報の蒐集整理　三　名簿の作成　四　思想研究に参考となるべき書籍雑誌、新聞紙等の備付及整理　五　出版物の検閲　六　過去事件の批判研究　七　過去事件の証拠物件の蒐集　八　捜査方法の研究　九　実況視察　一〇　協議及連絡　一一　書類の作成及配布　一二　司法警察官の指導　一三　思想犯罪取り締まりに関する諸法令及其の判例の研究」と詳細に規定された。さらに「捜査」「公訴」「刑の執行」「思想犯罪者釈放の保護並思想犯罪の予防」などとつづく。高等法院検察局思想部では「管内思想係検察官の指導（管内思想係検察官を高等法院検察局長の許《もと》に召集し、協議打合を為さしむる事）」をおこなうとした（「嘉義地院―嘉義機密関係往復文書」、「日治法院档案」資料庫）。

ただし、「思想部執務基準」は制定されたものの、上述のような思想検察官の開店休業を前に、三二年頃までは絵に描いた餅同然だった。

石橋省吾の「厳罰重刑主義」

一九二〇年代後半、台湾において思想検察を体現して実質的な役割を果たしたのは、新設された思想検察官というより、むしろ台中地方法院検察官長の石橋省吾といってよい。すでに石橋の高等警察偏重批判などをみてきたが、ここでは別の論説を検討しよう。

その前に、石橋より早く治安警察法や治安維持法について論じ、思想事件公判でも論告にあたっていた台北地方法院検察官長の三好一八の言説をみよう。緊急勅令による治安維持法「改正」について、一九二八年七月一日の『台湾日日新報』に「治安維持法は軽侮されていた　刑を重加せねば抑圧は困難　緊急勅令は機宜を得たもの」という三好の談話が載る。三・一五事件の検挙者が多数にのぼったことから「如何に旧法が社会に軽《けい》侮《ぶ》されて居るかが解る」として、「国体」変革の最高刑の死刑引上げは「将来に向って斯かる犯罪を企てんとする者に対して充分な威力を発揮することが出来る」と歓迎する。治安維持法違反事件の頻発する台湾にとって、「誠に適当の措置」とも述べている。

三好は『台湾日日新報一万号及創立三十周年記念講演集』（一九二九年二月）に長文の「国家を傾くる社会主義」を寄稿している（二八年四月一日の講演記録）。「欧米に於ける運動と其の内容」「我が国に於ける社会運動と其の沿革」についで「本島に於ける運動の姿」を講じ、最後は「著々として現に進展しつつある台湾左傾派の策動は今や全島幾万の労農階級を共同戦線に包容して南支及び内地左傾の徒と連絡し、赤化的気勢益々旺盛ならんとして居る、帝国南門の防備の地として最も重要なる台湾の民心の向背は一に帝国安危のかかる所である……本島治安の緊急時期、今日より急なるときなきことを切に想う」と結んでいる。なお、三好は二八年一一月に病気のため退職している。

石橋省吾
『台湾人士鑑』1937

治安維持法「改正」の緊急勅令承認に際し、貴族院の審議を前に二九年三月七日の『台湾日日新報』は社説で「本島の為にも通過をのぞむ」と論じた。台湾の治安の現状は「小康を得て居る観があるけれども、素より安心できず、彼の治安維持法の如き緊切措《お》くことの出来ぬもの」とする。

石橋省吾は一八八七年、千葉県生まれ。一九一一年に東京帝大法学部を卒業し司法官試補となり、各地地裁検事を経たのち、岡崎区裁判所検事を退職し、一九年七月に台北地方法院検察官となっている。二七年一月に台中地方法院検察官長となり、二九年二月に高等法院検察官、さらに三〇年四月に台南地方法院検察官長となる。高等法院検察官時代、治安維持法や他の治安諸法令違反の控訴審で立会検事を務めた。四一年一二月、台南地方法院検察官長を退職し、台湾で弁護士登録をしている。

前述のように高等警察偏重を批判したこともある石橋は、二七年一〇月の『台湾警察協会雑誌』(第一二四号)に「労農運動取締私見」を寄せている。小作争議では一九二七年が、労働争議では二八年が件数・人員ともにピークとなるという状況に迫られての見解表明といってよいだろう。一般論として「国家としては原則として不干渉主義の態度を執るのが得策」とし、運動の「内容如何を精査せず、十把一括《ひとか》らげに直に警察力を使用し、強き力を以て圧迫せんと企つるが如きは最も弊害多き愚策」としながらも、「無産者の運動と雖も其の行動が適当なる範囲を超越し、公安を脅やかすに至るが如き場合には国家は猶予する所なく之を鎮圧せねばならぬ」とする。その鎮圧のためには、台湾における労農運動について次のようなきびしい方策をとるべきとする。

本島に於ける斯種運動は実際を精査すれば、総てが皆已むに已まれぬ生存の必要に迫られ自発的に出現するもの許《ばか》りでなく、所謂争議ブローカの魔手に繰《たぐ》られ其の喰物になるとも知らず、訳も判らず徒《いたずら》に騒ぎ出せるものとの二種がある。後者は何等現在に不満不足を感じ居らず平安に孜々《しし》として勤勉して居ったものであるが、ブローカの巧言に迷わされ、事理に昏《く》らき彼等は騒ぎさえすれば、何等か旨い汁が吸えるものと単純に考え、平地に波瀾を捲き起すに至ったものである。……之等は社会の公安を破壊する暴挙であるから、徹底的に駆除せねば為らぬ。吾人は社会の「バチルス」に等しき争議煽動者を処罰するに付き、現存の法令のみにては未だ充分でない事を痛感するものであるストライキの指導者を「ブローカ」「煽動者」と決めつけ、厳罰による処断が必要だとする。その姿勢は一九二九年四月の「尖鋭化する農民組合の運動」（『台湾警察協会雑誌』第一四二号）においても一貫している。農民運動について「最近は著しく激化し、所謂革命的マルクス主義を基調とする労農独裁、無産者解放の色彩が濃厚となって来た。彼等は現実の問題を捉えて階級意識下に之を批判し、常に結論として官憲の無産者圧迫を誇大に吹聴して大衆に訴え、以て敵愾心を煽《あ》おるを努めて居る」ととらえる。「農民組合が論難する如く、しかく官憲横暴の事実は断じてない」と言い切り、「彼等の言説は概ね虚偽の悪宣伝なることを一般に周知せしめ、以て誤解を一掃することは今日の急務」と述べている。この強硬姿勢は実際の思想事件公判の論告求刑などで実践されたはずである。

この時期に石橋は、名古屋控訴院（裁判長三宅正太郎）が共産党事件で「国体」変革を認めず、「私有財産制度」否認のみを認定し、懲役刑ではなく禁錮刑を言渡した判決を強く批判する「共産党事件被告人に対する科刑問題」（『台湾警察時報』第一五〇号、一九三〇年一月）をものしている。「我帝国の国情に於て大衆の力を糾合して急激に一切の私有財産を否認する共産社会の実現を期するが如きは、たとえ名義は国体変革に非ずして純然たる私有財産制の否認に過ぎずとするも、其の主義は我金甌《きんおう》無欠の国体と相容れざる観念であるから、其の理想の実行は結局我国体の変革を招来するに至るは火を観るより明らかである」と論じる。

この文章の結びで、石橋は「不健全なる諸種の社会的事情を除去するに非ざれば、到底この種犯罪の掃滅を期し難く」とする一方で、「刑罰は社会の非違を矯正するに付《つき》最も有力なる手段の一であり、且つ之迄の実験上この種犯罪に対しては厳罰重刑主義が最も効果的であることは間違いなき事実である」と述べている。二〇年代に増して三〇年代には、台湾の社会運動・民族運動に対する司法処分では石橋に主導される「厳罰重刑主義」が貫徹していった。

III

治安維持法運用の全開
——一九三〇～三七年

台南地方法院
片倉佳史『台湾　日本統治時代の50年』

一 全開期の概観

台湾民衆党の解散

台湾においても治安維持法の運用開始と連動するように、一九二〇年代末には高等警察や思想検察の活動が本格化しつつあった。治安維持法はその施行からまもなく無政府主義運動や上海などに拠点をおく学生民族運動に向けて発動されたが、二八年から二九年にかけては沈静化していた。この時点で高等警察の警戒が集中したのは、台湾民衆党や台湾文化協会・台湾農民組合の左傾化の動きであった。すでに前章でみたように、文化協会についてはその講演会をめぐって騒擾罪や公務執行妨害罪の対象とされ、活動に制約を加えていた。また、農民組合については二九年二月の出版規則違反事件で追いつめていた。

台湾共産党についてまだ全貌の把握に至らない二九年から三〇年にかけて、高等警察の最大の目標は台湾民衆党の存在であり、三一年二月には結社禁止に至る。

二九年末の時点では「民衆党の運動は漸次急進化し、露骨に民族的闘争を助長して内台融和を阻害し、本島統治上看過し難き状態に進まんとしつつある」とみる一方で、「右傾的傾向を有する者に対しては之を善導するの策」を講ずべきとしていた（「台湾民衆党の運動（民族運動）」『台湾総督府第六十回帝国議会説明資料』第3冊）。それが三一年九月の警務局保安課「高等警察概況」（『台湾総督府第六十回帝国議会説明資料』第1冊）になると「第一

章　民族運動」の第一節を「旧台湾民衆党」とし、冒頭でその結社禁止理由を掲げる。左右対立の激化から右派が脱退すると、「遂に綱領政策を改修し、農工階級を中心として階級闘争及民族闘争に其の重心を置くに至れり」とする。そして、こうした「階級闘争を加味したる民族運動を目的とせる結社を容認せんか、我台湾統治の根本方針に背反し、内台融和を妨げ、延《ひい》て本島治安の維持に重大なる影響を及ぼすや明なり」と断じて、結社禁止に踏み切った。治安警察法第八条の適用である。

「概況」には「無産階級解放を主眼とする改正綱領を可決せるの外、総督政治反対、帝国主義侵略政策反対等、本島統治に対し露骨なる反対的態度を表現せる各種政策を決議せるを以て」、結社禁止を命じたとある。さらに指導者蒋渭水の病死もあり、再建運動も進まず現状を「無力の態様」とする。また、民衆党から分裂した台湾地方自治連盟については「内部抗争の憂」があるなど、「前途は多難にして党勢拡充遅々たるものあり」という。台湾議会設置請願運動も「従来の惰性的存在にして、最早《もはや》重要関心事たる価値を失うに至れり」とみなしていた。

陳其昌は党大会で「新しい綱領が採決されると同時に、警察は党の解散を命じ、私や蒋渭水をはじめとする十数人の党幹部を検挙したのです。これといった取り調べもなく二、三日の拘留で釈放されました。蒋渭水は一か月後チフスにかかって死亡し、党は消滅しました。私は台湾にいても仕事につくことが難しいので、厦門《アモイ》に逃げ」たと証言する（上羽修『夢に駆けた治安維持法下の青春』）。治安維持法などによる処断ではなくても、民衆党の解体が最大の目標だった。

このように体制内の民族運動については、三二年前半までに抑え込んだといえる。「概況」は第二章を「共産主義運動」とし、その冒頭で「従来殆んど民族運動の独占部隊なるが如き感ありし本島思想運動界に新たなる一勢力を加え、現在にては寧《むし》ろ前者を凌駕せんとするが如き情勢にあり」ととらえている。「概況」作成の三一年九月下旬の段階では台湾共産党の三月と六月の一斉検挙者数は四〇人に達しており、その全貌解明と解体に向けて大きく踏み出していた。

「思想戦線の十字砲火」

台湾における治安維持法の発動は一九二七年と二八年を最初の山としたのち、二九年・三〇年はほとんどなかった。三一年以降、三七年まで再び発動され、なかでも検察官受理人数としては三二年と三三年をピークとし、公判による有罪判決と受刑者数は三四年が最大となる（**表7・8参照**）。この三〇年代前半に治安維持法が猛威を振るったという点では日本国内・植民地朝鮮の場合と同様であるが、その量的規模において検察官受理数で比較すると一割に満たなかったと推測される。ただし、後述する各判決事例からも明らかなように、その量刑においては朝鮮に匹敵するほどの重罪であった。

三三年五月九日の『台湾日日新報』は「民族的偏見を固執する　詭激思想は断乎排除」という見出しで地方長官会議における中川健蔵総督の訓示を報じた。「警察権を行使して社会の秩序を維持し、非違を匡正するに当りては敢然所信を断行し、苟《いやしく》も機を失するが如きことあるべからず、彼の民族的偏見を固執し、又は詭激なる思想に汚染して治安を紊《みだ》すが如き者に対しては之が排除に仮借なきを要す」として、高等警察の積極的活動と厳重取締を指示した。

三一年三月と六月には台湾共産党の一斉検挙があり、その司法処分が上記の司法処分の数を押し上げていった。治安当局にとって三二年から三四年にかけて思想犯罪に対する危機感が膨らむなかで、三二年八月には高等警察の拡充を、三四年七月には思想検察官の拡充を実現させていく。後者の必要性を説明したものが、総督府官房法務課の作成した「思想犯罪概説」である（「昭和八年至十年官制改正に関するもの」、台湾総督府档案・法務・

表7　治安維持法違反人員調

年度＼区別	検察官受理人数 旧受	新受	計	起訴	起訴猶予	其他（中止処分）	未済
1931		86	86	24	1	5	56
1932	56	226	282	55	7	57	163
1933	163	98	261	75	1	55	130
1934	130	2	132	1	47	83	1
1935	1	170	171	6	58	29	78
1936	78	272	350	30	279	38	3
1937	3	21	24	4	14	6	―
1938	―	3	3	1	1	2	―
1939	―	4	4	―	2	2	―
1940	―	141	141	62	10	69	―
計	431	1,023	1,454	258	420	346	431
平均	43	102	145	26	42	35	43

備考　「昭和十五年中の不起訴六十九名は大部分中国人にして、事変に乗じ台湾の支那復帰をさくしたるものなるが、事件当時既に主なる者は逃亡帰国したる為、捜査困難となり挙証十分なる能わず、中止処分に付せられたるものなり」

「公文類聚」第65編・1941年・第1巻（国立公文書館所蔵）

表8　治安維持法違反有罪・受刑人員調

年度＼区別	有罪人員	受刑人員
1931	―	―
1932	1	1
1933	4	3
1934	131	88
1935	17	16
1936	11	10
1937	22	22
1938	4	4
1939	1	1
1940	40	40
計	231	185

「公文類聚」第65編・1941年・第1巻（国立公文書館所蔵）

会計関係書類、国史館台湾文献館所蔵）。冒頭で「今にして之を萌芽の裡《うち》に芥除《かいじょ》するに非ざれば、或は怖《おそ》る、皇国の根帯を腐蝕せしめんとする不測の大禍を如何ともすべからざるを、是れ実に国家として今や全力を竭《つく》して対策を樹立すべき秋《とき》なる所以なり」とするとともに「本島の特殊事情を認識し置かざるべからず」として、次のように展開する。

抑《そもそ》も本島の社会運動たるや、名は共産主義と謂い、民族主義と謂うも亦《また》左翼と右翼と謂うも夫《それ》は理論を弄するものにして、畢竟《ひっきょう》するところ、民族意識の発露に外ならず、況《いわ》んや共産党の戦略戦術に無智なる大衆を宣伝煽動して彼等の武装蜂起を促すに在る……幹部は智的分子なるも其の駆使するところは無智の大衆なり、無智の大衆にして初めて付和雷同怖るべき事態を惹起すること、歴史の証明するところなり……一旦彼等の本拠を衝《つ》き、また再び起つ能わざる弾圧を加うるとも、執拗果敢なる彼等の残党余類は再び官憲の虚に乗じ、再建或は再々建の運動に毫《ごう》も困憊の色なく……恰《あたか》も本島は思想戦線の十字砲火を浴びつつある如く、須臾《しゅゆ》〔ほんの少しの間〕も楽観を容《ゆる》さざるものあり

この「思想戦線の十字砲火」という認識は客観的にみて過剰といってよいが、台湾という民族意識を源泉とするという「特殊事情」の下での思想犯罪への危機意識は高まった。「思想犯罪概説」で引用する東京地方裁判所検事局の思想検事平田勲が台湾視察の際に漏らしたという「恐らくは本島に於ける思想犯の激増は多々益々上昇の一途を辿るにあらざるか、且つ本質的に怖るべき将来を憂慮さるるは寧ろ内地のそれよりも本島に非ざる無きか」は警告とも追い風ともなって、思想検察官の拡充を必至かつ緊急のものとする（平田の台湾視察の時期は不明）。

朝鮮の京城地方法院検事局思想検事佐々木日出男は「植民地独立運動の法律上の性質」（朝鮮総督府高等法院検事局思想部『思想彙報』第一号、一九三四年一二月）という論文で台湾の状況にも言及している。「台湾の民族運動もウィルソンの民族自決主義の提唱及朝鮮の万歳運動の影響等を受け急激に進展した」とし、三一年一二月の台湾民主党創立に注目し、「台湾の民族運動は遂に独立運動の領域にはいって来た」ととらえた。それら独立運動の処断は治安維持法によってなされるべきとする。

台湾の共産主義運動や民族主義運動による思想犯罪が急増する一九三〇年代前半にあって、それらの発現の背後には日本の台湾統治に対する多くの不満や批判があった。日本の国際連盟からの脱退通告を機に高まった「国際時局の悪化に伴う台湾一般民情の観察」を、三三年三月六日、台北在勤の井上保雄海軍武官は海軍省軍務局長に次のように報告している（「海軍省公文備考」一九三三年・外事巻七止、防衛省防衛研究所図書室所蔵）。

現時本島人の一般思想は我施政に対し充分満足し居るものに非ず、寧ろ民族的思想に依り台湾人の台湾たらしむるを希望し居れるも、止むを得ず現状に甘じ居る情況なり

現在時局に対しては官憲の厳重なる取締と内地人に対する気兼《きがね》とにより一般に表面的沈黙を守り居れるも、決して無関心なるに非ず、本島人同志に於ては時局に関し緊張し論議し居るものの如し……

日本が国際上有利の立場に在る場合には現状維持に満足し居るも、一旦不利の情勢に直面せば或は憂慮すべき情況を惹起すべきやも計られざるものと認めらる

「昭和六年三月〔台湾共産党の一斉検挙〕以来数次に亘る検挙により一時終熄致した観があり、之を以て本島思想犯罪が絶滅せられた様に観られた識者もあった。然し之は全く皮相の見解で、事実に於て裏切られ、今日尚思想犯罪の検挙に忙殺せられて居ると云う状態である」と述べるのは、高等法院思想検察官の下《しも》秀雄（一九三三年六月、名古屋控訴院検事から転官）である。治安維持法違反事件の退潮傾向が見え始めた三六年一月、『語苑』（第二九巻第一号）に寄稿した「思想犯罪と語苑」で「本島思想犯罪は総て民族的反感に基因せざるものはない。従って此の民族的反感を除去し、解消せしめざる限り此種不逞犯罪の絶滅は期し難いことは理の当然である」として、この雑誌の読者である警察官に「不屈不撓の精神を以て諸般の施設を為すべく、彼等の思想推移乃至民意の動きと云う様なものは不断周密的確なる査察を怠ってはならぬ」と叱咤激励した。

治安維持法改正案への批判

「思想戦線の十字砲火」を浴びているという認識からは当然のこととして、中央政府が一九三四年二月の第六四帝国議会に提出した治安維持法改正案に台湾総督府の異存があるはずもなかった。朝鮮総督府においても同様だが、台湾総督府の側から改正案に植民地的な事情にもとづく要望をおこなった形跡はない。三五年三月

に第六七帝国議会に提出した再度の治安維持法改正案でも、その内容に要望を付した形跡はない。

三四年の改正案の説明資料として拓務省管理局は「改正治安維持法外地施行に関する議会説明資料」を作成している。まず「朝鮮、台湾、関東州に於ける共産主義運動は内地仝様執拗に大衆化の運動をなさんとする傾向を示しつつあります」とし、それぞれの現状を述べる。台湾については台湾共産党検挙に触れたうえで、台湾反帝同盟、台湾赤色救援会、台湾農民組合などの「非合法組織を持ち、無智な島民を煽動して戦争反対、帝国統治の覆滅等、不穏なる赤化運動を拡大しつつあります」とする。それゆえ、「外地」においても「此際どうしても改正治安維持法を施行して取締の完璧を期する必要」があると強調する。

こうした現状を説明するために、拓務省では朝鮮・関東庁などとともに台湾における治安維持法の運用状況――累年別検挙表、赤化被疑者の地方的分布状況調、共産党外廓団体など――をまとめ、提出している。たとえば、台湾農民組合について「台湾共産党の貯水池にして、其の左翼派は全く党支持拡大の為の活動に終始す、昭和七年三月には党指導下に農民の暴動蜂起を煽動したるを以て一斉検挙を行えり（検挙者六九名）」とある。

この提出資料の追加として、「転向」状況が報告されている。三四年二月五日、警務局長は拓務省管理部長に治安維持法による再犯者が五人であると通知している。九日には拓務次官からの照会に対して、総務長官は次のような回答をしている。

三、特に転向せりと認むる能わざるも改悛の情顕著にして、再び此種運動に携わざる旨表明せるもの　四〔人〕

四、植民地に於ける治安維持法違反者概ね執拗なる民族的観念を持し、転向の傾向を認め難し

……

六、私有財産制度否認の罪を以て処罰したる者なし

七、検挙者の勾留日数は言語、民族性の関係より比較的長期を要し、最長期三七七日、最短期六〇日、普通約五ヶ月（警察及検察局に於ける勾留日数を合算計上せり）

さらにこの通知には警務局編『高等外事警察報』第三号（『高等外事警察報』は未見）の付録中の「治安維持法違反被疑事件検挙一覧表」が付されている。二八年から三二年まで治安維持法違反事件として検挙した五五八人のうち二八四人を検察局に送致する際に付した「意見」で、各条文の罪状別の人員がわかる。第一条第一項（「国体」変革）・第二項（「私有財産制度」否認）の適用は台湾共産党事件四一人、赤色救援会事件三八人、無政府主義台湾労働互助社事件一二人となっている。第一条第一項のみ（民族独立運動事件と推測）の適用は四四人、第二条（協議）は七人（そのうち赤色救援会事件が五人）、第三条（煽動）は上海台湾反帝同盟事件の三人である。逃亡などで起訴中止が四五人あるほか、不起訴の意見を三五人に付している（以上、外務省茗荷谷研修所旧蔵記録「治安維持法改正問題一件／拓務省関係資料」、外交史料館所蔵）。この種の統計は他に見当たらないが、朝鮮における罪状別の統計と同じ傾向で、日本国内における適用と異なって適用が第一条第一項に集中していないことがわかる。

台南地方法院検察官長の石橋省吾は「治安維持法の効果」（『台湾警察時報』第二二〇号、三四年三月）という時評で、改正案に関連した論を展開している。まず二八年の「改正」による厳刑の加重にもかかわらず違反者が増加していることは「治安維持法の効能が政府の期待に背いて充分で無かったことを物語る」と指摘し、「刑罰のみを以てしては到底之が撲滅は至難である。刑罰よりも、かかる思想を産むに至れる社会の病巣を改善することが先決問題である」という持論を述べる。

ついで「改正案審議の議会で注目されること」として二つの論点をあげる。一つは、この二度目の「改正」が実現すれば「社会運動に対する警察官の取締の横暴」がさらに加速しかねないという予測に立って、警察当局に「深く自省し、自戒」することを求めた。すでに二〇年代後半においても石橋は検察官の立場から「警察官の取締の横暴」を批判していたが、その後も「社会運動、大衆運動、特に所謂学校騒動に於ける警察官の取締振りに付ては、騒擾に無関係の傍観者をも有無を云わさず捕縛し留置する等、血迷える処置が尠からず起っているとする。社会運動を封じ込めるには強圧一辺倒の取締ではなく、「社会の病巣」改善を第一義とすべきとする。「被害者は概して感受性に富める純真なる若者であるだけに官憲の不当なる処置に対する憤懣は大きいと謂わねばならぬ」という判断に立ち、「警察官の取締の横暴」が招きかねない治安の悪化、ひいては台湾統治への影響も憂慮する。

もう一つは「私有財産制度否認の是非」という問題である。そもそも「私有財産制度」が「法律用語としては甚だ明確を欠き妥当でない」と考えていた石橋は、「資本主義修正の声が与論となれる今日」、議会審議を通じて「やがて来るべき改正に於て其の犯罪性さえ否定さるべき運命を暗示するかに考えられ」るようになったと歓迎する。実際に台湾の治安維持法の運用においても「私有財産制度」否認のみで処断されたものはないとして、この犯罪としての規定存続に疑問を呈した。いうまでもなく、「恒久性を有する国体」変革に対する厳罰規定があれば十全であるという立場は厳然としてある。

弁護士の飯岡隆は『台湾警察時報』誌上に「治安維持法改正案に就て」を四回連載しているが、概して批判的な論調である。まず「国体」変革の処罰の最高刑が死刑であることに疑問を呈する。死刑は「人道に反する野蛮行為」であり、近代刑法の傾向は「応報主義より目的主義、客観主義より主観主義へ移り、威嚇主義より教化主義の方面に行く」と指摘して、その逆行性を突く。さらに「近年我国に於て刑事六法がファッショ化し、組織的計画的とならんとする徴候」に注意をうながし、それが治安維持法改正案においても「国体変革の罪に対する最低刑の引上げ、禁錮刑の抛棄、検事の強制処分権の拡張、保安処分の新設など」として具体化されていることについて、「恰《あたか》も権力主義的刑法思想に接近せるやの感なきにしもあらざる」という違和感を表明する（第二二一号、三四年四月）。

次に飯岡は石橋と同様な観点から「私有財産制度」否認の「法制体系及存廃」を問題とする。「国体変革の罪は治安に大害があり、厳罰に処することは万人の一致する所であるが、私有財産制度なるものは決して尊貴なる国体と並ぶべき古来の制度ではない」としたうえで、その意味は茫漠としており、「適用が曖昧なるを免れない」（第二二二号、三四年五月）と断じた。「大正昭和時代を通して刑事政策上の癌となった私有財産制度否認の罪の改正こそは立法者が鋭意その断行に専念し、剴切《がいせつ》なる対策を樹立すべきで」あったにもかかわらず、改正案は「喫緊の問題」（第二二三号、三四年六月）に対して素通りしたことは大変に物足らないものであったと批判する。

その一方で、飯岡は残る治安維持法改正案の新たな「刑事手続に関する規定」や「保安処分に関する規定」については肯定的である。検事の権限を強める前者については「概して適当であると謂うべく、あまり問題となる事項もあるまい」とし、わずかに「要はその運用を誤らざるにある」という注文を付すにとどまる。「保護観察」と「予防拘禁」という後者についても「治維法改正案が改正刑法案に先立って我刑事政策上一新時期を画すべき実証主義的色彩輝かしき此の保安処分なる新制度を近代的犯罪に実施せんとし、来るべき改正刑法案の試験台たらしめんとし、従来の法治国思想を文化国理念に高めんとする当局の努力は多とすべきである」（第二二四号、三四年七月）ともろ手をあげて歓迎している。

飯岡は『台法月報』誌上に「改正治安維持法案の短評」（三四年四月、五月）を発表するが、内容はほぼ同じである。

三四年の治安維持法改正案について二〇年代とは異なり、日本国内では新聞・雑誌などの論調はほぼ影を潜めた。朝鮮においては『東亜日報』が批判的な論調を堅持していた。それらと比すと、台湾の場合は法律論そのものの立場から、運用当事者（飯岡も治安維持法の発動そのものは支持している）のなかから批判的な論調がありえた。治安維持法の発動を量的にみた場合、台湾ではかなり少ないことが影響してだろう、石橋や飯岡にとっては法律論に即した批評に徹することができた。

二……共産主義運動への発動

台湾共産党の一斉検挙・起訴

台湾総督府警務局『台湾社会運動史』では「第三章　共産主義運動」で台湾共産党について詳細に記述するが、ここでは「序説」から関連する箇所を引用する。左翼運動の発展のなかで、「昭和三年四月、コミンテルンの指令に基き日本共産党、並に中国共産党の指導下に於て台湾共産党は日本共産党台湾支部として上海に於て結党せられ、一旦検挙を受けて党員四散せしが間もなく島内に其の中央機関を移し、日本共産党との連絡を恢復し漸次島内左翼団体たる台湾文化協会、台湾農民組合の指導権を掌握し、茲に本島共産主義陣営をして略《ほぼ》国際的連繋を保つ組織たらしめ、革命的非合法活動の分野を拡大し」とする。ここで「一旦検挙」とは、一九二八年三月の上海台湾学生読書会事件を指す。ついで、東京特別支部の活動と上海・厦門における島内左翼運動との連携による活動にふれたのち、次のように述べる。

斯くて島内外の相互の連帯の断続或は部分的検挙弾圧に依り其の勢力は一張一弛を繰返しつつ昭和五年に及びしが、同年末より経済恐慌の深刻なる影響と各国共産主義運動の全面的発展に刺戟を受け、台湾共産党の活動も亦《また》著しく発展を来し、遂に党自体を初め島内左翼全組織に亘る徹底的検挙弾圧の結果、組織の崩壊を招くに至りたり

台湾共産党は一九三一年三月に一斉検挙となるが、それに先立ち、台湾共産党東京特別支部（二八年九月結成）が二九年の四・一六事件に関連して摘発され、関係が深いとみなされた東京台湾学術研究会員四三人が検挙された。そのなかで陳来旺ら三人が党員とみなされ、検事局に送致され、起訴となった。三一年一月一五日、東京地方裁判所の藤井五一郎判事による予審終結決定がなされ、公判に付された（判決は不明）。

そこでは台湾共産党を「革命的手段に拠って台湾の独立を謀《はか》り、私有財産制度を否認し、台湾「プロレタリヤ」独裁の社会を樹立し、因って以て共産主義社会の実現を目的とする秘密結社」と認定する。陳については「台湾学術研究会に入会し、社会科学の研究に従い居る内、遂に共産主義に共鳴するに至りたる」とされている。具体的な活動として台湾学術研究会主催の下に渡辺政之輔・山本宣治ら台湾解放運動犠牲者慰問会を開催したこと、台湾解放運動犠牲者救援会設置を決議したことなどがあげられ、改正治安維持法第一条に該当するとされた（以上、朝鮮総督府高等法院検事局思想部『思想月報』第一号、一九三一年四月）。

『台湾社会運動史』は「学術研究会員は釈放されたるも厳重なる監視を受け容易に再起不能の状態に置かれ、検挙前東京を脱したる者及釈放後窃《ひそ》かに島内に潜入せる一部会員によりて島内に於ける運動の発展を招くに至りたり」とする。

二八年三月の上海台湾学生読書会検挙後は、「党の極端なる地下運動の為め容易に其の実体を把握し得ざり

き」(『台湾社会運動史』)状態だった。

後述する台湾共産党事件の予審終結決定にともなう記事の解禁に際して警務局が発表した「台湾共産党事件の概要」(『台湾警察時報』第二一四号、一九三三年九月)では、三一年五月の改革同盟一派による主導権確立後の活動として、次のように記している。

> 少壮急進分子の根本的改組によって面目を一新せる同党は、俄然積極的活動を開始し、各級機関を整備して主要問題の対策を決定し、台湾農民組合及び台湾文化協会を党の影響下に獲得し、更に産業別赤色工会たる台湾鉱山工会組織準備会、台湾交通運輸工会組織準備会、台湾出版工会組織準備会等の拡大を企図しつつあったが、既に鉄道部高雄工場内には工場細胞を建設し、北部方面各鉱山にはコムミュストグループの結成されたものが尠なくなかった
>
> 一面各工場鉱山労働者日常の利益に対する擁護を標榜して不平不満を激発し、争議を指導して大衆の動員訓練と政治的影響の拡大とに全力を尽して居た

台湾共産党の一斉検挙に至る経緯は、警務局保安課が三一年一一月二日付で作成した「台湾共産党検挙に関する件」にうかがうことができる。三〇年「後半期頃より農民組合左傾分子にして其の所在を韜晦《とうかい》して地下運動に入るもの増加し、之と共に農民運動労働運動愈々《いよいよ》尖鋭化(発生数の少きも質に於て悪化す)の情勢ある」ことを察知し、「其の背後には必ず共産党の指導あるべき見込を以て捜査を進めつつありたり」とする。三一年三月中の「文化協会オルグ」「農民組合オルグ」の検挙を突破口に、六月二八日には謝氏阿女(謝雪紅)・楊克培らの一斉検挙が断行された。「台湾共産党検挙に関する件」中の「台湾共産党々員一覧表」(一一月二日現在)には検挙者三八人、未検挙者七人となっている。一〇月一六日には一六人が台北地方法院検察局に送致された。

なお、ここでは四・一六事件後、「日本共産党とは殆ど連絡を失い、中国共産党援助の下に其の発展を策しつ

つある」と観測している。

翌三二年一月、警務局は詳細な「秘密結社台湾共産党再建運動検挙概況」を作成した。そこには三一年末までに中央委員の五人全部を含む党員四一人と党の援助者十数名を検挙し、「一段落を告げたり」とある。在上海の幹部の検挙は領事館警察がおこない、身柄は台湾に移送された（以上、「日本共産党関係雑件／台湾共産党関係4．昭和六年」外交史料館所蔵）。その後の検挙で総数は一〇七人に達した。三三年一二月末までに七九人が検察庁に送致された。

三一年三月から始まった台湾共産党員の検挙は、一〇月から順次台北地方法院検察局に送致され、検察官の取調がおこなわれていた。この検挙や取調を全体的に指揮したのが高等法院検察局の石井謹爾である（石井は三一年三月に大阪地裁検事局から転任）。三三年五月、台湾総督府は石井に職務精励として二八五円の賞与を与えている（この時点で石井は大阪堺区裁判所検事局に転出）。「殊に昭和六年十月末、思想主任検察官として台湾に於ける共産党事件を担当し、良く司法警察官を指導督励し、其該博なる学識、豊富なる経験、日夜倦《う》まざる努力を以て捜査上遺漏なからしめ今日に及びたる」とその「功績」が称えられてのことであった（「昭和八年四月至六月　台湾総督府公文類纂　高等官進退原議」、国史館台湾文献館所蔵）。石井が高等法院検察局の「思想部」を率いていたことはわかるが、「現場」となる台北地方法院検察局で共産党事件を担当した検察官は不明である。

検察局の処分では四九人が起訴（予審請求）、不起訴二〇人、起訴中止一〇人となった。

台湾共産党事件の予審終結決定

一九三三年七月二〇日、台北地方法院（永井敬一郎予審判官）は予審を終結し、謝氏阿女・潘欽信ら四七人を公判に付す決定をおこなった（予審中に死亡の二人は公訴棄却）。終結決定書は四一七頁に及ぶ長大なものである。

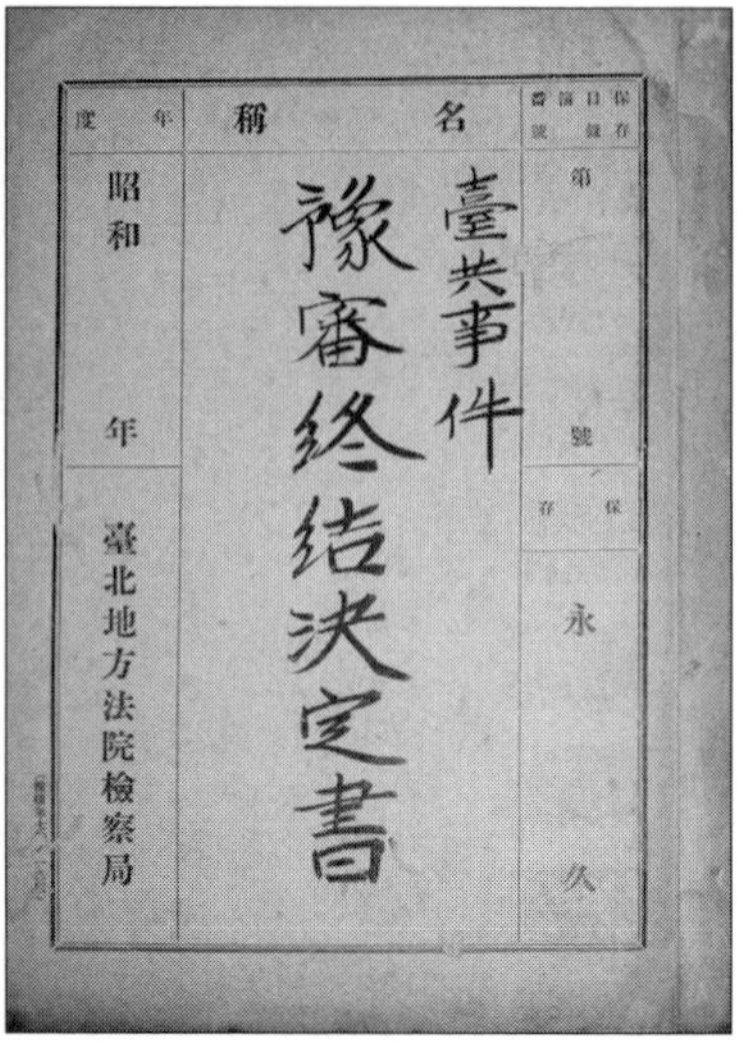

「台北地院─予審終結決定昭和八年（台共事件）」
「日治法院档案」資料庫

謝氏阿女（謝雪紅）

「同党は日本共産党の指令に服すべき義務を有し、日本共産党を通じ世界無産革命の一翼たる役割を担当し、因て政治上に於ては本島に於ける台湾総督に依る日本本国の統治権を推翻〔転覆の意〕し、以て台湾を独立せしめ同区域に於ける我国体を変革して労農独裁の政権を樹立し、経済上に於ては私有財産制度を廃絶して諸企業、土地、銀行、其の他凡《あら》ゆる生産機構を独裁政府に没収し、因て社会主義社会の過程を経て階級なく搾取なき所謂《いわゆる》共産主義社会の実現を所期する秘密結社なりとす」とされた。

結成当時、指導的立場にあった謝氏阿女については、上海時代に国民党に入党するが、「各国帝国主義下に在る支那民衆の悲惨なる境遇」を直視すると、「支那全民衆の解放を国民党に期待するに由なく、「プロレタリア」解放の唯一の指導者は共産党ならざるを得ずとして、共産主義に共鳴」、モスクワの東洋共産主義勤労者大学（クートベ）に入学、「共産主義理論を学び其の訓練を受け」て上海に戻り、台湾共産党結成に加わり、中央委員になったとする。謝氏は二八年三月の上海台湾学生読書会事件で領事館警察の手によって検挙後、台湾に送還されたが、台北地方法院検察局で不起訴処分となり、六月二日に釈放となっていた。

謝氏ら党の組織者に対しては治安維持法第一条第一項前段と第二項が適用となった。党員ではなく「目的遂行」の所為をおこなった者には第一条第一項後段と第二項後段の目的遂行罪の適用となった（「台北地院―予審終結決定昭和八年（台共事件）」、「日治法院档案」資料庫）。

日本国内や朝鮮の場合も同様であるが、この予審終結決定にともない事件関係の記事が解禁され、台湾・日本国内の新聞はセンセーショナルに報じた（朝鮮高等法院検事局『思想月報』第三巻第五号〈三三年八月一五日〉も「台湾共産党事件の全貌」として掲載）。たとえば、七月二五日の『大阪朝日新聞』は「佐野、渡辺（政）が指導し上海で結党大会　更に第二回大会で組織改革　全島に魔手を揮《ふる》う」という見出しである。『大阪毎日新聞』の見出しは「情痴の暗に――動く赤の魔手　上海を本拠に潜行の一味　四十九名起訴さる」で、「事件は風俗習慣特殊な台湾を背景に民族的感情を重点とする実行運動である点に重大性を認められ」と報じた。

『台湾日日新報』は七月二四日に号外二面で、翌二五日にもほぼ一面で報じた。二四日号外の第二面には台北州警務部長奥田達郎の「若き青年学徒よ、純朴なる勤労大衆よ、汝等本然の姿に立ち換えれ、而して万代不易の我国体を見直せ」という談話が載る。そして検挙に「功労特に顕著」として表彰された一〇人の警察官が顔写真付で紹介された。安武治雄警部は「主として旧党関係者取調の任に当り、謝氏阿女の気質を巧みに洞察利用して党結成並にその策動を余すところなく糾明した」であり、島田一郎警部補は「検挙の端緒とも目すべき改革同盟組織の事実を趙港の取調中発見して、大検挙の糸口をたぐり出した」となっている。

二五日の紙面上段は「台湾共産党の紅二点　数奇を極めた謝氏阿女の半生　媳婦子《しーふ》〈養女の意〉、子守、私娼と流浪の末　独学女闘士となる」「後天的に彼女は　既に立派な主義者　紅二点の一点、簡氏娥の生立ち」という興味本位の読みものに仕立て上げられている。

下段は「矯激なる結社を　根柢から大検挙」という友部泉蔵警務局長の談話となる。友部は「斯る不逞な企

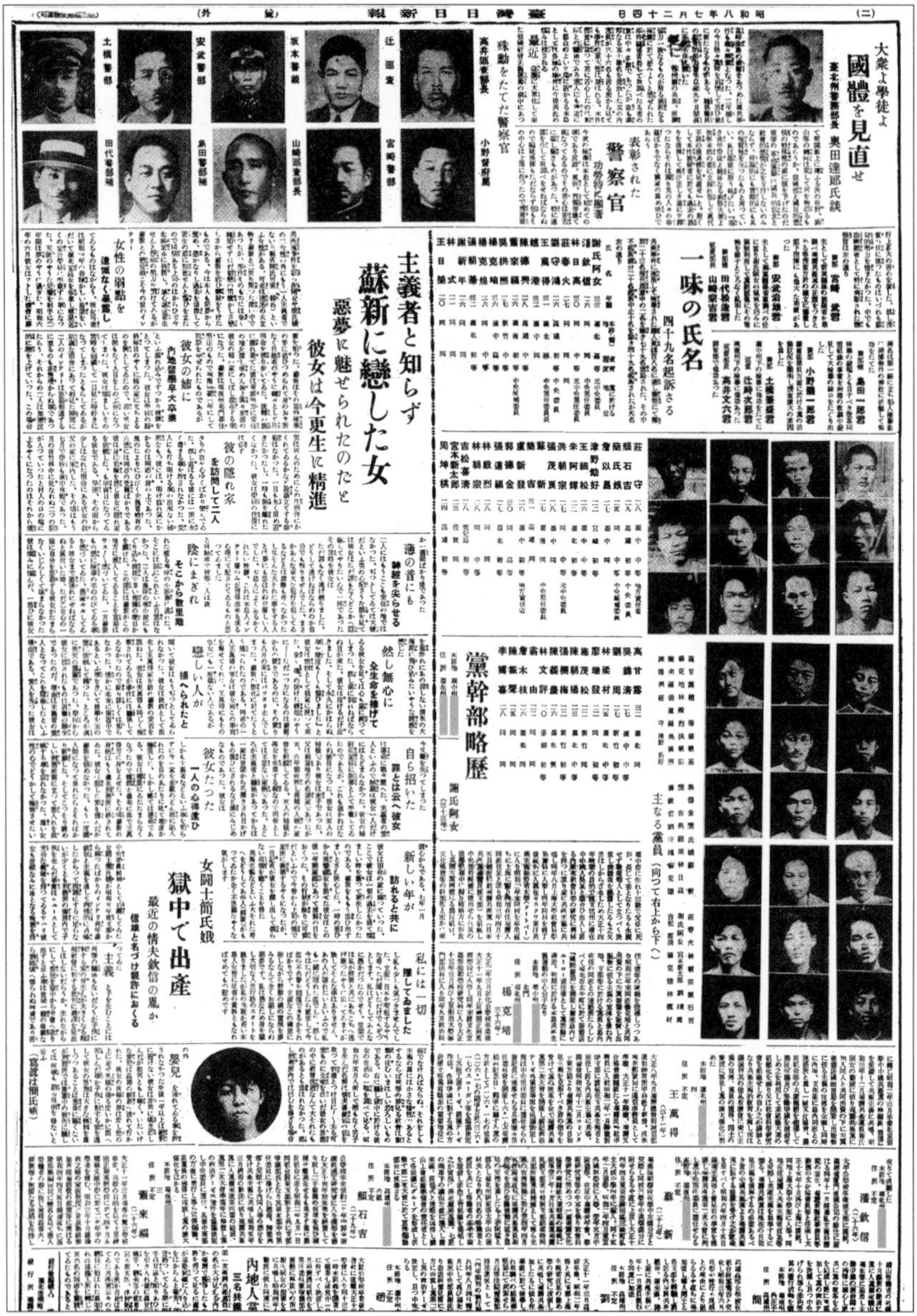
（二） 昭和八年七月二十四日 臺灣日日新報 （號外）

大衆よ學徒よ
國體を見直せ
臺北州警務部長 奥田達郎氏談

殊勲をたてた警察官

高井巡査部長 辻巡査 坂本警部 安武警部 土橋警部
小野督府屬 宮崎警部 山崎巡査部長 島田警部補 田代警部補

表彰された警察官
功勞特に顯著

一味の氏名
四十九名起訴さる

主義者と知らず
蘇新に戀した女
惡夢に魅せられたのだと
彼女は今更生に精進

黨幹部略歴

主なる黨員（向つて右上から下へ）

獄中で出産
女闘士簡氏娥

『台湾日日新報』号外、1933.7.24

臺灣日日新報 昭和八年七月二十五日

臺灣共產黨の紅二點

數奇を極めた謝氏阿女の半生
媳婦子、子守、私娼と流浪の末 獨學女闘士となる

後天的に彼女は既に立派な主義者
彼等のアジト高雄館の愛娘と生れ 私淑した者は揃ひも揃って皆主義者 紅二點の一點、簡氏娥の生立ち

矯激なる結社を根柢から大檢擧
考へさせらるる諸點 友部警務局長語る

五・一五事件の海軍側の軍法會議
妙高乘艦の當時 暗殺案を同志に配る
午後の公判で古賀中尉陳述

臺灣共產黨第二次大會開催の隱れ家

『台湾日日新報』1933.7.25

図が第三インターナショナルの使嗾《しそう》に依って徒党を組んで我等が楽土台湾に蔓延せんとしつつあった事は恂《まこと》に遺憾の次第」としたうえで、台湾共産党を次のようにみなしている。

一、近年著しくインテリの党になった日本共産党と同じ形であること

二、台湾の労働者農民の利益を計るのだと云う彼等の宣伝が唯宣伝丈けであって、実は労働者農民に基礎を有たない所謂インテリ党であること

三、指導者がロシアの共産党の云う事に盲従して何が台湾の為めになるかも考えずに、又日本とロシアとの区別も知らずに革命を計り、結局ソヴエット東洋赤化工作のお先棒をかついで居た

事を暴露して居る、そして其等の指導者に引摺《ず》られて雑役に使い廻され検挙された多数の人々は心から
とは云いながら痛ましくもあり、又笑止の至りと申さねばならない
意図的におとしめる言い方が露骨だが、さらに起訴された者の団体が台湾文化協会二一人、台湾農民組合一二人であるとして、「之は所謂フラクション運動で合法団体に党が喰入って居た事を裏書する」という。また、コミンテルンの「植民地解放」というスローガンに台湾共産党は「中毒」しているとする。
予審を担当した台北地方法院の永井敬一郎予審判官は「全貌は茲に明か　事件は決して軽視出来ぬ」と語ったという。

台湾共産党事件の公判

台北地方法院における公判は一九三四年三月二六日に開廷し、六月三〇日に判決が言渡された。その公判経過を『台湾日日新報』の記事によって追ってみよう。開廷後すぐに「転向者」を分離した審理となった。裁判長は宮原増次、検察官は中村八十一である。古屋貞雄らが弁論にあたっている。非公開の審理だったが、転向を促進するために被告家族の傍聴を認めた。裁判所の周囲は非常警戒線の「一間毎に正私服の警官、憲兵を配置、更に廷入口にも正私服の係官が詰めかけると云う物々しい厳戒振り」であった（五月二七日）。

公判が開始されてまもなく、四月六日の『台湾日日新報』は社説「左翼転向と台湾共産党　彼《あれ》と此《これ》との対比が目につく」を掲載する。日本共産党の指導者佐野学と鍋山貞親の「転向」表明と対比させて、台湾共産党の「中心人物は猶《なお》転向どころか、未だ全然迷夢の中にある態度を曝《さら》け出している事」を頑迷固陋と非難する。そこから台湾共産党について「現実の資本主義経済の弊害に対する改革の為めの純然たる社会運動ではない、階級闘争の一元的運動ではなくて民族解放を基調とする二元的運動なる事に最大の注意を要する、茲に民族自決、

反帝主義の運動が民族的偏見を醸成する危機が多分にある」と論じる。

一方で、「改隷以来僅かに四十年にして台湾統治は極めて順調に進み、島民幸福の増進は実に隔世の感があり、一面一衣帯水の対岸と比較すれば雲泥の差がある、之れはひとえに至大なる皇恩に因るものであって民族事件の如き其の無智、寧ろ憐れむべきものである」ことを強調する。したがって、「斯くの如き誤れる思想は絶対に排撃さるべく、此の機会に於て正しい国民教育の振興に就いて文教の任に当る者は勿論、国民の亦た深く考える必要があろうと信ずる」と結ぶ。この台湾独立を「国体」変革ととらえて断乎排撃する姿勢は、台湾共産党事件の公判にも貫かれている。この公判時点では大部分の被告は「転向」を表明していた。

なお、後述する赤色救援会事件の予審終結決定にともなって記事解禁となった六月一五日に社説「台湾共産党の執拗な策謀　民族的偏見への点火を憂う」が載る。そこでも台湾共産党について「資本主義に対する純然たる社会運動や、階級闘争の一元的運動ではなく、民族自決を基調とする二元的のものであり、時に或は無産大衆の利益増進を表看板として一部本島人の無智なる階級を魅惑し、以て寧ろ民族運動の強化を図らんとする傾向がある」と再論している。朝鮮共産党事件でも民族独立＝「国体」変革を強引にあてはめて処断していくが、台湾共産党事件の場合は「民族的偏見」がとくに強調されている。

公判の推移に戻ろう。「連日公判を続開し、矢継ぎ早に一部思想転向者の事実審理を終了、その正直な陳述により台共の全貌を聴取」（四月二日）すると、裁判長は「大立者」の審理に移ったと報じた。この記事には謝氏阿女について「女だてらに共産主義の盲信者であり、嘗て彼女と抗争した新派の連中が相次いで転向したにも拘らず、尚頑強に主義の転向を拒否し、三月二十六日の第一回公判の如きは入廷の瞬間からヒス声を張り上げて裁判長に喰ってかかったという始末に終《ママ》えないもの」と悪意を込めて描いている。

四月一九日の公判で謝氏の審理がおこなわれたが、「愛嬌さえ浮べ　素直に答う　前回とは打って変った態度」（四月二〇日）と報じる。二一日の公判では「台共一番のすね者　謝氏阿女本然転向　裁判長に声明書を出」したという（四月二二日）。

五月二六日、結審となる。古屋弁護士は四時間におよぶ弁論を展開した。「一、台湾共産党の正確なる認識と批判解剖　二、彼等が民族的偏見を持つに至った問題の諸事情　三、台湾の特殊事情の解剖　四、彼等が地下運動に押しやられた事由」について力説した後、「各被告に同情ある判決」を要望した（五月二七日）。潘欽信のみが非転向を貫いた。

判決文では台湾共産党は次のように定義された（七月一日）。

> 日本共産党台湾民族支部（以下、台湾共産党と略称す）は日本共産党の指令に服従すべき義務を有し、台湾に於ける労農無産階級の向上解放の為に闘い、政治上に於ては本島に於ける総督政治を転覆して台湾を日本の国より独立せしめ、労農無産階級独裁の政権を樹立して我国体を変革し、経済上に於ては諸企業、土地、資本及其他総ての生産資料を独裁政治に没収して私有財産制度を廃絶し、因て社会主義社会の過程を経て所謂階級なく搾取なき共存共栄の共産主義社会の実現を目的とする秘密結社

予審終結決定書と同様に、台湾の独立＝「国体」変革ととらえている。全員有罪となった。潘欽信の懲役一五年（求刑懲役一五年）がもっとも重く、謝氏阿女は懲役一三年（求刑懲役一五年）だった。懲役一二年が三人、懲役一〇年が五人と、全般的に重い。懲役二年となった五人に執行猶予が付された。簡吉は求刑（懲役八年）よりも判決（懲役一〇年）が重かった。

簡吉

謝氏阿女ら八人が控訴した。一一月九日の高等法院覆審部での公判（裁判長高嶺方美、検察官下秀雄、弁護人古谷貞雄）で、謝氏は、控訴の理由として「一、自分の運動は日本国体の変革でない　二、一審の罪の量定が重過ぎた」ことにあげる。ただし、「目下の社会的状勢の下に於いて台湾に共産主義社会を建設する事の愚かなる事を痛感し、今後は一切この種の運動から足を洗い、一女性として真面目に働きたい」旨を陳述したという。また、「強情者の潘欽信　一切を自白　之も転向を誓う」と報じられた（一一月一〇日）。

二回目の審理は一二日に開かれ、「巨頭連口を揃え　転向を誓う」ことになった。その一人王万得は「共産主義は自分の抱懐する大自然主義と相反する事甚だしいので、今後とも台共と絶縁すること勿論である」と述べたという（一一月一三日）。

一一月三〇日の高等法院覆審部の判決では謝氏阿女は変わらなかったが、潘欽信が懲役一三年となるなど五人が第一審より軽くなり、「転向を認めて情味籠る」と評された。判決理由を読み上げた後、高嶺裁判長は次のように説諭したという（以上、一二月一日）。

台湾は一視同仁の下に内地延長主義、内台融和の根本原則で統治され、聖上陛下の恩沢を受けて今日の進歩発展を来らしたのを忘れてその統治権を奪い、総督政治の転覆を計り台湾を独立せしめて、共産社会の実現を企図するが如き行為は実に獅子身中の虫にして言語道断の沙汰である……世の中のありとあらゆる刑罰の中、親に危害を加える犯罪より重きものが無い、同様に社会の親とも云うべき国家の転覆を計る犯罪よりも重い刑罰はなく、治安維持法の厳罰主義の大精神も此処に存するのである、幸に被告等は後になって何れも自分等の非違を悟り、転向、改悛を誓っているが、蓋《けだ》しこれは当然の事であって当部に於いてもこれを酌量している

ほぼ同時期の朝鮮における民族独立運動の治安維持法公判でも裁判長が総督政治の恩恵に言及することがあ

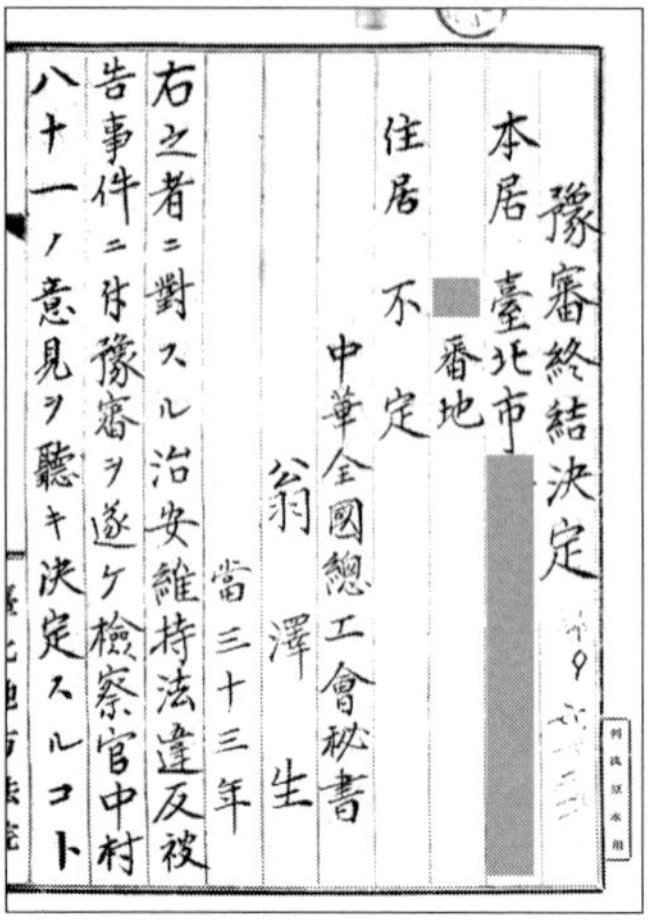

翁沢生に対する予審終結決定「台北地院―予審終結決定昭和一〇年」
「日治法院档案」資料庫

ったが、ここでも総督政治により台湾社会が豊かになったことを強調し、天皇の「恩沢」に抗することを最大の罪とする。

台湾共産党創立メンバーだった翁沢生は上海台湾青年団についで上海台湾反帝同盟の結成にあたり、活動をつづけたが、三三年三月に上海共同租界工部局警察によって検挙され、台湾に身柄が移送されていた。その後の警察や検察の取調状況は不明だが、三五年四月八日、台北地方法院の勝山内匠判官による予審終結決定がなされ、公判に付されることになった（「台北地院―予審終結決定昭和一〇年」）。

八月二六日、台北地方法院（裁判長山脇正夫、検察官中村八十一）は翁沢生に懲役一三年という重い刑を言渡した。判決文は予審終結決定のコピーに近い。「所謂五・三〇事件の上海に於ける示威運動に参加したるを契機として共産主義思想を抱懐するに至り」、中国共産主義青年団・中国共産党に加入後、謝氏阿女の勧誘を承諾し、二八年四月一五日の結党大会では書記となり、中央委員候補に選任されたとする。「台湾共産党の目的は我総督政治を転覆して台湾を独立せしめ、台湾共和国を建設して我国体を変革し、私有財産制度を否認し、土地を貧農に帰与することを当面の中心口号（スローガン）の一と為し」とされるほか、一九三〇年一一月のこととして中国共産党常務委員から次のような「友誼的提議」を受けたという一節もある。

台湾共産党の活動は之を組織上より見るに党を小ブルジョワに依りて構成し、革命的労働者農民の獲得を怠り、党組織の最も重要なる細胞すら形成し居らざる如き関門主義に陥り、他方政治上より之を見るに党を大衆より隠蔽し、労働者農民の間に闘争の激発を図ることなく、機関紙其の他の文書を発行して宣伝、

煽動することを抛棄し居るが如き機会主義の誤謬を冒し居るを以て、即時之を清算し、闘争の激化と組織の拡大強化を図るべき旨

これらは治安維持法第一条第一項前段と第二項前段に該当し、「重き」第一項が適用されて懲役一三年となった。謝氏阿女や潘欽信と同じ量刑である。翁は控訴したが、一一月三〇日の高等法院覆審部（裁判長高嶺方美、検察官下秀雄）の判決は変わらなかった（以上、「台北地院―刑事判決原本昭和一〇年第一一冊一一月」）。

台湾文化協会・台湾赤色救援会の壊滅

警務局『台湾社会運動史』の「序説」では一九三一年以降を社会運動の「沈衰期」とし、台湾共産党の「検挙進行中、未検挙党員は陣容再建に狂奔し、臨時中央機関を設置し、文化協会、農民組合の勢力を中心に台湾赤色救援会を組織し、党再建の貯水池的役割を果さしめんとせしが、之又昭和六年末より検挙を受けて壊滅せり」とする。この台湾文化協会、台湾農民組合、さらに台湾赤色救援会が治安維持法によって壊滅させられていく状況をみよう。

三一年一二月の台湾赤色救援会関係者の検挙は「台湾農民組合、文化協会の台湾共産党外廓運動の検挙と併合」することになり、各地の検挙者総数は三一〇人に達した。一五〇人が検察局に送致され、主要人物と目された四五人が起訴となり、予審に回った。『台湾社会運動史』によれば、二人が死亡し、一人が起訴猶予となったほかは、全員が懲役七年から二年の有罪となった（一三人が執行猶予、三人が控訴）。

これらの治安維持法違反事件の司法処分における予審終結決定や判決の一部が、現在「日治法院档案」資料庫のなかに残されている。文化協会・農民組合・赤色救援会関係者の予審は台南地方法院でおこなわれ、数グループに分かれたものの、三四年六月一一日に終結決定となり、すべて公判に付された（六月一三日に記事解禁）。

予審判官は一手に高柳愿が務めた。

赤色救援会準備会グループのリーダー格の呉丁炎は「近く勃発すべき予想の第二次世界戦争の際には国内疲弊の際に乗じ暴力革命を起し、労農独裁の政府を樹立すべきこと及革命の際は交通機関其他の要所を襲撃破壊すべきこと等を協議」したことが犯罪事実とされた。姜林小ら一二人の予審では、台湾農民組合への加入と活動が「台湾共産党の支持拡大を図り、同党の目的遂行の為にする行為を為したるもの」とされた。また、張火生ら四人の予審では、台湾文化協会や台湾農民組合に加入し、赤色救援会の組織活動に従事したことが、台湾共産党の目的遂行罪とされる。いずれも治安維持法第一条第一項後段・第二項の該当となった（以上、「台北地院―予審終結決定昭和九年（思想事件）」）。

予審終結決定にともなう記事解禁を受けて、六月一四日の『大阪朝日新聞　台湾版』は「大衆団体に蔓延した　執拗さには驚く　大部分は貧農で理論は低い」という石垣倉治警務局長の談話を載せる。「功労顕著な警察官」一六人が「特別賞」を受けたという。

六月一五日の『台湾日日新報』社説は「台湾共産党の執拗な策謀　民族的偏見への転化を憂う」として、次のように論じた。

本件の被告を観ると、幹部階級数名を除けば教育程度一般に低く、寧ろ全然無教育に近いものが多い、従って此の一党の大部分は共産主義の認識に於て、台湾共産党公判に於て暴露されたよりも更に一層貧弱なものと観られる。無産階級の利益増進という漠然たるものに釣られ、反帝主義、植民地解放のスローガンに眩惑され、徒らに民族的偏見を醸成され、革命意識のみを激化されたものと言うべく、無智なる徒輩の妄信は反省の余裕なく鋭き実行力があり、国家社会の秩序の点より実に危険極まるものと言わねばならぬ事情は不明ながら、台南地方法院予審で公判に付すことが決定した被告三四人は台北地方法院に管轄が移された（三四年七月二八日の高等法院上告部決定）。

三四年一〇月二九日、台北地方法院では治安維持法違反事件八件三七人（一人は審理中に死亡のため公訴棄却）に対する判決を言渡した。裁判長は宮原増次、検察官は中村八十一である。これらの判決では、いずれも台湾共産党が「台湾に於て総督政治を転覆し、労農無産階級独裁の政府を樹立して我国体を変革し、土地資本其の他総ての生産資料を没収して私有財産制度を廃絶し、因て以て社会主義社会の過程を経て共産主義社会の実現を目的とする秘密結社」とし、ついで赤色救援会について「台湾共産党の指導の下に階級運動犠牲者及其の家族を救援し、該救援活動を通じ同党を支持し、其の拡大強化を図る団体」とする。これらを認識した行動は治安維持法第一条第一項後段・第二項に該当とされ、「重き」第一項後段の適用となった。

王敏川は懲役四年を科せられた。「台湾文化協会の左派の領袖として台湾労農無産大衆の解放を主張……階級闘争を力説し……機関紙大衆時報を発行して主義の宣伝に努め」たこと、「同協会の目的は無産大衆を組織して大衆運動に参加し、政治上経済上並社会上の自由を獲得するにあることを闡明《せんめい》するや……労農無産大衆解放運動に参加すべきことを協議」し、同協会中央委員長となったことが台湾共産党のための目的遂行にあたるとされた。

台南州の赤色救援会準備会グループ九人の判決では呉丁炎が懲役七年ともっとも重く、他に八人が懲役四年から二年（三人が執行猶予五年）の刑を言渡された。呉は台湾文化協会に加入し、中央委員となり、「左翼文献を繙読して共産主義の研究に努め」、台湾共産党や赤色救援会の目的を「知悉」しながら精力的に活動したとされる。なかでも三一年九月二六日、相被告県伝らと会合し、次のような提案をおこなったという。

（イ）日支事件〔柳条湖事件〕に端を発し、日米両国開戦の為、第二次世界戦争勃発するときは之を機とし、直に交通機関及官庁を襲撃破壊し、又資本家及官吏を殺戮して暴力革命を起すこと

（ロ）右革命の準備として青年会を組織し、之に共産主義的訓練を施すこと
（ハ）共産党嫌疑の下に検束せられたる台湾文化協会及台湾農民組合の各幹部並其の家族等を救援し、且《かつ》後続闘士養成の為、救援会を組織し、会費は毎月金十銭以上とすること
（ニ）当夜の会合者六名を以て右救援会の準備会第一班を結成し、呉丁炎を其の代表者に選任すること

この第二次世界戦争の勃発を機とする暴力革命の遂行という構想は後述する大湖事件にも共通する。公判で呉丁炎はこれを否認した模様で、相被告の公判廷での供述が証拠として採用されていることからみて、官憲側による虚構の可能性が高い（以上、「台北地院―刑事判決原本昭和九年第一〇冊」）。

台湾農民組合中央委員らのグループに対する判決では張行と湯接枝に各懲役六年、陳崑崙に懲役五年、他に懲役四年が二人、懲役二年が一人（執行猶予五年）となった。張行、湯接枝、陳崑崙は台湾共産党に加入したことで重い量刑となった。張の場合、台南州嘉義郡の座談会で「農民に対して「ロシア」の現状を説きて台湾にも革命的手段に依り労農独裁の政府を樹立し共産主義社会を実現すべく煽動し、以て台湾共産党の主義政策等を宣伝し」たことが、陳崑崙は台中地方細胞のキャプテンとなったことなどが、「何れも直接又は間接に台湾共産党の目的遂行の為めにする行為を為したる」とされた。証拠とされたのは、主に公判廷における供述や「予審訊問調書」だった。

陳崑崙・張氏玉蘭・張火生の三人が控訴し、三五年四月三〇日、高等法院覆審部（裁判長高嶺方美、検察官下秀雄）の判決があった。陳崑崙は台湾共産党入党の事実を否定したが、判決では他の被告人の「予審訊問調書」により認定された。量刑としては「情状憫諒すべきものある」として懲役二年に減刑されている。第一審ではともに懲役四年だった張氏玉蘭と張火生も「情状憫諒」により懲役一年六月に減刑となった。おそらく「転向」の表明があったのだろう（以上、「台北地院―刑事判決原本昭和一〇年第五冊五月」）。

三五年一〇月、厦門で結成され、台湾に潜入しようとしていたという再建台湾共産党が厦門領事館警察で検挙された。三六年一二月に台南地方法院検察局高雄支部により起訴され、三七年三月、予審が終結し、楮院進・趙清雲ら四人が公判に付された。八月二〇日から台南地方法院で三回の公判がなされ、楮と趙には懲役三年六月が求刑された（『台湾警察時報』第二六三号、三七年一〇月）。判決については不明である。

台湾農民組合の壊滅——大湖・竹南事件

一九三二年四月一二日、台湾農民組合大湖支部・竹南仮支部に対する一斉検挙が断行された。二年余を経た三四年七月一六日、この事件に関する記事が解禁されると、翌一七日の『大阪朝日新聞　台湾版』は一面で「大湖竹南事件の全貌　暴力革命の陰謀　寸前に発覚検挙　第二次世界大戦来のデマ　七十一名一網打尽」と、被告の写真付で報じた。

また、同日の『台湾日日新報』も「排日の真最中に　台湾独立の大陰謀　日本無援孤立に陥る機逸する勿《なか》れと　無智の農民、主義者の魔笛に踊る　危機一髪の直前に発覚」という見出しで大きく取り上げた。この概要について「それは台湾共産党員に依り指導激発されていたもので、郡役所、火薬庫などの武器を押収した上〇《マ》〇《マ》を鏖殺《おうさつ》し、支那共産党の援助を得て台湾の独立を図らんとした重大事件であった」とする。「中国の援軍と　武装革命を計画　無謀極る彼等の此の企ては　凡て中国の影響に因るもの」という石垣倉治警務局長談が載る。

検挙総数は九二人となり、七一人が検察局に送致された。そのうち三七人が起訴（予審請求）となり、三四年七月一六日の予審終結決定では三四人が公判に付されることになった（一人は予審で免訴、二人は死亡。『台湾社会運動史』）。

勝山内匠予審判官の担当した台北地方法院の予審終結決定が「日治法院档案」資料庫に残されている。そこでは台湾農民組合について、三一年一月、「拡大中央委員会で共産党支持を決定」すると、「同党指導下に広汎なる貧農層大衆を獲得し、之が革命的養成を為し、因て同党の下属組織として其の拡大を図り、併せて農民組合運動を通じて経済闘争、政治闘争を革命化することを任務とする赤色農民組合に移行したる」とする。大湖支部委員長の劉双鼎は「各地方に於ける土地争議を指導し、果敢なる闘争を展開したるものなるところ、右農民組合運動を通じて共産主義思想を抱懐するに至り」とされ、支部委員の林華梅は「武装蜂起の時機成就したりと做《な》し暴動決行を決定し、武装蜂起の際に於ける同支部担当の襲撃目標箇所を大湖郡役所と決定し、孰れも其の頃右協議事項の実践に努め」とされた。治安維持法第一条第一項・第二項の該当となった。免訴となった被告は「公判に付するに足るべき犯罪の嫌疑なき」とされた（「台北地院—予審終結決定昭和九年（思想事件）」）。

台北地方法院は被告三四人を四つに分離し、ともに一二月二〇日に判決を言渡した。いずれも裁判長は宮原増次、検察官は内田松太である。大湖支部関係では林華梅・劉俊木・陳天猋・陳盛猋の四人が懲役八年となり、他は懲役七年一人、六年三人、五年一人、四年二人、三年三人、二年三人（このうち二人は執行猶予五年）となった。全体的に重い量刑である（なお劉双鼎は三四年一〇月に死亡）。被告らは台湾共産党の目的、および台湾農民組合が「台湾共産党の指導下に貧農大衆を獲得し、之を訓練の上動員して階級闘争を展開し、該闘争を通じ同党を支持し、其の拡大強化を図る団体なることを知悉」していたとされ、各被告の犯罪事実が列挙される。

林華梅の場合、三一年九月一一日頃、台湾農民組合本部から「日本帝国内外の情勢切迫を告げ、台湾に於ける革命暴動の勃発亦必然なるべく、其の場合、大湖支部に於ては時を移さず大湖郡役所並同所内の火薬庫を襲撃すべしとの指令を伝達」されたという。三二年一月の大湖支部会議で林からこの「暴動指令の伝達」がなされると、「会合者一同は将来台湾共産党に加入すべく、又各自革命暴動に参加すべき優秀分子を組合員非組合員を問わず、急速且多数獲得すること」などを協議決定したとする。また、他の被告にも革命暴動に参加すべき旨を勧誘したこともあげられる。

懲役四年を科せられた林章梅をみると、三二年一月、林華梅と会って「台湾共産党の敢行すべき革命暴動に蕃人を参加せしむべく、其の具体的方法として先づ蕃人の頭目を赤化せしむること等の事項を協議決定」という。これらはいずれも台湾共産党の目的遂行行為とされ、該当する治安維持法第一条第一項後段・第二項のうち、「重き」第一項後段の適用となった。

竹南仮支部関係では張阿艶の懲役八年がもっとも重く、懲役七年三人、六年三人、五年二人、四年一人、三年二人、二年二人（一人は執行猶予五年）となった。三一年八月一八日、竹南仮支部会議において「日本帝国内外情勢の急迫を告げ、第二次世界戦争勃発の機運が目睫の間にあるに乗じ、台湾に於ける革命運動に着手すること」などを台湾文化協会の郭常から告げられ、協議決定したとされる。九月二六日、張阿艶らは郭常より「暴動の具体的方法として其の暴動の前夜全島各所に集会を催し多数民衆を煽動して暴動への蹶起を促し、警察官吏との衝突を端緒に暴動を開始し、先づ全島の火薬庫に一斉放火して之を爆破すべき旨の指示を受け」、その後も鉄道橋脚の爆破などの具体的な行動が協議されたとする。これらが台湾共産党の目的遂行行為とされ、治安維持法第一条第一項後段が適用された。

竹南仮支部関係で一人だけ分離裁判となった呂鴻増は懲役八年を科せられた。「革命暴動開始の指令ありたる時は竹南仮支部は錦水石油坑、崩額鉄橋及竹南郡役所を襲撃すべき旨の組合本部の指令を各承認すること等、貧農大衆の獲得訓練其の他組織の拡大、闘争の激化、特に革命暴動に関し協議を遂げ」たことなどが目的遂行罪に問われた。

張仔旺ら四人が控訴した。三六年五月一七日の高等法院覆審部判決（裁判長高嶺方美、検察官下秀雄）で、張仔旺は第一審の懲役七年から五年に減刑となった（他の二人も減刑、一人は変わらず。以上、「台北地院―刑事判決原本昭和九年第一二冊一二月」）。

『台湾社会運動史』「序説」には「沈衰期の概観」として大湖・竹南支部組合員は「徹底的検挙を蒙り、斯くて本島共産主義的勢力は略《ほぼ》一掃され、智識階級青年間に於ける左翼文芸運動に於て余喘《よぜん》を保つ状況となれり」とある。そして、島外における上海台湾反帝同盟の活動に言及する。

上海台湾反帝同盟事件

上海台湾反帝同盟事件は予審終結決定の前に記事が解禁となった。一九三二年一二月二五日、『台湾日日新報』は「本島人青年学生が帝国の統治に弓を引く　上海を中心に島内に及ぶ　反帝意識を激発し」と報じた。「帰省学生の再渡航の際に検挙」されたもので、当時の警務局保安課長（小林長彦高雄州内部部長）談として「まだ思想の固まらない本島中学生を将来の優秀なる共産運動の闘士として養成していた」とある。

三一年四月、翁沢生の主唱により台湾青年団を上海台湾反帝同盟に改称し、検挙までの三カ月間に「機関紙『反帝報』の刊行、第二霧社事件に対する闘争、六、一七台湾施政記念日闘争、六、二三沙市惨案記念闘争等の諸運動に活発に活動した」という。ビラ撒布時に租界工部局警察に検挙された同盟員二人は、領事館警察を経て九月に台湾に移送された。九月一四日、帰台中だった王渓森ら一三人らが検挙された。その後も検挙はつづき、三二年七月八日に三〇人が検察局に送致された。検察局では一三人が起訴（予審請求）となった。

三四年六月一五日、台北地方法院の予審（予審判官竹内吉平）が終結し、王渓森ら六人が公判に付された（一人は死亡のため公訴棄却）。上海台湾青年団について「中華民国に於ける反帝国主義運動に参加すると共に、革命手段により台湾に於ける日本帝国の統治権を覆滅し、台湾の独立を図ることを其目的とし、機関紙を発行頒布し……宣言伝単其他各種の印刷物を印刷頒布し、示威運動、飛行集会等を行い、壁スローガン書きを実行する等の方法により不断に台湾独立の目的貫徹の為め之を大衆に宣伝煽動し活動し来りたるものなる処」だったが、「政治的色彩を一層明瞭ならしむる為め」に上海台湾反帝同盟に改称したとする。

王渓森については中国共産党および台湾共産党に加入し、「左翼革命運動に専従」していたが、三〇年一二月に帰台後は「反帝国主義運動と土地所有変革の革命を領導すべきことを力説し、日本帝国主義の台湾統治の転覆、台湾の政治経済の完全なる独立、工農ソビエット建立等の目前の基礎口合を掲げ、工作の具体的方策を指示せる」とされ、治安維持法第一条第一項が適用となった（「台北地院―予審終結決定昭和九年（思想事件）」）。

三四年一一月二九日、台湾共産党事件の公判と同じく、宮原増次裁判長と検察官中村八十一のコンビにより上海台湾反帝同盟事件の判決が言渡された。一人ずつの分離公判で、懲役五年から二年の刑となった。王渓森は中国共産党や台湾共産党に加入したこともあって、懲役五年の刑となる。上海台湾青年団（上海台湾反帝同盟）の加入にとどまる被告は治安維持法第一条第一項後段の目的遂行罪が適用されて懲役二年となった（三人に執行猶予五年）。懲役二年を科された周宗河は控訴した。三五年三月一八日の高等法院覆審部の判決（裁判長高嶺方美、検察官下秀雄）は変わらず懲役二年だったが、執行猶予五年が付された。

曹烱朴は厦門反帝同盟台湾分盟の一員として検挙・起訴されたと推測されるが、一一月二九日の判決では台湾文化協会本部書記としての活動が罪に問われた。三二年一月、「「大衆の力量を用い、同志山本宣治を記念せよ」と題し、山本宣治が無産階級運動の為《ため》奮闘したる事跡を述べ、其の士気を継承して台湾無産階級運動解放の為決死的に闘争せよと煽動し、台湾総督独裁政治反対、台湾解放運動万歳等の「スローガン」を掲げたる台湾農民組合本部、台湾文化協会本部連名の闘争指令六通」を作成し、郵送したとされる。治安維持法第三条の「煽動」に該当するとして懲役二年を科された（以上、「台北地院―刑事判決原本昭和九年第一一冊一一月」）。

楊春松はかつての農民組合出版規則違反で懲役一〇月を科されながらも逃亡中だったが、上海台湾反帝同盟の一員となっていたことが治安維持法違反とされて、三五年五月に検察局に送致された。三六年五月一八日、台中地方法院（裁判長二反田真一、検察官志熊三郎）から台湾共産党加入による懲役一年に加えて、中国共産党加入が「外国の政事に関する結社加入に関する件」（一九二三年、総督府令第二八号）の違反として懲役二年六月を科せられた（「司訓所―昭和一一年禁錮以上合議部判決原本第六冊」）。

厦門在住の掛阮進・張作仁ら三人は「中国共産党、厦門反帝大同盟等に加入し、共産主義運動に依り台湾の革命を企図し、台湾共産党再建運動」をおこなっていたが、在厦門領事から在住禁止処分を受けて台湾に送還された。この三人に王永進を加えた四人は高尾州警察の取調べを受け、三六年一二月に治安維持法違反事件として台南地方法院検察官長に送致された（台湾憲兵隊の情報にもとづく台湾軍参謀部『台湾島内情報』三七年第一号による）。『台湾島内情報』第五号には予審が終結し、公判に付されることになったとある（その後の判決などは不明、「密大日記」一九三八年第一六冊、防衛省防衛研究所図書室所蔵）。

また、『台湾島内情報』三七年第一号によれば、翁沢生の指導で台湾共産党に入党しながらも検挙を免れていた王瑞琪は「過去の罪悪を清算すべく党との関係を絶ち」、上海総領事館に「自首」後、台湾に送還された。三六年一二月、警察当局では「同情的意見」を付して、台中地方法院検察官長に送致したという（その後の司法処分については不明）。

文化運動の逼塞

一九三一年から三二年にかけての台湾共産党から上海台湾反帝同盟へとつづく検挙により、台湾の共産主義運動は壊滅状態となった。『台湾社会運動史』が記すように、それらがほぼ一掃されると、わずかに「智識階級青年間に於ける左翼文芸運動に於て余喘《よぜん》を保つ状況」となったのである。

この「左翼文芸運動」については『台湾社会運動史』がプロレタリア文化運動として、文芸雑誌『伍人報』の刊行、台湾戦線社の組織、『戦旗』支局の結成、台湾文芸作家協会の創立と活動などを叙述する。三一年六月創立の台湾文芸作家協会は機関誌『台湾文芸』を四号まで発行したがいずれも内容不穏として差押えとなったため、座談会で「台湾文化の傾向、文学に関する討論、台湾文芸作家及作品の批判等」をおこなうという合法的活動にとどまっていた。さらに内部での対立も生じた。『台湾社会運動史』は「台湾に於ける党及外廓団体の検挙相次ぎ、合法運動の衰頽を来したる以後、之等の共産主義者の活動は全く地下に潜入するに至れり」とする。

これらの文学活動とは別に、東京で「文化サークルを組織し　台湾の赤化を企つ」として「東京の神学校を根拠に暗躍」していた呉坤煌らが警視庁特高課で検挙されたことを三二年九月二五日の『台湾日日新報』が報じている。呉坤煌は「台湾全島の赤化を図り、赤色運動による民族解放を企てんと決心し、校内の文化サークルの拡大に努め、同時に台湾にある同志と連絡をとるべく暗躍を続けていた」が、「本島には未だ手が延びなかった」とする。その後の司法処分については不明である。

おそらく同一人物と思われるが、「劇団、舞踊団を通じ民族運動に狂奔」していた呉坤煌を検挙し、治安維持法違反で検察局に送致したことを三七年三月一四日の『台湾日日新報』が報じた。保安課当局の話として、呉は「頭髪も刈って転向を誓」っているという。四月二一日付の続報として台北地方法院で呉の治安維持法違反事件公判が開廷するとある。判決などは不明である。

朝鮮総督府高等法院検事局思想部『思想彙報』第一八号（一九三九年三月）に「台湾法院に於て為された外患罪及治安維持法違反事件判決」が収録されている。王白淵の事件である。

台北師範学校を経て東京美術学校に学び、岩手県女子師範学校教諭在職中から共産主義に傾倒した王白淵は「日頃抱懐せる民族的不満より被告人が台湾に於ける被圧迫同胞なりと思惟し居れる本島人を日本帝国の統治下より解放せんことを企て、之が方法としては先づ支那民族を資本主義帝国統治下より解放せざるべからずとし、而かも其の事たるや共産主義運動のみに依りて初めて可能なるものと確信し、全支民族と共に台湾民族を解放すべく努力せんことを決意し」として、三一年六月に日本語詩文集『荊棘の道』を出版、三二年夏には東京台湾文化サークルを結成していた。三三年六月からは上海において中国共産党・日本共産党のための活動をしたとされた。憲兵によって検挙され、強制的に台湾に移送されたようである。

三八年九月二一日、高等法院検察局から起訴（予審請求）となった。一一月二二日、高等法院上告部（裁判長伴野喜四郎、検事古山春司郎）が「上告部の公判を開始す」という「決定」をおこなった（司法省刑事局『思想月報』第五四号（三八年一二月）所収）。中国共産党については「抗日戦を通して支那全土及右《みぎ》所謂失地を一帯とする地域に全支民族の民主主義共和国を建設することを当面の目的とするものにして、朝鮮台湾関東州に於ける我が帝国の統治権を排撃し、依て以て我が国体を変革し、私有財産制度を否認することを目的とする結社」であることを知りながら、その目的遂行のために活動したこと、「支那事変後に於ては一面敵国たる中華民国に軍事上の利益を与え、帝国の軍事上の利益を害する行為を為したる」ことが問われた。

一二月二六日、高等法院上告部（裁判長・検察官不明）の判決があり、次のような行動を犯罪事実とし、王白淵に懲役六年を科した。

一、……月刊通信「□□□□《判読不能》」に関係し、我国の「ラヂオ」放送聴取及新聞記事中より得たる「ニュース」に日本の社会的矛盾の批判、対支侵略的意図の暴露など、反日的気勢を煽動するが如き改作的解説を加えて之を現地ニュースとして中華民国国民政府各機関新聞社に配布し

二、……昭和十一年六月一日発行「時代評論」第七号に「血に咽《むせ》ぶ植民地の春」と題し、台湾に於ける霧社蕃蜂起事件に託し総督政治を批難攻撃し、民族意識を昂揚し植民地に於ける民衆の武装蜂起、暴力革命の実行を宣伝煽動する文学的作品を掲載し

これらの行動はコミンテルン・中国共産党および日本共産党の目的遂行行為にあたるとして治安維持法第一条第一項後段・第二項後段に該当し、さらに「一面支那事変後に於ては敵国たる中華民国に軍事上の利益を与え、又は帝国の軍事上の利益を害したるもの」として外患罪に該当するとされた。「最も重き」外患罪が適用された（以上、『思想彙報』第一八号）。

一九三〇年代の無政府主義事件

初期の治安維持法運用のなかで黒色青年連盟への処断などをみたが、その後は「本島の無政府主義者の活動は共産主義に圧倒されたる感あり、著しく衰微を来せし」という状況となっていた。そのように記した『台湾社会運動史』は、台湾文化協会から分離した台湾労働互助社について詳しく取り上げる。

この労働互助社の前に、台湾無政府主義青年連盟結成を図って治安維持法違反を問われた佐々木一男に対する判決をみよう。検挙の経緯などは不明ながら、一九三二年一一月三〇日、台北地方法院の予審（予審判官永井敬一郎）は公判に付す決定をおこなった。「所謂国体を変革し、有らゆる権力支配なく、又私有財産制度なき絶対自由の社会を一揆的暴動行為に依り直接実現せんとする共産主義的無政府主義を奉ずるに至り」、台湾無政府主義青年連盟の組織を提唱し、同志に賛同を求めたが得られなかったとする。さらに三〇年一二月頃に「暁は近し、正義を求める者よ!!　アナキストの革命へ、一切の強権と資本主義私有財産を擁護する者を破壊し、自由と幸福の美《うる》わしき社会を建設云々」などを記載した「煽動ビラ」約百枚を作成・撒布したことなどが、

治安維持法第一条の違反に該当するとされた（「台北地院―予審終結決定昭和六年」）。

この公判の判決は三二年二月二日、台北地方法院（裁判長鰍沢栄三郎、検察官松村勝俊）であり、佐々木一男は懲役五年を言渡された。伯父らへの強烈な反抗心があり、「現在に於ける社会制度に大なる不満を感じ居りたるところ、遂に我国現在の社会制度たる総ての権力支配を破壊し、国体を変革し、私有財産制度を否認し、絶対自由社会を建設せんとする無政府主義に共鳴するに至り、該主義の実現を図り」、台湾無政府主義青年連盟の組織を企てたものの未遂に終わったことが治安維持法第一条に、ビラを作成・撒布するなどの「該主義の実現を目的とする事項の実行を煽動」したことが第三条に該当するとされ、量刑としては第一条第一項の未遂罪が適用された（「台北地院―刑事判決原本昭和七年第二冊二月」）。

台湾文化協会の彰化支部では共産主義派と無政府主義派の対立が深まっていたが、二九年一一月に分裂し、無政府主義派は「別途に自由連合主義に依る同志の糾合を計画し、文化協会に対抗する勢力たらしむべく、約三十名の同志を獲得し台湾労働互助社の結成」（『台湾社会運動史』）に至った。講演会や研究会の開催、文芸雑誌『明日』による宣伝活動（第四号まで刊行）、資金獲得のための「カルシューム滋養乳店」の経営などをおこなったが、活発な運動を展開できなかった。

三一年八月三〇日、労働互助社のメンバー三〇余人を一斉に検挙した。警察では「台湾労働互助社は我統治権を破壊し、支配及搾取なき自由平等の無政府共産主義を建設すべく、暴力革命を意識する団体なる証明を為し得る見込」で、三二年六月二一日に一四人を治安維持法違反として、二人を台湾銃砲火薬類取締規則違反として台中地方法院検察局に送致したが、思想検察官（松村勝俊）は起訴猶予や不起訴（証拠不十分）とし、銃砲火薬類取締規則違反については時効とした（一人は取調中に死亡）。労働互助社に対して「結局処罰すべき証拠を挙げ得ざる」（以上、『台湾社会運動史』）状況だったために被疑者全員を釈放せざるをえなかった。

この処分について、三二年一二月二九日の『台湾日日新報』は「思想犯被疑者へ　前例のない恩典　獄中生活一年で自ら　遷善の実《じつ》現わる」と報じた。一斉検挙は「猛烈なテロ行為に出んとした」ためとされ、起訴猶予についても被疑者が「獄中一年の生活において思想的に自己清算をとげ、改悛の情顕著なるものに対しては特に改過遷善の実を挙ぐるため」の「恩典」とされた。

起訴・公判に持ち込むことはできなかったが、主要メンバーを検挙し、一年以上にわたって勾留したこと（おそらく「改悛」＝転向を慫慂した）は、労働互助社を壊滅に追い込んだ。この弾圧によって台湾の「無政府主義運動は益々衰微の状態に陥」った（『台湾社会運動史』）。

「日治法院档案」資料庫中に日本無政府共産党の目的遂行罪で処断された三〇年代後半の予審終結決定書と判決文が収録されている。三七年一月三〇日、台北地方法院新竹支部は予審を終結し、呉百鶴・林輝煌・呉信聡を公判に付す決定をおこなった（予審判官小山内績、「台北地院―予審終結決定昭和一二年」）。三五年一〇月三〇日に新竹警察署に検挙された。検察局は三六年五月五日に起訴していた。

三七年四月二〇日、台北地方法院で公判が始まる。六月八日、台北地方法院の判決（裁判長山脇正夫、検察官松村勝俊）では呉百鶴に懲役四年、林輝煌に懲役三年六月、呉信聡に懲役一年が言渡された。呉百鶴については両親を亡くし、「兄弟姉妹離散するの悲境に陥りたる為、遂に現代社会制度を呪詛し……漸次無政府主義思想を抱懐して之を信奉するに至り」、「無政府主義が我国体を変革し、私有財産制度を否認し、各人の自由連合に依り自主自治の無政府主義社会を目的とするものなること、又日本無政府共産党が無政府主義社会の実現を目的とする秘密結社なること及自由連合新聞が無政府主義を抱懐する者《ママ》、若くは前記党の機関新聞なることを知悉《ちしつ》し乍ら無政府主義社会実現の目的を以て」、友人らに「無政府主義の共鳴を得る為」に同主義の解説をおこない、強く研究をうながしたり、文献を交付して読書をすすめりしたことなどが「日本無政府共産党の為にする行為を為し」たとされた。治安維持法第一条第一項後段・第二項後段、第二条、第三条に該当するが、適用は第一条第一項後段となった。証拠は司法警察官の被疑者林輝煌に対する聴取書による。

林・呉の控訴による九月一〇日の高等法院覆審部判決（裁判長犬飼吉備雄、検察官松村勝俊）ではやや減刑され、林が懲役三年、呉が懲役一〇月となった（以上、「台北地院—刑事判決原本昭和一二年第九冊九月」）。

三　民族独立運動への適用

台湾民主党事件

台湾総督府警務局『台湾社会運動史』「序説」に「満洲事変以来、支那側の排抗日運動、或は失地回復運動と関連する陰謀事件」として、次のような記述がある。

其の一は広東省の要人にして台湾と特殊の関係を有する邱琮の指導下に台湾の光復運動を志し、多数の本島人子弟を集めて革命的教育を施したる台湾華僑同郷会事件、及び邱琮との連絡の下に台湾の武力革命、支那への光復運動実行の為めに活動せる台湾民衆《ママ》党の活動にして、其二は島内に於て昭和二年以来陰謀を企図し、中国国民党要人との連絡を計り、満洲事変以後に於ける日支関係の悪化と戦争の危機を予想し、島内に武装蜂起準備を進めたる衆友会の陰謀事件なり。前者は昭和九年七月、後者は昭和九年九月、何れ

も検挙し之を壊滅せしめたり

これらの詳細は『台湾社会運動史』の第五章「民族革命運動」としてあつかわれる。まず、前者からみよう。一九三〇年一一月、邱琮を中心とした広東省立工業専門学校の教員たちは「台湾革命運動の主働《ママ》団体たるべき」台湾華僑同郷会を組織し、島内に同志募集や華僑補習部生徒募集、募金などを働きかけるが、活動は不振だった。三四年七月、後述する台湾民主党関係の島内在住容疑者の検挙に際して島内の華僑同郷会員二〇人を検挙し、一五人を台南地方法院検察局に送致した。三五年三月二九日、検察局は「一応犯罪の成立を認め得るも、主犯者たる邱琮、劉展平等に煽動されて盲動せるものにして、目的遂行に関し深き熱意もなく、且つ犯罪主体たる華僑同郷会は結社直後、解散状態に陥り、目的遂行に関する工作の認むべきものなく、各被疑者の改悛の情相当顕著なるものあり」という理由で、起訴猶予七人、刑事未成年一人、嫌疑不充分七人とした。もともと茫漠とした華僑同郷会に治安維持法違反で襲いかかったものの、実態の乏しさゆえに民族独立の痕跡を見つけることはできなかった。

邱琮らの影響を受けた劉邦漢は林雲連・鄭鑑洲・劉福栄とともに、とくに上海事変に触発されて、三二年三月一〇日、広州で台湾民主党を結成する。その「組織大綱」には「一、本党は民族自主の精神に根拠し、異民族日本帝国主義者の統治を推翻し、而して台湾漢民族の台湾民主国建国を目的とす　二、本党は台湾四百万漢民族同胞を基礎と為し、内外被圧迫民族と連合し、民族闘争の革命手段を実行し、以て前項の目的を達す」とあった。広東省内各地の宣伝募金の巡行のほか、機関紙『台湾革命運動』を発刊するが（『台湾』、『研究日本』も発刊）、内部対立を生じ、資金難と林雲連の拘禁のために党は瓦解を余儀なくされた。党再建運動は継続されるが、広東の取締がきびしくなったために仙頭に向けて出発しようとした際、三四年七月九日、総督府広東派遣員らによって林雲連ら四人が検挙され、台湾に移送された。これに連動して島内でも一六人が検挙された。

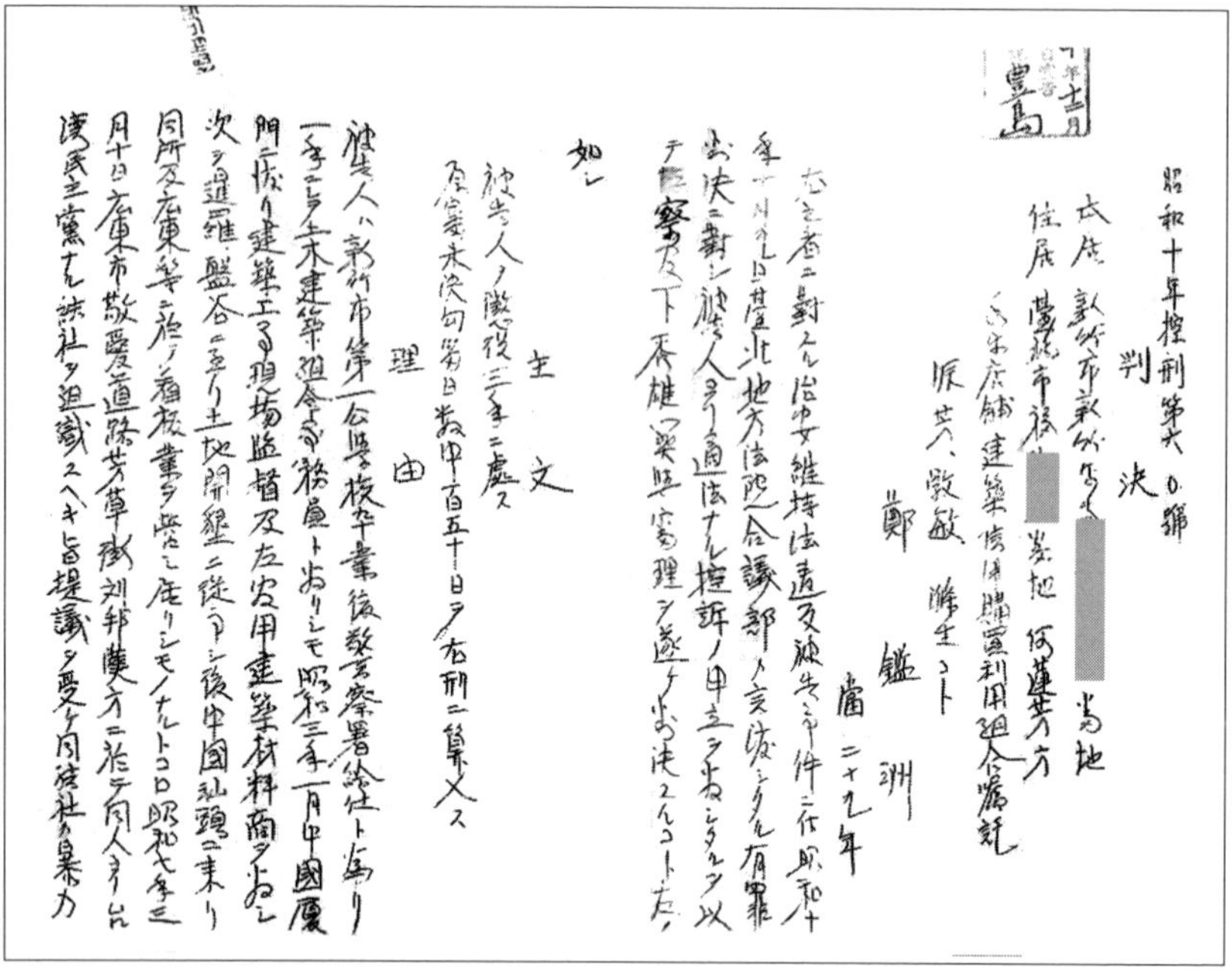
昭和十年控刑第六〇號
判決
本籍 新竹市新竹町[redacted]番地
住居 台北市[redacted]番地 何蓮芳方
[illegible]建築請負業利用組合書記
鄭鑑洲 当二十九年
右ニ対スル治安維持法違反被告事件ニ付昭和十年十一月九日台北地方法院合議部ノ言渡シタル有罪判決ニ対シ被告人ヨリ適法ナル控訴ノ申立ヲ為シタルヲ以テ当院ハ検察官下村雄一関与審理ヲ遂ケ判決スルコト左ノ如シ
主文
被告人ヲ懲役三年ニ処ス
原審未決勾留日数中百五十日ヲ本刑ニ算入ス
理由
被告人ハ新竹市第一公学校卒業後数年警察署給仕ト為リ一年ニシテ土木建築組合事務員トナリシモ昭和三年一月中国厦門ニ渡リ建築工事現場監督及左官用建築材料商ヲ為シ次テ[illegible]盤谷ニ至リ土地開墾ニ従事シ後中国汕頭ニ来リ同所及広東等ニ於テ看板業ヲ営ミ居リシモノナルトコロ昭和七年三月十日広東市[illegible]道[illegible]劉邦漢方ニ於テ同人ヨリ台湾民主党ナル結社ヲ組織スヘキ旨提議ヲ受ケ同結社ノ暴力

鄭鑑洲に対する控訴審判決

「台北地院─刑事判決原本昭和一〇年第一二冊Ａ一二」

三五年二月一一日、林ら七人が台北地方法院検察局に送致された。台北地方法院検察局では四人を起訴（予審請求）し、三人を嫌疑不充分で不起訴とした（以上、『台湾社会運動史』）。

台北地方法院検察官は林雲連ら三人を治安維持法違反事件として台北地方法院に予審請求（起訴）した（日付不明）。上海事変により排日抗日の気運が高まるのを好機として、「中国援助の下に革命手段により日本帝国主義を打倒し、台湾総督政治を転覆して領台後台湾四百万漢民族の蒙りたる搾取圧迫より離脱し、台湾民主国を建設せんことを企図し」、台湾民主党を結成し、林らはその中央執行委員となったとする（司法省刑事局『思想月報』第八号、一九三五年二月）。

六月一九日、台北地方法院の予審（予審判官勝山内匠）が終結し、治安維持法

第一条第一項に該当するとして林ら三人を公判に付す決定をおこない、一人を免訴とした（「台北地院―予審終結決定昭和一〇年」）。

一〇月九日、台北地方法院による判決（裁判長山脇正夫、検察官下秀雄）で、林雲連に懲役八年、鄭鑑洲に懲役五年、林日青に懲役二年の刑が言渡された。党の中心的人物だった林運連に対する量刑は重かった。林運連については上海事変勃発直後、広東において「時流に乗じ中国の援助を求め、台湾の独立を図るべき旨《むね》慫慂せらる」とこれを承諾し、「暴力革命に依り我が総督政治を転覆し台湾民主国を建設し三民主義を実行し、以て台湾に於ける天皇統治制を廃除し、依て我が国体を変革することを目的とする台湾民主党を結成した」とする。

具体的な活動として広東各地の巡行では「県市当局、中国国民党支部、公安局、総商会、学校、新聞社及地方有力者を訪問して賛助を求め、船中、学校、劇場、公園等に於て演説会を開催し、冊子撒票を撒布する方法に依り同党の前記目的並手段を宣伝し、以て同党影響、組織の拡大に努め」るほか、八百余人から「革命資金七百数十元」を募集したことなどが列挙される。これらにより林雲連には治安維持法第一条第一項前段が適用された。

鄭鑑洲は控訴した。一二月一六日の高等法院覆審部判決（裁判長高嶺方美、検察官下秀雄）では、懲役三年に減刑された（以上、「台北地院―刑事判決原本昭和一〇年第一二冊A一二」）。

衆友会事件

『台湾警察時報』第二五二号（一九三六年一一月）に「蔡淑悔等治安維持法違反秘密結社衆友会事件の概要」が掲載されている。一九三六年一〇月一〇日、この事件の台中地方法院の予審が終結していた。

被告人蔡淑悔は衆友会の指導者として亡曾宗其他有力なる同志に対し民族意識の激発方法、同志獲得方法、暴動決行の必要性、其時機、方法等に付之が指導を為し、一方中国要路の人々に右計画を告げ、時機至らば軍資金武器等の援助ありたき旨を懇請し居りたる処、所謂一九三五、六年の非常時局を以て暴動決行の好時機なりと做し、専ら同志の獲得、革命資金の調達に意を用い、一部同志より多額の募金を約束せしめ、既に数百円を受領し、殊に亡曾宗は被告人許乃翁、李倍、亡黄世練等の有力なる同志と共に銃器弾薬の密造計画其他の暴動決行の準備並に暴動決行の際に於ける組織等具体的工作に狂奔中、事件発覚するに至りたる

衆友会は一九二七年頃、「中国国民革命の華々しき発展、台湾島内に於ける当時の思想の高潮に伴い、民衆の反抗意識の昂揚を招きたる状勢等に刺戟された」（『台湾社会運動史』）曾宗（三四年九月の検挙後に死亡）が台中州清水街に同年一一月に結成したもので、同郷で北京大学卒業後、中国国民党福建省党部幹事・徳化県知事を務めたこともある蔡淑悔が二九年に加盟すると、その規模は拡大し、活動も本格化した。

『台湾社会運動史』は衆友会を曾宗と蔡淑悔という二人の指導者の異なる運動形態の合体とみる。曾宗を中心とする行動派は「漢民族の所謂易世革命の思想と日本の統治上にあるを欲せざる民族意識とが本能的猪突的に行動――武装暴動――」に向かったとし、それは「本島改隷以来、十数回に亘る匪徒蜂起事件と其の揆を一」にするものとする。一九一〇年代前半の苗栗事件や西来庵事件の再来という危機感が生まれている。一方、「三民主義民族革命の理想」をもって帰台し、衆友会に加わった蔡淑悔は理論的戦術的指導をおこなうとともに中国国民党要人と連絡を図り、「満洲事変以後に於ける日支関係の悪化と戦争の危機を予想

蔡淑悔
澎湖県湖西郷隘門国民小学HP

し、島内に武装蜂起準備を進めた」。双方とも台湾の独立、中国への復帰という点で合致したとする。

警察当局は三三年三月頃には規模を拡大しつつある衆友会に注目し、曾宗の「諸行動を探知し、極秘裡に内偵を進め」ていた。三四年六月には銃器を試射したなどの情報をつかみ、皇族来台を前に「不測の事態惹起を慮り」、九月二二日早朝、曾宗ら主要人物二二五人の検挙を断行し、台中・高雄州で四二七人を検挙するに至った。このうち三八一人を検察局に送致したが、三五六人は「煽動に乗りて不逞計画に参加せるも、改悛の情顕著なるものあり」として起訴猶予となった。二五人(台中州一五人、高雄州一〇人)を起訴(予審請求)した(『台湾社会運動史』)。

台中地方法院の三六年一〇月一〇日の予審終結決定書が残されている。予審判官は福田重雄で、蔡淑悔・陳発森ら一五人全員を公判に付した。曾宗は「同志の糾合を以て先決問題なりとし、全島各部落に父母会を組織し、其の会員を漸次同志として獲得せんことを企て……昭和四年末に於ては既に其の同志数百名を算するに至りたり」とあり、蔡淑悔は「衆友会の指導者として亡曾宗其の他有力なる同志に対し民族意識の激発方法、同志獲得方法、暴動決行の必要性、其の時機方法等に付之《これ》が指導を為し、一方中国要路の人々に右計画を告げ、時機至らば軍資金武器等の援助ありたき旨を懇願し居りたる」とされる。日中関係が悪化し、「所謂千九百三十五、六年の非常時局を以て日支戦争勃発すべく、此の秋《とき》こそ暴動決行の好機なりと做し」として、「暴動に用する銃器」製造計画を進めるほか、次のような準備も整えたとする。

従来の同志獲得の仮装名称たる父母会及観音媽《ま》会に対する警察当局の視察峻厳となりたるより之を龍華仏教会なる単一名称に改称し、且《かつ》此の機会に従来無組織無統一にして其の不便少なからざりし衆友会を十部に分ち、一部を更に十紐に分ち、各部落に紐を置き、一紐を十数名乃至数十名を以て組織することとし、紐に紐頭、部に部頭を置き、其の上に総代官、更に其の上に司令官、最高部に総統を置くこととし、更に武軍の遵守すべき武軍七条規則、暴動の際一般民衆に告知すべき安民布告文、英雄の蜂起を喚起する檄文等を草案し、暴動の際使用すべき号旗、令旗の図案を作成する等諸般の準備を為し居りたる

「夙《つと》に孫文の三民主義に共鳴し、武力革命に因り台湾を祖国中国に復帰せしめんとの革命思想を抱懐」していた蔡淑悔は三四年七月、曾宗と会って「暴動の時機切迫したるを以て自分は中国に渡り中国政府の要人に対し具体的援助を要請し、尚《なお》暴動決行の際に於ける軍の指揮者として台湾出身者にして現に中国軍人たる者を招請し来るの要あるを以て、近く渡支すべく」と語ったとする。

蔡淑悔・陳発森ら三人は治安維持法第一条第一項前段（結社組織）に、残る一二人は第一条第一項後段（結社加入）に該当し、公判に付すべき犯罪の嫌疑は十分とされた（「司訓所—昭和一一－一九年予審終結決定綴」）。高雄地方法院の予審終結決定（日付不明）でも一〇人がやはり第一条第一項後段に該当するとされ、公判に付す決定がなされた。

台中地方法院の判決は三七年二月一五日に、高雄地方法院の判決は三六年一〇月二一日に言渡されているが、いずれも判決文は残されていない。『台湾社会運動史』によって量刑がわかる。高雄の公判では求刑通り懲役四年から二年であったのに対して、台中地方法院では懲役一二年から二年と全般的に重い。しかも、蔡淑悔の求刑が懲役八年だったのに対して、判決が懲役一二年ときわめて重くなっていることが注目される（他に求刑より五人の量刑が重くなっている）。

予審終結決定によって記事が解禁されると、三六年一〇月一九日の『大阪時事新報』は「台湾総督政治に弓支那復帰の陰謀　〝宗教〟の仮面で本国から資金　蔡一味四百余名の暴力革命全貌」という見出しで報じた。一〇月二〇日の『台湾日日新報』は社説「衆友会の匪徒陰謀事件　台湾には尚この黒点が残る」を掲載する。そこでも事件の本質を「無智文盲の徒の盲動であること」と「匪徒叛乱事件」の系譜でとらえたうえで、次の

ように論じた。

> 衆友会事件に依て検挙された者を見るに、高等教育を受けたものは首魁の一人蔡淑悔のみで他の大部分は初等教育さえ受けた者なく、其の職業も無職、日稼、或は苦力、行商人等で如何に無学者に煽動の焔が燃え易いかを如実に示している……吾等は本島から一日も早く文教その他の力に依て、「台湾の黒点」たる是等の暗鬱にして危険なる部分の一掃を期すると共に、此の危険なる黒点は今尚《な》お厳存しを《ママ》活《かつ》事実を夢寐の間にも忘るる無きを要望いたさねばならぬ

先の「蔡淑悔等治安維持法違反秘密結社衆友会事件の概要」は治安当局者の見解を載せている。伴野喜四郎高等法院検察官長の談話は「台湾の独立などを考えるのは今日の日本の実力を知らない結果で、その無智蒙昧真に驚くべきものであり、全く夢の様な話であるが、実は此無智蒙昧が恐ろしいので、従来屢々勃発したる土匪の歴史を調べてみても皆この無智蒙昧の徒が煽動されて夢の様なことを考えて大事を決行しているのだから油断はならぬ」と為政者の傲慢さに満ちている。また、下秀雄思想検察官（高等法院検察官）は「殆んどが迷夢より醒めて居るのが何よりである。斯る不逞計画は重大なる誤謬であり、到底実現不可能な事でもある。検察当局としても此種犯罪は仮借なく検挙し処断する」と述べる。台湾の植民地統治をあやうくしかねない民族独立の動きを「不逞計画」と断じるように、強圧的な取締姿勢は際立っている。

台湾第二中学校「列星会」事件

そうした強圧的な取締姿勢は、台北の台湾第二中学校在籍の台湾人生徒に対する治安維持法違反事件にもあらわれる。一九三六年一〇月、生徒一八人が検挙された。検察局への送致は三七年二月一六日で、四人が起訴（予審請求）された。

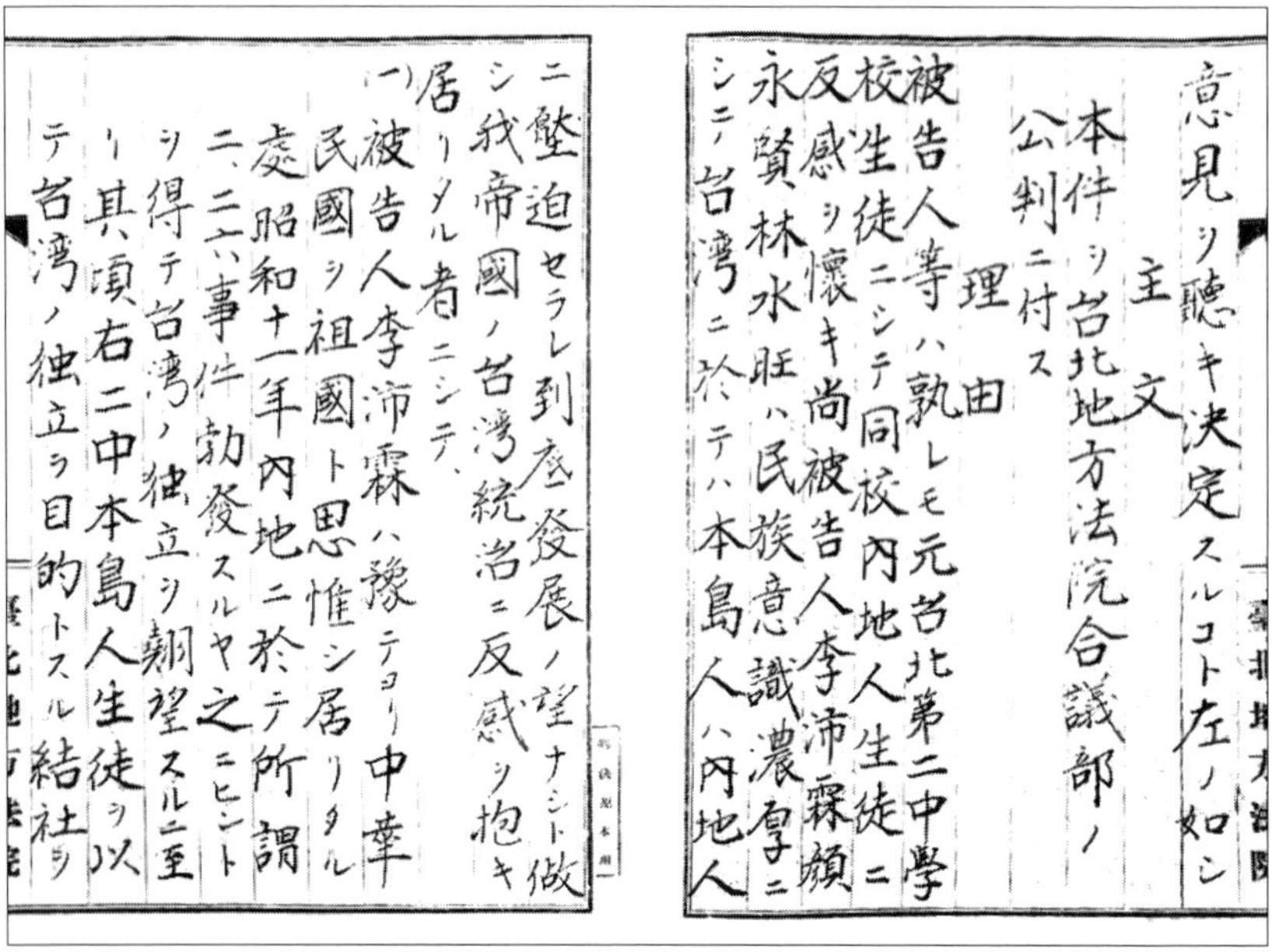
意見ヲ聴キ決定スルコト左ノ如シ
主文
本件ヲ台北地方法院合議部ノ
公判ニ付ス
理由
被告人等ハ孰レモ元台北第二中学
校生徒ニシテ同校内地人生徒ニ
反感ヲ懐キ尚被告人李沛霖顔
永賢林水旺ハ民族意識濃厚ニ
シテ台湾ニ於テハ本島人ハ内地人
ニ壓迫セラレ到底發展ノ望ナシト做
シ我帝國ノ台湾統治ニ反感ヲ抱キ
居リタル者ニシテ、
(一)被告人李沛霖ハ豫テヨリ中華
民國ヲ祖國ト思惟シ居リタル
處昭和十一年内地ニ於テ所謂
二、二六事件勃發スルヤ之ニヒントヲ
得テ台湾ノ独立ヲ翹望スルニ至
リ其ノ頃右二中本島人生徒ヲ以
テ台湾ノ独立ヲ目的トスル結社ヲ

台湾二中「列星会」事件予審終結決定

「台北地院―予審終結決定昭和一二‐一三年」

三八年二月一九日、台北地方法院でなされた予審終結決定（予審判官小山内績）が「日治法院档案」資料庫中に収録されている（「台北地院―予審終結決定昭和一二―一三年」）。李沛霖・林水旺・顔永賢ら台北二中の生徒四人は「同校内地人生徒に反感を懐き……民族意識濃厚にして台湾に於ては本島人は内地人に圧迫せられ、到底発展の望なしと做し、我帝国の台湾統治に反感を抱き居りたる者」とされた。三六年四月二五日、李は二・二六事件に「ヒントを得て台湾の独立を翹望《ぎょうぼう》するに至り」、同校生徒一二人を集めた「内地生徒に対抗する会」の発会式において次のように述べたという。

先づ二中内地人生徒の横暴を述べ、次に目を学窓の外に転ずるに我々の祖先は其の生地を守ること能わずして他民族に奪取せられ、我々は其の圧迫と搾取の下にある、嘗ては我々の先輩にして警察の弾圧に屈することなく勇敢に戦い続けた者もあるが、現在の若者は熱が無さ過《すぎ》る、我々は他民族の統治より脱し我々の生地を我々の手に依て治めて行く様にせねばならぬ、又我々は現在に於ては貧弱なる一学生に過ぎぬが、軈《やが》ては本島の中堅層となって活躍せねばならない知識階級であるから永久に手を執り合って本島人の為に努力して行き度いと思う

予審終結決定ではこうした言動が治安維持法第二条（協議）・第三条（煽動）に該当するとされ、四人は公判に付されることになった。

判決は四月三〇日、台北地方法院で言渡された。裁判長は宮原増次、検察官は池田貞二である。李沛霖が懲役三年六月（傷害罪が加わる）、林水旺・顔永賢・楊友川が懲役三年となった。予審終結決定では治安維持法第二条と第三条に該当するとされたが、この判決では第一条第一項（結社の組織）に該当するとされた。量刑については被告らの犯罪に「情状憫諒《びんりょう》す可きものある」として、やや軽減された。「転向」の表明があったと推測される。

それでも朝鮮におけるほぼ同時期の日本人生徒との対抗を契機の一つとする同様な常緑会事件の場合、「組織」にかかわった元生徒一〇人の量刑は懲役三年だったことと比較すると、やや重い（シリーズⅣ『朝鮮の治安維持法』参照）。朝鮮においては類似の事件が他にもあったが、台湾においてはこの時点ではおそらく唯一の事件であったことも要因の一つであろう。

判決は「理由」冒頭で「被告人等四名は何れも予《かね》て民族意識に燃え、昭和七年若《もし》くは八年台北第二中学校入学後頻発せる同校内台人生徒間の不和軋轢等より内地人に対し、延《ひい》ては我帝国の台湾統治に対し痛く反感を抱き居たるもの」とする。三六年四月の発会式では「（イ）会の目的は台湾を日本帝国の統治下より離脱し、本島人の手に依り治むること」「（ニ）当面の方針として内地人を排撃し、且闘志武力を訓練する為、主として内

地人と喧嘩を為すこと」などを協議決定し、「革命手段に依り台湾を我帝国の統治下より離脱独立せしめ、以て台湾に於ける日本帝国の統治権を排除し、我国体を変革することを目的とする秘密結社」を「列星会」と名付けたとされる。実際にこの方針により、李沛霖は台北国民中学校生徒を殴打したという。この殴打事件が一斉検挙の端緒となった。

林水旺も「中華民国を祖国と思慕するに至り、台湾を同国に併合復帰せしめんことを翹望し、其の頃中華民国援助の下に台湾を日本帝国の統治下より脱し、中華民国に併合せしむることを目的とする結社を組織せんことを決意し」、別個に「中国急進青年党」の結成をめざし、李沛霖らと準備工作を進めていたが（「組織草案」の作成や「各部署担当責任者等」の予定）、検挙によって未遂に終わった（「台北地院—刑事判決原本昭和一三年第四冊四月」）。

四 治安維持法以外の法令活用

台湾出版規則違反の頻発

Ⅱでみたように、一九二〇年代を通じて体制内反対運動に対する抑圧取締の方策として治安警察法のほか、暴力行為等処罰に関する罰則や騒擾罪・公務執行妨害罪、台湾違警例、台湾出版規則、さらに台湾森林令までもが活用され、治安維持法の運用を補完していた。

前掲の**表5**にあるように、一九三〇年代前半に限るがそれらの治安諸法令の運用は影を潜め、ここまで述べてきたように治安維持法がその威力を存分に発揮した。そのなかで三〇年代前半にあっても台湾出版規則違反がかなりの頻度で発動されていることがわかる。また、表にはあらわれていないが、刑法の不敬罪の適用が目立つ。

台湾出版規則は台湾農民組合の中心人物を一挙に獄につなぐために発動されたこともあった。二〇年代の運用と同様に、三〇年代においても労働争議や小作争議をからめ手からつぶしていく重宝な武器として活用されていく。

三一年六月六日、台北地方法院（裁判長二反田真一、検察官松村勝俊）は雑誌記者で台湾文化協会中央委員だった周合源に罰金四〇円を、他の三人に罰金二〇円を科した。台湾オフセット印刷会社争議に際し、三一年二月、「檄文」と題する「該争議発生の原因を叙述し、進《すすん》で出版工人は該争議の応援をすると共に台湾出版工会に参加し、自己工場の資本家に対し闘争すべき旨論及したる文書」を届出納本せずに印刷・頒布したことが台湾出版規則第一四条（届出・納本義務の罰則）に該当するとされ、罰金が科された（「台北地院単独部―刑事判決原本昭和六年第九冊九月」）。

また、三二年二月二七日、台北地方法院単独部（判官丸尾美義）は略式命令で陳連鉗に罰金五〇円、李法瑞に罰金三〇円を科した。陳は台湾印刷会社の職工で台湾印刷従業員組合に加入し、三一年六月のストライキで争議団長を務めていた。「該争議を職工側の為め有利に展開せしむる目的を以て、内地及台湾に於ける各友誼団体に争議の情勢を報告し、併《あわせ》て後援を求むる旨の文書を出版せんこと」を企てて、「親愛なる工友同志諸君よ！」と題する文書を届出納本せずに印刷・頒布したことが出版規則第二条（届出納本義務）・第一四条違反と

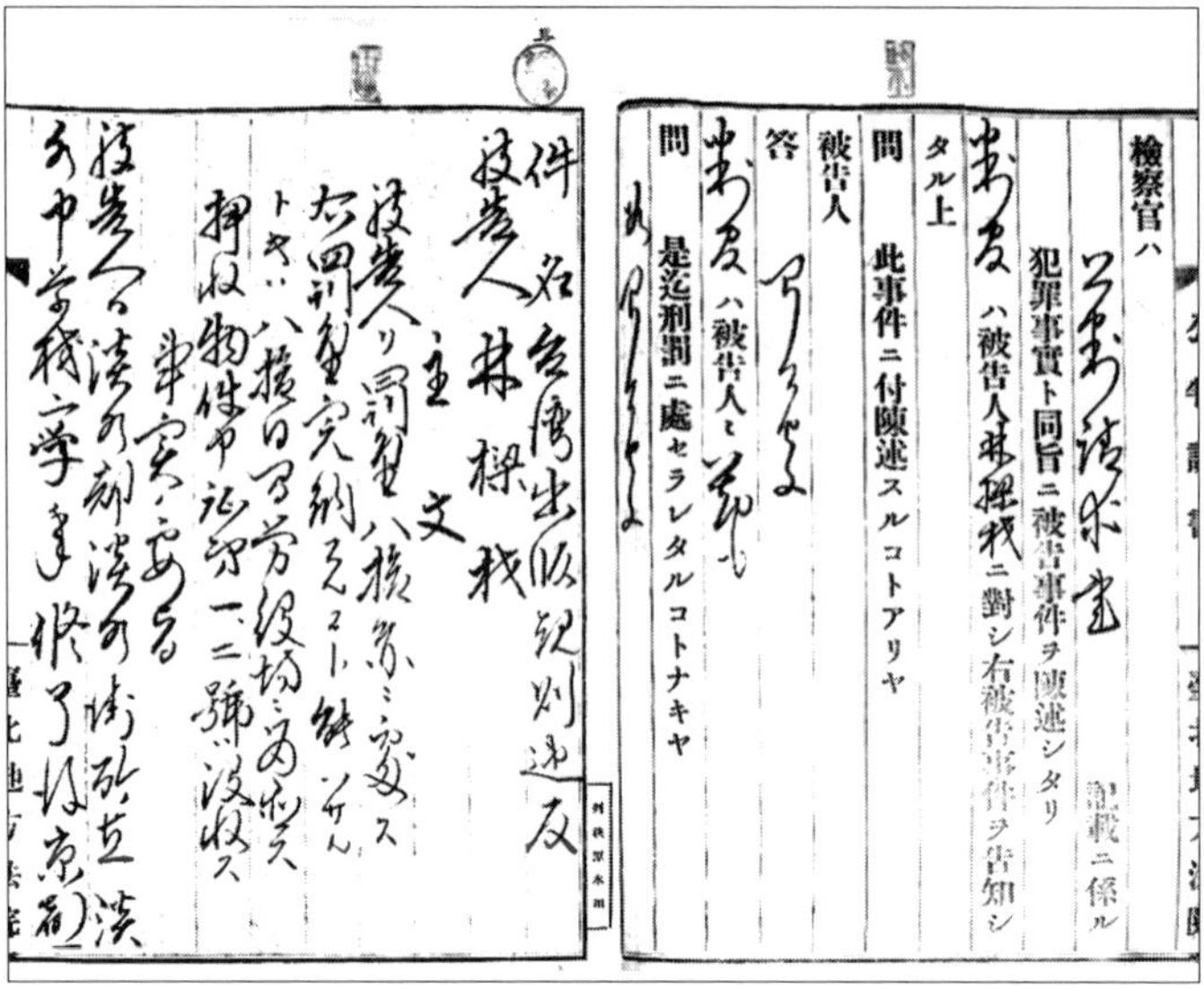
検察官ハ
犯罪事實ト同旨ニ被告事件ヲ陳述シタリ
ハ被告人林樑材ニ對シ右被告事件ヲ告知シタル上
問　此事件ニ付陳述スルコトアリヤ
被告人
答
ハ被告人ニ
問　是迄刑罰ニ處セラレタルコトナキヤ

件名　台湾出版規則違反
被告人　林樑材
主文

林樑材に対する台湾出版規則違反事件判決
「台北地院—刑事判決原本昭和六年第三冊三月」

された。

　これを不服として正式裁判を請求すると、三月三〇日、台北地方法院合議部（裁判官丸尾美義、検察官内田松太）は陳連鉗に罰金三〇円、李法瑞に罰金二〇円を科した。略式命令よりやや軽くなった。判決文には「職工間に給料改善問題等のことより同盟罷業勃発するや、被告人陳連鉗は選ばれて争議団長となり、闘争の統制、救援等の事務に従事中、相被告人李法瑞と共謀し、友誼団体に後援等を求むる趣旨の文書を出版せんことを企て」とある（「台北地院—刑事判決原本昭和七年第三冊三月」）。スト支援を求める文書を台湾出版規則違反として処断することは、すでに二〇年代からおこなわれていた。

　争議関係以外の文書も出版規則違反に問われた。三一年三月二〇日、台北地方法院単独部（判官豊川善貴、検察官柳沢七五三治）は三回の審理を経て、同志社在学中の林樑材に罰金八〇円を科した。三一年一月、関西台湾留学生自由獲得同盟名義で「日本帝国主義を倒せ！　日鮮台プロレタリヤ革命的提ケイ《ママ》万歳！　植民地革命万歳！　被圧迫民族虐殺反対！　等のスローガンを掲げ……台湾は千八百九十五年の日清戦争の結果、日本帝国主義が支那から掠奪した土地なのだ、台湾は日本ブルジョアジーにとっては南支に対し益々攻撃せんが為の支店として、又搾取の源泉として必要なのだ」などの「安寧秩序を妨害すべき文章」を届出納本せずに印刷・頒布したことが台湾出版規則第一四条・第一八条（安寧秩序の妨害）に該当するとされた（「台北地院―刑事判決原本昭和六年第三冊三月」）。

三一年四月二二日の『台湾日日新報』は「三名は退校処分　一名は諭旨退学　台北高校の不穏ビラ事件　近く起訴されん」と報じる。三月四日の入試の際、校内各所に不穏ビラを貼付したとして、同校二年の下山末秀ら四人が検挙され、台北地方法院検察局の思想検察官松村勝俊の取調を受け、出版規則違反で起訴の見込みという。「可成り過激な左傾思想を懐き、常に台湾文化協会の左傾分子とマルキシズムの研究をなす傍《かたわ》ら、進んで共産主義的な実行運動を策謀し実行していた」という容疑である。その後の司法処分の経過は不明である。

二〇年代には発動をみなかった台湾新聞紙令も活用されている。三一年二月二八日、台北地方法院単独部（裁判長豊川善貴、検察官松村勝俊）は書店員廖九芎に罰金一〇〇円を科した。発売頒布禁止命令が出ていることを知りながら三〇年一〇月号の『戦旗』二四冊を発送・頒布したことが、台湾新聞紙令第二九条（禁止命令のあった新聞紙を頒布することの罰則）違反とされた。被告廖九芎は控訴するが、五月二六日の台北地方法院合議部判決は罰金一〇〇円と変わらなかった。さらに上告したが、八月四日、高等法院上告部は上告棄却の決定をした（「台北地院―判決原本昭和六年第五冊五月」）。

写真技術習得のため写真館に勤務していた松本重太郎は、二八年七月ころから「所謂プロ文学を愛読する傍」、『資本主義のカラクリ』や『戦旗』などを耽読し、「現代社会組織に在りては無産者の地位惨《みじ》めなるを感じ、無産階級の向上に専念し、漸時《ママ》共産的思想を抱懐する」に至っていたが、三二年一月、台湾無産青年同盟の結成を企図し、そのために「全台湾無産青年に告ぐ」「階級意識に目覚めつつある婦人へ」などの文書を印刷・頒布したことが台湾出版規則第一六条違反とされて、三月七日、台北地方法院単独部（判官丸尾美義、検察官松村勝俊）から罰金一〇〇円を科せられた。と同時に、この判決で松本は不敬罪にも問われており、懲役二年六月を言渡された（「台北地院―刑事判決原本昭和七年第三冊三月」）。この不敬罪については、次項で述べる。

「不敬罪に関する調査」

朝鮮総督府高等法院検事局思想部『思想彙報』第二二号（一九四〇年三月）に、台湾高等法院検察局『思想部報』（未見）から「台湾に於ける不敬罪に関する調査」（四〇年二月末）が転載されている。一九三三年から三九年にかけて高等法院検察局が受理した五七件八九人をさまざまな角度から分析している。こうした調査がおこなわれること自体、不敬犯罪とみなされるものの増加をうかがわせる。もっとも、この八年間のうち増加が顕著なのは三七年以降である。

五七件八九人の受理のうち起訴は二五件二九人と多く、起訴猶予は一一件一六人と少ない。「処分率に於て起訴率が他の事件に比し、断然高率」となっていることについて「罪質上当然のこと」とする。検察局別でみると、台北についで新竹と台中が多い。受理数が三四年度に「著しく多い」のは「皇太子生誕に関する行事に不敬言動」が多くみられたからである。三七年の日中戦争後に「著しい増加」となるのは「事変に依る影響と治安確保のための検挙の徹底を意味する」。未成年者の検挙・起訴も三七年以降の「注視すべき現象」とする。それに連動して、職業別では「学生児童」がもっとも多い。

量刑別では懲役五年が二人、四年が二人、三年と二年が各六人、一年六月が四人などとなっている。併合罪となっている場合があるが、「罪質上」から重い傾向がみてとれる。朝鮮における同様な不敬罪の調査結果で一年未満の刑が五割以上となっていることと比較し、「本島に於ては特別な事情のある案件を除き、一年未満の短期刑に処せられたものは一名に過ぎない」とし、それを「妥当である」と評価する。その一方で、「事件の増加につれて刑が軽くなって来ている様に思える点は再考を要する」と、厳罰化を求めている。起訴猶予の判決がないこと、求刑と判決がほぼ一致していること、八割強が一審で刑が確定していることにも言及している。また、九割弱が検察局から直接公判請求されており、不敬罪の場合は予審を経ずに早急な厳罰をおこなうことになっていた。

思想背景としては「概して左翼、或は民族思想の顕著なる背景を有するものは殆んどなかった様である」とする。宗教的背景に起因するものについては、三九年以降「所謂類似宗教犯に対する取締方面に目を向ける様になったので、特に検挙数が多くなった」とする。

不敬の手段方法では口頭がもっとも多く、投書がつづく。「御尊影棄損に依るものの大部分は新聞雑誌の御尊影を破棄等したるもので、その取扱には考慮を払う余地があろう」とする。動機別では「左翼、民族思想又は反官思想の現れ」が多く、「警察の取締の厳重なるに反感を持ち、警察を困らす為に出でたるもの」も目立つ。事件内容別の分類では「御尊影損傷」について多い「尊敬に値せぬと為すもの」について、「謂わば民族性の現れであろうが、皇民化の強化されつつある今日、然も昭和十一年頃から増加して来たことは皮肉な現象とも謂うべく、皇民化運動に関連して注意すべき事項であろう」と述べている。

不敬罪の発動

ここからは「日治法院档案」資料庫中から不敬罪に問われた事例をみていこう。

一九三一年五月一三日、台北地方法院単独部（判官二反田真一、検察官松村勝俊）は呉徳圳に不敬罪で懲役一年六月を科した。「農民組合の本旨実現の希望」をもちながらも平素は「昭和天皇」と尊称を用いていた呉であったが、三〇年旧一〇月、自宅で友人と農民運動について対話中、かつて農民組合中壢支部が解散させられたのは天皇の命令により「官庁が弾圧する結果」だと憤慨し、「壁間に貼付し有りたる石版刷世界各国帝王及大統領の肖像中に於ける我　今上陛下の尊影を指頭を以て磨擦して剝離しつつ、昭和の臭狗なりと悪罵し」たという。これが天皇の尊厳を冒瀆したとみなされた。証拠とされたのは警察官による呉の「訊問調書」だった。

この判決に呉の父親が控訴する。六月二七日の台北地方法院合議部（裁判長鰍沢栄三郎、検察官松村勝俊）の判決は変わらず、懲役一年六月だった（以上、「台北地院―刑事判決原本昭和六年第六冊六月」）。

三二年三月七日、台北地方法院から台湾出版規則違反で罰金一〇〇円を科された前述の松本重太郎は、合わせて不敬罪により懲役二年六月を言渡されていた。松本の不敬の事実とされるのは、三二年一月、台北市の写真館における対話中の次のような発言である。

天皇とか皇族とか云うて居るが、裸にして見れば同じ人間だ、皇位は万世一系だと云って居るが、二系だ天皇は形式的存在で、無産者に採《ママ》りては有っても無くてもよい、吾々は此の様に働いて苦しむのに、天皇皇族は豪華な邸宅に住み、遊び暮して居る……現在の歴史には科学的根拠が無いから天の岩戸の話や神武天皇の弓の先の金鵄《きんし》の話は御伽話の様で信じられない

これらは「畏《かしこ》くも天皇陛下並皇族の尊貴に対し奉り、孰れも不敬の行為」とされた（「台北地院―刑事判決原本昭和七年第三冊三月」）。

三三年三月二〇日、台北地方法院（裁判長渡辺里樹、検察官中村音登夫）は陳承家に懲役五年、林江俊・黄阿琵に懲役四年、他の三人に懲役一年六月から八月の刑を言渡した。台湾工友協助会の幹部で「民族的反感を懐き、又共産主義に共鳴し」ていた陳・林・黄の三人は台北市が三二年二月一一日に建国祭を開くことに反対しようと、新聞に掲載された天皇・皇后の写真を切り取り、それに「日本天皇滅亡」「日本鬼」などを書き込み、顔

や胸部に「×」印をつけ、首に鋏で剪傷《せんしょう》を加えるなどしたものを台北市役所に郵送したとされた。これが不敬罪に問われるほか、他に強盗予備や未遂なども併合されて、懲役五年や四年という重い刑となった（「台北地院――刑事判決原本昭和八年第六冊六月」）。

店員の曾錦栄は三七年九月二〇日、台北地方法院単独部（判官岡長二郎）から懲役三年の刑を言渡された。八月八日、店員仲間で市場の共同便所の壁に書かれていた「不穏落書」について話しているなかで、「昭和天皇がなくなって日本が支那に負ける、そうすれば台湾は元の支那に返る」という「妄断放言」したことが「天皇の神聖を冒瀆し」、不敬行為にあたるとされた。日本が負けるという「日支事変に際し軍事に関して造言飛語」をなしたことが陸軍刑法違反として加わった（「台北地院――刑事判決原本昭和一二年第九冊九月」）。

行政執行法の活用

台湾の治安維持法の運用がもっとも活発だった一九三〇年代前半に限ることではないが、社会運動全般の抑圧取締に簡便かつ重宝な行政処分の武器として広く用いられたのが行政執行法である。日本国内では行政執行法は一九〇〇年に公布施行されていたが、台湾においては一九一四年一二月に「行政執行に関する律令」が施行されていた。二二年一二月から従来の律令を整理し、内地法に合わせるとして行政執行法が施行されるようになった。

前述のように台湾議会期成同盟関連で政談演説会を開こうとすると、警察当局は行政執行法第五条による「戒告」を発し、中止させることもあった（『台湾社会運動史』）。ストライキやデモの鎮圧にも大きな効果を発揮した。同法による「仮領置」では、実際には「労働争議のデモ行列等の参加者にして兇器を持するもの等の如く、其の身体は拘束せず物件のみを仮領置する事も尠くない」とされた（新竹州警察文庫発行『警友』一九三三年一一月)。

三四年の治安維持法「改正」案に際して、検察の権限拡大を認める代わりに行政執行法の濫用防止のために改正を求める声が高まった。この点について拓務省管理局から意見を求められると、石垣倉治警務局長は三月一四日付の「行政執行法改正方に関する件」で「警察執行上影響する所尠からず、殊に本島の如く多数の特殊民族を有する地に在りては現行法を其の儘《まま》存置するの必要、特に緊切なる」と応答した。

二つの理由をあげている。まず、行政警察法による反覆的検束が公安保持のうえで不可欠とする。それは「元来公安を害する虞ありて検束せる場合、其の検束事由が翌日の日没迄に消滅することは極めて稀にして、多くは同一状態を相当期間継続するを常とするが故に、事実上反覆的に検束を行わざれば公安保持の目的を達し得ざる」からである。しかも台湾民衆の多くは「言語風俗習慣を異に」するだけでなく、「極めて執拗なる民族性を有する特殊民族」ゆえ、「常時に於ける行政警察上の視察取締の困難なることは実に想像に余りある」とする。もし行政執行法が改正されることになれば、警衛などの万全を期しえないと迫る。

もう一つは、改正となれば今後の思想犯罪捜査は不可能になるとする。行政警察上の公安保持のための検束を司法捜査に用いることは「妥当ならざる」としつつ、そうしなければ「捜査の遂行は期し難き実情」として、次のように記している。

本島に於ては一般刑事々件に於ても特に「刑事に関する特例」を設け、司法警察官に検察官と等しく勾引状の発付権を付与し、且つ七日間の留置期間を認め、相当広般なる強制捜査の権限を規定し居るを以て、思想犯罪の捜査に際しても本特例と行政執行法とを併用して捜査の完璧を期し来れる所以なり……本改正案施行の暁には右刑事に関する特例は治安維持法に関し適用し得ざるやの疑義あり、随って右適用なしとせば思想犯罪検挙に関しては司法警察官には何等捜査上必要なる拘束の権限なきこととなり、重大なる支障を招来するの虞ある「刑事に関する特例」は「勅令第四〇七号台湾に施行する法律に関する件」として二二年一二月から施行されていたもので、第二八条には「司法警察官も亦《また》勾引状を発」する権限が、第二九条で司法警察官が「留置の必要ありと思料するときは遅くとも七日内に」送致の手続きをとることが規定された。おそらく「七日間の留置期間」も反覆されて運用されただろう。三四年二月時点で、治安維持法検挙者の勾留日数は「言語、民族性の問題より比較的長期を要し、最長期三七七日、最短期六〇日、普通約五ヶ月（警察及検察局に於ける勾留日数を合算計上）」となっている（実際には検察局での勾留は比較的短い。以上、「治安維持法改正問題一件／拓務省関係資料」、外交史料館所蔵）。

五……抑圧取締機構の拡充

高等警察の拡充

一九三三年九月、『台湾警察時報』第二一四号は台湾警察協会主事今田卓爾の「送迎の辞」――「前警務局長友部泉蔵閣下を関東庁へ送り、新に長野県知事より石垣倉治閣下を迎うる。友部前局長の御在任は僅々一年有半に過ぎざりしが、然も其の間、保安関係に於ては台湾共産党の検挙、警務官制度の新設、或は特高警察機関の拡充等、思想警察網の強化完成を計り」――を掲げる。友部は二八年の三・一五事件時の内務省警保局保安課長だったが、和歌山県知事を経て三二年一月に警務局長となり、三三年八月に関東庁警務局長に転じた。

友部が警務局長に就任したときにはすでに台湾共産党事件は検察局に送致されていたが、記事解禁・発表時の友部の談話には「警察としては将来共に其の剿滅《そうめつ》を期して居る次第であるが、ロシアの東洋赤化政策の止《や》まざる限り、今後も其の使嗾《しそう》は繰返すものと見なければならぬ」とあった（『台湾警察時報』第二一四号）。とくに台湾共産党事件を契機とする新たな対策として「警務官制度の新設、或は特高警察機関の拡充等、思想警察網の強化完成」が実現していった。

まず、三二年八月一六日、高等警察の拡充をみる。これは日本国内および朝鮮での拡充と連動している。台湾総督府部内臨時職員設置制中改正によるもので、警務局保安課の属三人の増員、島内地方警察機関の充実として警部三人と警部補五人の増員の二つからなる。前者の増員の理由は次のように説明される。

本島に於ける最近の社会運動は資産階級分子を中堅とする民族運動並に無産階級及急進的青年を構成分子とする共産主義運動最も顕著にして、何れも革命的手段に依り台湾の独立乃至《ないし》祖国復帰を図り、又は共産主義社会の実現を期するものにして、中台人共同戦線下に対岸上海、厦門《アモイ》を策源地として執拗なる潜行運動を続けつつあり……各種運動は逐日激化の傾向にあり……聊《いささ》かたりとも警戒に間隙あらんか忽《たちま》ち其の虚に乗ぜられ意外の事態を醸すに到るやも計り難く、特に最近の日支時局並に上海不逞鮮人の活動は対岸在留籍民は固《もと》より本島在住者にも異常なる衝動を与え、既に兇暴なる暴力革命戦術に訴えんと企図せるものあり

すでに保安課特別高等係に属を一人配置し、東京に二人と上海に一人の属を駐在させていたが、台湾と関わりの深い対岸の厦門と福州には警部補を総督府属として兼務させている状態だった。このため保安課に新たに

属を一人配置するとともに、厦門と福州に専任の属を一人ずつ配置することとした。保安課への増員が必要な理由として、「昭和六年中検挙せる主要思想犯のみにても四件、関係者二百名を算し、目下捜査中の犯罪を合すれば驚くべき数に達すべく」とする。台湾共産党事件・上海反帝同盟事件などの「主要思想犯」一覧表を掲げる。

厦門と福州への専任属の配置に関連して、三二年六月現在の「対岸に於ける本島人要視察人等調」を作成している。上海、広東、厦門・漳州、福州その他に分け、要視察人は七〇人、要注意人学生は九〇人を数え、合計では三一三人におよぶ。

島内地方警察機関の充実では新たに台北南・北署と基隆署に警部各一人を、新竹・台中・台南・嘉義・高尾署に警部補各一人を増員する。すでに基隆署に配置済の警部補は水上派出所の駐在とした。「現在各警察署に於ける特高係は経常部職員の警部補一人配置せるに過ぎずして遺憾の点尠からざるを以て、各警察署に最少二人の警部又は警部補を配置し、之を中心として視察取締を行わしむるの要あり」とされた。これらの増員は国庫支弁であるため、別に地方費支弁による巡査が二〇人増員され、各署に配置された。この拡充が実現すると、地方庁の高等警察の人員規模は警視五人、警部八人、警部補一〇人、巡査四三人、合計で六六人となった（以上、「公文類聚」第五六編・一九三二年・第一二巻、国立公文書館所蔵）。

三三年六月二〇日には高等警察の拡充第二弾として、警務官が設置された（台湾総督府部内臨時職員設置制中改正）。警務官はすでに日本国内・朝鮮において設置・運用されていたが、各州・庁の高等警察をまたがって連絡統制を迅速におこなうための措置である。警務官は自ら捜査・検挙する権限を有していた。

増員の説明には「此種運動が最も広汎なる組織の下に巧妙果敢なる戦術を以て為さるるに鑑み、之に対する取締捜査上の統制連絡に関しては特に留意せざるべからず」とあり、台湾共産党事件においても「主要人物の活動範囲が全島に及び、捜査上其の身柄に付、各州又は庁に於て諸種の不便を生じ、警務局の指示を要したるが如き」状況だったことを教訓とした。その役割は「島内に於ける査察内偵の結果を総合知悉し、且対岸内地に於ける情報機関を有する総督府警務局と検察機関との間、相互密接なる連繋を保ち相寄り相助けて査察内偵と捜査取締との協調統制を図」るとされた。また、「高等警察に関する事務の外、内地及対岸との特殊的重要性あるに鑑み」として、外事警察も担当する。警務官一人と警務官補二人を配置し、これらには事務官と属が充てられた（以上、「公文類聚」第五七編・一九三三年・第九巻）。

八月一日、この警務官に大分県特高課長から警務局の事務官に転じたばかりの加藤祐三郎が任命された。警務官補には台北州警部で警務局の属を兼務していた江崎克己と小林松三郎が任命される。三四年四月に青森県特高課長に転出した加藤の後任の警務官には秋田県特高課長の山本暲が就く（山本は三八年四月に山口県特高課長に転出）。加藤、そして山本という現職の特高課長を警務官に据えたことは、総督府警務局の高等警察重視のあらわれであり、中央の内務省警保局の理解と協力があったといえる。

山本暲
『台湾人士鑑』1937

『台湾警察時報』第二一五号と第二一六号（一九三三年一〇月、一一月）で保安課の江花静が「警務官制度に就いて」と題して、「台湾総督府に於て警務官制度を必要とせる台湾の事情」を説明する。一つは台湾共産党の一斉検挙により「組織は殆んど破壊」されながらも、「各種の情勢から考えて今後更に台湾に共産党が結成されないと断言出来ない。台湾に於ては其の特殊性だけから考えても、今後一層警戒取締を厳重にする必要がある」こと、もう一つは「台湾の警察官憲は行政の中枢をなし、従って日常の勤務が非常に複雑多岐に亙るのと、過去に於て思想事件を取扱った例が尠いのとで、一般に思想運動の取締に関し充分なる研究修練を遂げる機会が恵まれなかった」ため「取締の基礎知識を獲《え》る不便が尠くない」として、警務官制度によってそれを補うとする。

日本国内において、そして朝鮮においてもこの警務官制度は期待されたとおりの機能を発揮するには至らなかったが、おそらく台湾でも同様であったろう。青森県特高課長へ「栄転の加藤祐三郎氏談」として、三四年四月一八日の『台湾日日新報』は「台湾の共産運動は到底なくならない　理論的でないだけに恐ろしい」という談話を載せる。加藤は「理論的に水準の低い事は大衆性を持ち、実行力、根強さ、鋭さがある訳で、台湾に於ける共産主義は民族的偏見と生活苦からにじみ出る真実感から生れるもので、理論に走り過ぎている内地よりも遥かに恐ろしいものがある」と観測する。そして、「殊に彼等が民族的に血のつながりのある対岸に影響されるからあらゆる点で、南支と台湾の融和を計らねば台湾の思想対策は完全とはなり得ない訳だ」と提言する。

三五年七月一七日、台湾総督府官制・台湾総督府地方官制の各改正により、高等警察（政治警察）の拡充がなされる。地方選挙制度創設にともなう高等警察拡充で、「本島人」は「未だ民度低く公民的訓練充分ならず」として、政治運動団体に対する視察取締や調査研究、要視察人の動静を把握するために警務局保安課に属一人、各州に警部一〇人、巡査四四人の増員を図った。

この拡充の説明資料として「本島政治運動概況」が添付されている。「自治制施行に伴う政治運動の帰趨」では「民族主義的のもの」「右翼的のもの」について「共産主義者の介入」をあげて、「本島に於ては特に共産主義運動が民族的革命の段階を第一次目標として行わるるが故に、民族主義者との結合容易にして、各種政治関係団体及思想団体を領導し、合法性に隠れ民族革命への誘導を試むべきことは瞭《あきら》かにして、本島選挙運動の複雑性を一層加重せしむるものなり」としている。拡充の主眼は政治警察への監視にあったが、そこにも特高警察的警戒がおよんでいた。

この機会に合わせて基隆の水上派出所を水上警察署に格上げし、警視一人、通訳一人、警部補二人、巡査九人を増員した。日本国内や対岸の中国との主要港である基隆において「危険過激なる外来思想の侵入及其の島外との連絡防止に付、特に注意警戒を要す」という外事警察上の強化である（以上、「公文類聚」第五九編・一九三五年・第一三巻）。

こうした高等警察の拡充にともない、「教養訓練」として各州では毎年一回の特高講習（一週間程度）を実施するほか、三四年一月から各州特高警察専従者幹部を召集して特高講習をおこなった。また、三二年からは「内地との連絡統制の為」、「内地特高課長会議」に係員が出席している（「治安維持法改正問題一件／拓務省関係資料」）。

なお、台湾の治安体制の一画を台湾憲兵隊が占めている。その具体的な活動状況については、わずかに台湾軍参謀部名で出された『台湾島内情報』（「密大日記」一九三八年、第一六冊、防衛省防衛研究所図書室所蔵）によってうかがうにとどまる。一九三七年の主に上半期のみが残存しているが、「第一　政治、思想運動」「第二　労働農民運動」「第三　外事団体及外国人の行動」などという詳細な内容となっている。これらの『台湾島内情報』による限り、憲兵隊が治安維持法の発動などの具体的な検挙・取調をおこなった形跡はみられず、情報収集と警戒に活動範囲を限定していたようである。

思想検察官の拡充

一九二九年の思想事件の検挙者は二人、三〇年は皆無だったのに対して、三一年になると台湾共産党の一斉検挙を境に一挙に一五八人、三二年には三一〇人に激増する（前出**表4**）。こうした事態に高等警察の捜査や取調にかかわる検察局は翻弄され、それらの司法処分にも渋滞を来したと思われる。

この状況に『台湾日日新報』は思想検察官の拡充を熱心に主張する。三二年五月一〇日の社説「本島司法官の優遇と拡充　思想検察官の配置も必要」では「輓近《ばんきん》には本島各地に思想事件簇出《ぞくしゅつ》し、之に就いて検察官が殆んど昼夜の別なく活動を続けつつあるにも拘わらず、所期の成果を挙ぐるのに多大の困難を感じて居る」として、「現在一人の思想検察官の専任を置いて無いという事は、司法上の大なる欠陥と言わなければならない」と論じた。厳密にいえば二八年には専任の思想検察官二人を台北地方法院検察局に配置していたが（高等法院検察局には専任者はいない）、実際には思想検察としての機能を果たすに至っていないことが、この思想検察官の配置がゼロという観測を生んだ。

先の社説は「対岸に於いて共匪猖獗《しょうけつ》となり、厦門の如き累卵の危うさに居る昨今に於て、而《しか》も対岸の政情其の他が最も敏感に影響を与えらるる本島に於て、いつ如何なる事件の勃発せずと限らず、現に既に吾人の直面せる事態に鑑みても此の際専任の思想検察官を各地に配置し、其の研究及び将来の対策につき万全を期することが最大急務である」と提言した。

ついで、八月一七日の社説ではズバリ「思想検察機関を充実せよ」と論じた。ここでは二九年に高等法院検察局に「思想部」が設けられたものの、「これとて単に此の種機関の礎石を据えたというに止まり、予算関係より此の機関の内容を充実して充分に活動し得る如き施設に至って未だ何等為されていない」と実態を押さえたうえで、次のように要望する。

殊に彼等の運動を未然に予防する如き場合には其の運動の体系、主義者の人物行動、思想の連絡関係ある人物等の事情をも平素知悉して居るのでなければ、恰《あた》かも電光一閃するが如く神速なる捜査検挙をする事ができない。

吾人は以上の意味に於て、本島特殊の思想的危局に立てることに鑑み、是非共思想検察機関の拡充を時節柄頗る急務なりと信ずるもので、之が為めには高等法院内にいま数名の専任検察官及び思想判官を配すると共に、島内三地方法院等に於ても少くとも一名宛《ずつ》の専任検察官及判官を配置するよう、督府《ママ》当局の考慮を促がしたい

さらに『台湾日日新報』は三三年三月二四日の社説でも「司法官の定員増加は急務　裁判の現状を見るに忍びぬ」と論じた。「刑事に於ては近年思想事件の結果、予審審判官、検察官の専任者を必要とし、之が少ない人員を益々少なからしめている」とする。

三一年から三二年にかけての検挙者数の激増と検察局送致数の増大（二年間で三〇〇人弱）に迫られて、『台湾日日新報』社説の要望も後押しになっただろう、三四年七月一日、台湾総督府法院職員定員令中改正により思想検察官の増員と思想判官の新設が実現する。その必要を総督府内で説得するために作成された「思想検察官増置の必要」からみよう。まず「近年本島に於ける思想運動の急激なる発展は年を趁《お》うて顕著に、然して其の結果は過激不逞の分子相次いで顕《あら》われ、所謂思想犯罪の激増は司法部にして真に憂慮に堪えず」という認識を示した。「実に統治の至難とするところなり」とするのは、「犯罪の特色として国家の秩序を破壊し、社会の安寧を害すること、到底普通刑事犯罪のそれと其の規模並に質量に於て同日の談に非ず、実に皇国の基礎を破壊し、国民の康寧を一朝に蹂躙せんとする危険極まる行動」とみるからである。

対処する検察陣は手薄のために繁忙を極めているとして、台湾共産党事件では「其の捜査着手（検事局受理の日）より予審請求に至るまで」、専任検察官二人が一六〇日を要したとするほか、「近年不敬事件相次で頻出し、事態多く軽微なりと雖、本島住民の皇室観念に付ては深甚の注意を要するものあり」とする。

添付された「思想に関する刑事事件件数、其の他調」では三一年から三三年までの治安維持法違反、台湾出

版規則違反、治安警察法違反、不敬、台湾新聞紙令違反などの数値があげられている。また、「共産党の支持拡大を目的とする党の外廓団体の状況」として台湾文化協会、台湾農民組合、台湾赤色総工会準備会、台湾赤色救援会準備会を取りあげ、これらは全島的検挙によって「殆ど壊滅状態」に陥ったとする。この資料は「審議の要求に因り作成」された。

官房法務課「思想犯罪概説」についてはなんどか言及しているが、これも思想検察官拡充・思想判官設置を実現させるために作成されたものだった。ただし、それにとどまらず台湾全体の「思想犯対策機関」の設置も提言していた。

寧ろ本島の特殊性に鑑み、将来怖《おそ》るべきものあるを予見せらるる今日に於て速《すみやか》に本府に思想犯対策機関を設置し、全島思想事務の統制、関係各官公衙との連絡協調は勿論、各種の資料情報に基く思想問題の基本観念の獲得と併せて刑事学上の理論の研鑽を為さしむると共に、常に思想運動実況の査察を怠らず、思想犯事件の処理に違算なく司法機関を督励し、具《つぶ》さに這《この》種犯罪の原因を探究して根本的予防対策を樹立することに努め、以て本島統治の安定と民生の康寧を確保し、且つ之を防衛すべきは時務当《まさ》に喫緊の措置として責任の局に在る者の熱望して熄《や》む能わざるところなりとす

おそらく官房法務課に「思想係」を設置することが想定されていた。「思想係処理事項」が準備されており、「一、思想犯事件並詭激思想懐抱者の犯したる普通犯罪事件の処理に関する事項」「二、全島思想係事務の統一(イ、思想検察官、判官等の会同　ロ、思想事務講習会及会議　ハ、其他必要且機宜の措置)」「三、全島思想係報告書類の整理、並摘要編纂」のほか、「一〇、内地、各殖民地との情報交換」などが列挙されている(以上、「台湾総督府档案・法務・会計関係書類」、国史館台湾文献館所蔵)。

三四年七月の思想検察官の増員は、思想事件の統括にあたる高等法院と民族運動の中心地の台中地方法院に

思想検察官・書記・通訳を一人ずつ配置するというものである。この説明書では「時局の影響を受け、コミンテルンの指令に依り中国共産党及日本共産党と提携し、執拗なる再建運動を続けつつあるのみならず、殊に最近時流の影響を受け運動手段著しくテロ化したるのみならず、対岸を通じ国際的連絡も亦逐次緊密となり来れるやの傾向あり」とする。これまでも繰りかえされてきたことだが、「本島思想運動の特色」として二つのことを強調する。

第一は民族運動と共産主義運動とが相競合して現われ、民族主義者にして共産主義者なる者多きことなり……第二は常に其の策源地を対岸南支に有することにして、民族主義運動は日本帝国主義打倒の旗幟《きし》下に、或は抗日救国を標榜し、或は民族独立を闘争目標として支那と共同工作に出づるを常とし、共産主義運動も亦中国共産党の指導援助を受け、台支革命遂行への統一戦線下に潜行裡に活動を続けつつあり

思想判官・書記・通訳の各二人増員については「思想事件は予審に多大の手数を要するのみならず、判決に当りても其の処理困難を極むる状態にある」として、「共産運動の中心」である台北地方法院に配置した（以上、「公文類聚」第五八編・一九三四年・第一〇巻）。判官は予審で思想事件の担当となる。

この思想判官設置を前に、三三年九月、台北地方法院から台中地方法院へ判官一人が配置替となっていた。台中地方法院では上海反帝同盟事件として四件六七人の予審請求を受け、三四年六月に予審を終結するほか（公判は台北地方法院に移管）、三五年一二月から三六年九月にかけて「台湾独立陰謀事件」六件二〇五人（前述の衆友会事件）の予審請求を受け、三六年一〇月に公判に付す決定をおこない、三七年二月に判決を下していた。これら以外に、三二年から三七年までの思想事件として六〇件三六三人の被告の公判があった。このように思想事件の予審・公判が台中地方法院に集中したため、臨機の応援処置として台北地方法院から判官一人の配置替がなされたのである。

なお、台中地方法院の思想事件繁劇の流れは変わらなかったため、三八年一二月の台湾総督府法院職員定員令中改正の際に台北地方法院からの判官流用が正式のものとなる（以上、「公文類聚」第六二編・一九三八年・第三三巻）。

転向と思想犯保護観察制度の未実施

台南地方法院検察官長の石橋省吾は一九三三年九月の『台湾警察時報』第二一四号に「共産主義被告人の転向声明は本島の共産主義運動に如何に響くか」を寄稿している。日本国内の佐野学・鍋山貞親の声明が「転向」の大きな雪崩現象を引き起こしつつある状況を受けて、「転向声明は本島の共産主義者に取って風馬牛（「無関係」の意）である。否、皇室に対する吾等の確信を理解せざる彼等は声明を目して排外思想なりと憶断し、将来日本人同志との提携を絶ち民族独立的色彩を益々濃厚ならしめ、日本官憲に対する反抗、内地人排斥はより一層尖鋭化するのではないかと想像される」と観測する。

運動からの離脱だけでなく、「国体」への回帰を誘導することで大きな効果をあげた日本国内とは異なり、台湾の思想犯罪者に対して「イカに声を大にして我国体を見よと絶叫した所で効果ある反響は期待されない」とする。石橋は「彼等を覚醒せしめ思想を転向せしむる唯一の道は、ヨリ良き統治を為すことである」として、「島民大衆をして独立するよりも日本臣民たることを希望せしむるほど善政を布《し》くことが民族独立運動を解消する唯一の方法である」と提言する。

こうした日本的な「転向」観念が台湾の思想犯に対して通用しないという発想は、前述した三四年の思想検察官拡充の際の説明にもみられた。そこでは「内地人の如く其の心理の根底に皇室に対する愛敬の念を蔵することなきを以て、検挙せられたる者は長期間の獄中生活の為に意気消沈して主義を放擲《ほうてき》する者、又は転向を表明する者あるも、真に其の信念に於て転向せりと認め得べき者極めて少く、此種運動の絶滅は殆んど困難なる」と述べていた（「公文類聚」第五八編・一九三四年・第一〇巻）。

運動からの離脱や「主義の放擲」という次元には至るものの、「皇室に対する愛敬の念」を抱き、日本臣民として生きることを第一義とするような当局者にとって望ましい「転向」に導くことは期待できず、それゆえに「此種運動の絶滅は殆んど困難なる」ため抑圧取締体制をより厳重にしなければならないとする。

それでも警察の検察送致、検察の起訴処分、予審終結決定、公判での判決などの司法処分の各段階において、運動からの離脱や「主義の放擲」、反省の態度に「情状酌量」や「改悛の情」を考慮して釈放・起訴猶予・予審免訴、量刑の軽減や執行猶予を付すことなどの判断が加えられ、実質的に「転向」誘導が図られた。その結果、運動からの離脱や「主義の放擲」の次元までは可能となった。前述の無政府主義団体の労働互助社の場合、一九三一年八月の検挙後、警察と検察での一年余の勾留を経て、起訴猶予処分となった。三二年一二月二九日の『台湾日日新報』は「思想犯被疑者へ　前例のない恩典　獄中生活一年で自ら　遷善の実《じつ》現わる」と報じた。

三七年四月二二日、総督府法務課長が法院・検察局・刑務所などに送付した「思想犯受刑者個人別成績調の件」からは「転向」の具体的状況を知ることができる。四月二〇日現在で、八四人の受刑者の改悛状態、つまり「転向」「準転向」「非転向」の分類をおこない、その動機の分類もおこなった。この転向基準は三三年に司法省行刑局の各刑務所長宛の通牒「治安維持法違反受刑者に関する件」をそのまま踏襲したもので（朝鮮でも同様）、たとえば「転向者」の定義は「国体変革は素より、現存社会制度を非合法手段を以て変革せんとする革命思想を抛棄したる者を云う」であり、「い　革命思想を抛棄し、一切の社会運動より離脱せんことを誓いたる者」など三つに分類する。

台湾共産党関係一七人、大湖事件一一人、赤色救援会事件一五人、衆友会事件二四人など治安維持法違反は

七九人で、五人が不敬罪での受刑者である。「準転向」が五人、「非転向」が一人で、他は「転向」と分類されている。「非転向」は台湾共産党事件で懲役七年の刑を受け（治安維持法第一条第一項後段・第二項）、台中刑務所で受刑中の呉拱照である。三五年一〇月の公判で懲役一三年を言渡された翁沢生は「準転向（革命運動は抛棄せざるも、一切の社会運動より離脱せんことを誓いたる者）」とされ、その動機は「近親愛、其の他家庭関係」とされる。

懲役一三年の謝氏阿女は「転向」分類の「は　革命思想を抛棄したるも、合法的社会運動に対する態度未定の者」となっており、その動機は「共産主義理論の清算」「国民的自覚」とされた（以上、「嘉義地院—嘉義機密関係往復文書」、「日治法院档案」資料庫）。

三七年一月末、台湾赤色救援会事件で懲役三年の刑を科された姜林朝清と李万春が、五月の刑期満了を前に仮出獄した。「改悛の情顕著なる」と認められたためだが、わずかに三カ月ほどの短縮だった（台湾軍司令部『台湾島内情報』第二号、一九三七年二月）。

この「転向」の確保と推進を目的とした一九三六年の思想犯保護観察制度の実施に、台湾の司法当局は意欲を示した。思想犯保護観察法が公布されてまもなく、三六年六月一六日の『台湾日日新報』は「台湾でも施行したい　来年度予算に計上のため　法務課で準備中」という記事を載せる。この時点で台湾の刑務所に収容中の思想犯罪者は八四人で、「その大部分は既に思想的に転向し、殊に農民運動の巨魁と目された簡吉、蘇新の如きも……殆ど模範囚といって差支なきほどの転向振りを見せて居る」という。そして、「此の種受刑者にして一旦釈放者となって後、或は社会の所謂迫害其の他の理由でいい《ママ》転向が再び転向してはならないので、之に対して国家が温かい同情を注いで更生の実を挙げしむべく、この法律を近く台湾にも施行しようというのである」とする。翌一七日の同紙漢文紙面では「台湾で思想犯保護観察法が来年施行、出所後の思想犯を保護へ」

表9　治安維持法違反者釈放人員調

区別／年度	起訴猶予	執行猶予	仮釈放	執行停止	満期出獄	計
1931	1	—	—	—	4	5
1932	7	—	—	—	4	11
1933	1	1	—	—	1	3
1934	47	43	—	—	3	93
1935	58	1	4	—	6	69
1936	279	1	13	2	14	309
1937	4	—	7	5	12	28
1938	—	—	—	4	21	25
1939	2	—	1	2	14	19
1940	10	—	6	—	16	32

「公文類聚」第65編・1941年・第1巻（国立公文書館所蔵）

とより確定的に報じていた。

しかし、台湾において思想犯保護観察制度は実施されなかった。朝鮮においては実施されながら、なぜ台湾では見送られたのだろうか。法務課で実施のための予算案の作成にとりかかっていたとすれば、中央・司法省での判断によるだろう。

朝鮮との比較でいえば、この保護観察の対象者となりうる思想犯罪者が九六〇〇人余（三六年一二月から四一年一〇月まで）であったのに対して、台湾の場合は約六〇〇人にとどまっていることが、最大の要因であったと推測される（**表9参照**）。しかもその過半を占める三六年の起訴猶予者の多くは、衆友会事件において「煽動に乗りて不逞計画に参加せるも、改悛の情顕著なるものあり」とされた人々であった。中央・司法省では台湾の思想犯保護観察制度実施を、保護観察所設置などの対費用効果などの点からも見送りが妥当と判断したと推測される。

思想犯保護観察制度を実施しない代わりとして、釈放された社会生活を営む転向者に対しては、各警察署が要視察人に編入し、その行動を視察した。特高警察による視察取締で現在の「転向」状況は確保でき、再犯を防げるという判断があったと思われる。

目標は「積極的転向」――行刑の状況

一九三六年四月、台南刑務所の教誨師閑林利剣は『台湾刑務月報』（第二巻第四号）に「本島思想犯の動向」を寄稿する。台湾共産党事件以来、思想犯罪者としての検挙者約四〇〇人のうち約一五〇人が起訴され、三月現在で刑務所での受刑者は九四人におよぶとする。これら「本島思想犯者は民族意識極めて濃厚にして、強固なる民族意識を基礎として培われたる共産主義思想なるが故に、其の深淵たるや容易に抜くべからざるものあり」とするほか、「本島思想犯罪者はその約半数は無教育者にして、中等以上の教育を受けたるものは約五分の一に過ぎず、その教化は一層至難と云わねばならぬ」という。

四三人を収容する台南刑務所の状況について「理論的に把握せるものは可成《なるべく》夜間独居に付し、厳重にその思想動向を視察し、本人に自己内省の機会を与え、家庭愛を喚起せしめ、特に修養書籍の購求看読及筆墨紙の使用を許可し、又読書体系を作り系統的に読書せしめる等、彼等の転向を促進強化せしむべく能《あた》う限りの努力を為しつつあり、為に此等思想犯罪者の殆んど大部分は転向し居り、或は転向せんとしつつある」と述べる。前項でみたように、運動からの離脱や「主義の放擲」という次元までの「転向」は実現しつつあった。

ついで、受刑者に対する「教化」の目標を「積極的転向」に置くとする。「積極的転向」とは「単なる方向転換や没落に非ずして君民一体、一君万民の日本国家の独自性、日本民族の抱擁性、世界に於ける日本の地位及日本民族の新使命等を確認し、日本の統治を是認する健全なる日本国民として社会に復帰し得る状態に迄至らしむること」にある。しかし、前述したように「国体」に帰依し、「君民一体、一君万民の日本国家の独自性」を信奉させるところまで導くのは困難だった。多くは「消極的転向」の段階にとどまっていただろう。

表10　思想犯収容者及釈放者

種別 / 年次	刑事被告人	受刑者	計	仮釈放	満期釈放	計
1935	3	95	98	4	8	12
1936	16	77	93	13	14	27
1937	3	78	81	7	12	19
1938	2	61	63	―	21	21
1939	2	42	44	1	18	19

法務局『台湾司法一覧』（一九四〇年一二月末調査）

『台湾総督府報』による治安維持法違反の「受刑者」数を各年の一二月末でみると、一九三二年一人、三三年三人だったが、三四年に八七人と急増し、三五年九〇人、三六年七二人、三七年七一人、三八年五〇人（三九年一月）、三九年三四人、四〇年四九人、四二年三七人となり、四三年七月末が三六人であった（最後の統計）。

また、法務局『台湾司法一覧』（一九四〇年一二月末調査）には「思想犯収容者及釈放者」の表がある。この場合の「思想犯」には治安維持法違反だけでなく、不敬罪・暴力行為等処罰法などの「詭激思想を懐抱する者」も含まれている。三〇年代後半、次第に「思想犯」の被告人・受刑者が減少し、釈放者が増えている。三六年には積極的におこなわれた仮釈放が戦時体制の進行にともなって認められにくくなったこともうかがえる。

思想犯保護観察制度実施に関する三六年六月一六日の『台湾日日新報』の記事によれば、受刑者は八四人で、台南刑務所に四二人、台北刑務所に二八人、台中刑務所に一三人、新竹刑務所に一人が収容されているという。

さて、三四年八月一六日の『台湾日日新報』は「台北刑務所は大入り満員　思想犯罪者の増加で　台中台南にも移監」という見出しで、次のように報じている。

台北刑務所はその施設古く監房も又狭くて普通でさえ狭少を告げる程であるのに、本年は特に思想事件だけで台共四十六名、赤色救援四十五名、新竹暴動事件三十七名、計百二十八名を余計に収容しなければならず、而もこれらは思想犯罪者であるだけに雑居房に入れる訳にいかず、刑務所として一番に少ない独房に入れて静かにその罪の改悛を教誨せねばならないのである

このために台北刑務所は独房の不足を緩和すべく台湾共産党事件の服罪者で地方出身のものを十四、五名、他の事件の服罪者を二十四、五名、計四十余名を台中、台南の両刑務所に移監し、今後も引き続き事情の許す限り、移監する方針である

また、三六年三月二二日の同紙には「どんな悪思想も　綺麗に洗い流す　花蓮港刑務支所には思想犯を収容荒蕪地を開墾させる」とある。太平洋に面した僻遠の地で「転向」促進を意図したのだろう。このとき全島の受刑者は四一九二人で、そのうち思想犯は九〇人だった。

Ⅳ

戦時体制下の治安維持法
――一九三八～四五年

高等法院及台北地方法院
『台湾建築会誌』1935年1月（国立台湾図書館「日治時期影像系統」所蔵）

一　戦時下の治安厳重化

外事警察の整備拡充

日中戦争の全面化にともなう戦時体制の進行のなかで、台湾の治安体制は新たな展開をみせる。

一九三八年四月、『台湾警察時報』第二六九号に警務局保安課長橋爪清人が「国際思想戦上の台湾と吾人の使命」を寄稿する。「南方の鎖鑰《さやく》台湾を守るべき吾々刻下当面の急務は何でありましょうか」と問いかけ、「本島に於きましても亦《また》事変前後より一般外国人の来往頻《と》みに増加し、其の間容疑行動者の発見も尠《すくな》くなかった様であります。殊に本島の特殊事情として数万を数うる在台支那人中、間諜行為を敢てし進んで本島人と提携の上不逞不羈《ふき》を企てた事例すら、尠からざる状勢にある」と述べる。また、同号の警務局保安課外事係「本島に於ける外諜取締」でも「本島に於ける外諜取締上最も注意を要するのは支那人スパイであり、此際支那人に対する従来の認識を一新して、官民一致、非常時下に於ける台湾防護の為めに防諜陣の完璧を期すべきであろう」と強調する。

日中戦争の全面化とともに、華中・華南と向き合う台湾の存在が軍事的重要性を増すだけでなく、「南方」への展開の拠点となるという認識が高まり、それらを遂行するうえで台湾の治安的安定は不可欠とされた。とりわけ、外事警察の整備拡充に重点がおかれた。

まず、一九三七年一二月の拡充では台湾総督府部内臨時職員設置制中改正により警務局保安課に二人の属を配置し、一人を外事警察と右翼運動取締にあたらせるほか、英語の通訳を一人配置する。この必要性は次のように説明されている。

> 本島と対岸支那とは地理的種族的に密接なる特殊関係に在り……動《やや》もすれば相互民族復興を目標とする協力的態度に出づる状況に在りて、之等支那人の措置取扱に付ては常時格別なる考慮を払うの必要あり、加《しかのみ》之《ならず》満洲事変以来支那各地に於ける抗日風潮の島民への反響は極めて鋭敏且つ深刻……特に今次支那事変の勃発するや南支各地よりの本島に対する働掛《はたらきか》けは俄然活発となり、或は不穏策動者の派遣、或は南京放送に依る民心の攪乱工作等積極的運動に狂奔しつつあり、尚《なお》事変の進展に伴う支那側の容共政策は共産分子の活躍を促進し、思想的宣伝戦術も彼等独特の尖鋭激越なる方策に依り潜行的に行われつつあり、之が取締は須臾《しゅゆ》も忽《ゆるが》せに為し得ざる処なり

「民心の攪乱工作等」が活発化している状況については「支那事変関係不穏言動調」を掲げ、三七年七月から三八年八月にかけて「我国新聞ラヂオ報道を虚偽とするもの」一二九件、「日本側敗戦、台湾は支那に復帰すとなすもの」一三四件など、合計三七〇件にのぼるとする。

また、台北州警察部高等警察課の外事係を外事課に独立させた。課長に警視をあて、警部二人、警部補一人、通訳一人を配置する。この拡充について台北州には各国領事館をはじめ在留外国人の大部分が居住しており、「管内には基隆要塞地帯を始め政治、軍事の重要機関又は施設多く、近時時局の重大化に伴い外諜活躍の中心地となり、容疑者の潜行来往著しく増加し、為に同州外事警察は益々《ますます》多事重要性を加えつつあり」とする。外事課は庶務・視察・亜細亜・欧米の各係から成る。他の地方庁にも外事警察強化のために警部六人と通訳一人が配置される。

先の『台湾警察時報』掲載の保安課長橋爪清人「国際思想戦上の台湾と吾人の使命」や保安課外事係「本島に於ける外諜取締」は、この外事警察の拡充を踏まえて書かれていた。

なお、三七年一二月の拡充では新たに右翼運動取締が盛り込まれ、警務局保安課に属一人、台北・台中州に警部各一人、新竹・台南州に警部補各一人、台北南警察署に警部補一人を配置した。皇政宣揚会・生産党台湾党務部などの島内主要右翼団体は日本人によって構成されているが、それらが「特に今次の事変以来之が活動急激に露骨化し、反軍、反国家的言動の徹底的摘発膺懲《ようちょう》に邁進すべしとし屡々《しばしば》奇矯的過激の行動に出でつつありて、之等右翼団体の策動は島内治安の維持上、将又《はたまた》帝国の対外政策遂行上影響する処尠からざるものあり」として、その視察取締を「刻下の急務」とする（以上、「公文類聚」第六一編・一九三七年・第二八巻、国立公文書館所蔵）。右翼団体の「奇矯的過激の行動」によって、台湾人の台湾統治への反発の気運が生まれることを警戒している。

次は四〇年二月の台湾総督府部内臨時職員設置制中改正による外事警察拡充で、香港に事務官と属を各一人増員し、嘱託も二人配置した。二七年から三七年にかけての主要思想事件一四件のうち八件は「対岸に於て画策せられたるもの」で、島内で画策された六件のうち四件でも対岸との連絡がなされていたとする。

台湾警察当局の対岸派遣員の制度は一九一七年から実施されているが、三五年の中国共産党の人民戦線戦術の採用と国共合作により、「台湾の祖国復帰を画策すると共に島民に抗日戦線への参加を強調するもの続出し、其の結果本島一部民衆中に之に幻惑妄動するものを生じ」、後述する江保成事件なども起こったとする。「之等事件の策源地」が広東や香港にあり、なかでも「香港は英国の庇護の下に唯一の策源地、本島への密絡の拠点」となっているという。この香港駐在の事務官の事務分掌は「一、台湾籍民の保導並に不穏行動の視察内偵　二、台湾に来往する中国人の視察内偵　三、思想謀略状況の視察と台湾人への影響監視　四、香港を中心とする外諜活動の台湾に及ぼす影響監視」などとされた。

この官制改正のための説明資料によれば、三四年から三八年にかけての思想犯罪は一九件九二二人であったのに対して、外事関係の犯罪は六五件七八〇人となっている。また「事変関係造言飛語検挙数」は三七年一二二一人、三八年三九〇人という（以上、「公文類聚」第六四編・一九四〇年・第四〇巻）。

四〇年一一月の台湾総督府官制改正では、出版警察の拡充として警務局保安課に事務官一人を増員する。これまでの出版警察は上海駐在予定の事務官を臨時に流用していたが、「思想防衛の完全を期すの要緊切なる」ために上海に事務官を駐在させることが必須になったとする。実質的に属一人の配置となっていた上海では軍部や領事館警察・朝鮮総督府などとの「緊密なる連絡を保持し、同地を中心とする不逞籍民の視察取締の完璧を期するには遺憾の点尠しとせざる」状況だったために、事務官の駐在が必須とされた。

事務官の補充という意味合いになった出版警察においても、対岸との関係が大きかった。次のように出版物の検閲の必要が説明されている（以上、「公文類聚」第六四編・一九四〇年・第四八巻）。

民族的意識に基く出版物の如きは動《やや》もすれば支那を母国と為すが如き傾向ありて、之を追慕するの念強き本島人に与うる悪影響は甚大なるものあり……又国語〔日本語〕普及の如きは統治上の大方針なるに拘らず、今尚一部の者を除く外、好《この》んで漢書を購読することを希望し、密《ひそか》に支那発行の新聞紙及出版物を購読せんとする者あるは否《いな》み難き事実なり、加之本島民大衆は一般に教育の程度低く、一衣帯水の彼方に彼等の所謂祖国支那を控え居る特殊事情に依り、支那方面よりする宣伝煽動に対しては極めて乗ぜられ易き状態に在るに鑑み、当府は内務省の一般検閲標準の外に特に意を右の点に用いて取締上遺漏なきを期し居れり……内務省に於て検閲済のものと雖《いえど》も本島に於ては更に検閲取締を必要とする実情に在り
さらに四一年一二月の台湾総督府部内臨時職員設置制中改正で広東省仙頭に属一人が配置となる。これまで

と同様に「対岸各地に於ける政情、軍情、思想動向及台湾籍民の動静を視察し、之が対処工作を講ずることは台湾の治安維持上喫緊の要務なり」として、未配置であった仙頭への派遣が必要とする（「公文類聚」第六五編・一九四一年・第五六巻）。

以上のような警務局保安課や各州警察部高等警察課の中堅幹部の増員と並行して、第一線の巡査の大幅な増員が図られた。台湾総督府州庁巡査臨時定員改正によるもので、確認できた範囲でいえば、四一年一月に高等・外事警察に二一四人、経済警察に三三五人が増員されている（「台湾総督府公文類纂」一九四一年、国史館台湾文献館所蔵）。さらに四三年三月には高等・外事警察に一八二人、経済警察・防空警備などに一〇一四人の増員がなされた（『台湾総督府官報』、一九四三年三月二八日）。

重要視される「台湾語」の習得

台湾の一般警察官を読者とする語学雑誌『語苑』（台湾語通信研究会編輯）は高等警察の本格的運用とともに全警察官の「高等警察」化が叫ばれるなかで、それに対応した語学教材を提供していたことは前述した。それは戦時体制の進行のなかでより顕著となる。

一九三八年一一月の『語苑』（第三一巻第一一号）は高等法院検察官下《しも》秀雄の「時局下に於ける台湾語修習の必要性」を載せる。『語苑』の顧問的な存在である下は「今後台湾の警察官に課せられた任務は益々重大である。治安の維持、不逞思想の査察内偵、流言飛語の取締、因襲打破、皇民精神の涵養《かんよう》、国語の普及、非常時経済法令の徹底乃至取締等頗《すこぶ》る広範複雑である」としたうえで、「台湾統治の第一線に立ち直接民衆に接触し、一日も口なく耳なくしては職務の遂行を為し得ざる警察官が今に於て台湾語の修習を最も喫緊なりと云わなければならぬ」と論じた。「真の皇民化運動は先づ真に彼等の人情風俗等、彼等の総てを識《し》らざれば到底徹底した事は為し得ない。彼の総てを識るには、先づ言語を解せずしては到底望み得ない」と力説する。

この「台湾語の修習」の実践として、『語苑』は新企画として「警察用語」の連載（三六回を予定）を開始した。台北州警務部提供の教材で、「高等警察の部」「外事警察の部」などに分かれる。「高等警察の部」第一課の「民情調査用語」では「国家総動員」や「流言蜚語」などを取りあげた。「外事警察の部」第一課は「外人行動調査用語」である。これらが初級レベルであるのに対して、同号から始まる高雄州警務部提供「高等警察用語別科」は上級レベルで、その第一課は「防諜」となる。次のような例文である。

若《も》しこうしてデマを飛ばすと後には極めて危険なる行動を誘発するようになるのであります。／人人がそれをほんとうと信じて遂には危険な行動にまで発展せぬとも限りません。／始《はじめ》は僅《わずか》一人の者がいい加減なことを喋った虚言《うそ》が真実になってしまいます。／こうした危険は社会の秩序を紊すようになるのであります。／かの危険なるスパイは常こ《ママ》の隙を狙っています。／その機会に乗じて国民中に不平不満を抱く者でも有ると見ればスパイはそれを利用して煽動宣伝するものであります。／故に皆さんはこのスパイに踊らされないように十分注意しなくて

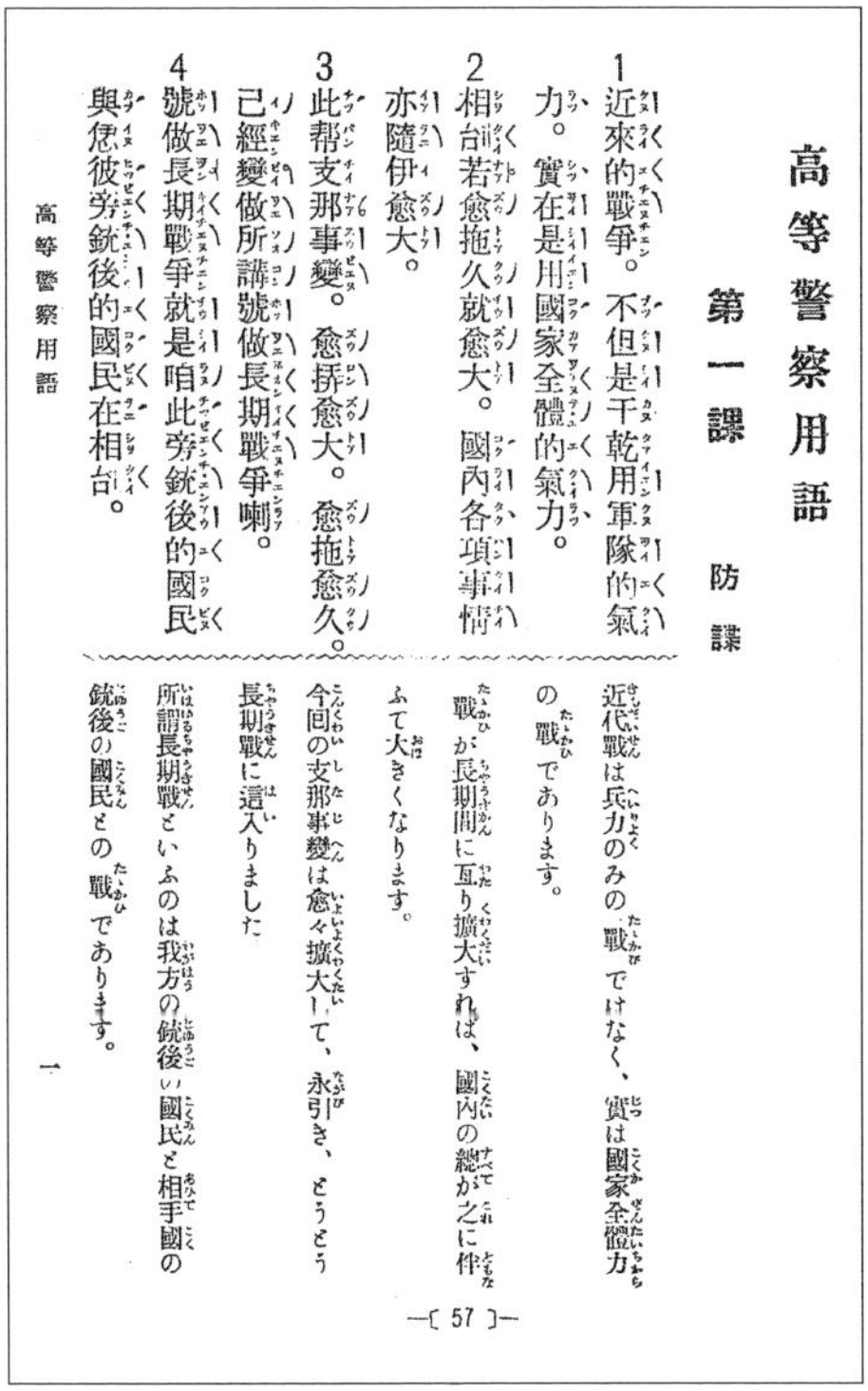

高等警察用語

第一課　防諜

1 近來的戰爭。不但是干乾用軍隊的氣力。實在是用國家全體的氣力。

2 相台若愈拖久就愈大。國內各項事情亦隨伊愈大。

3 此帮支那事變。愈拚愈大。愈拖愈久。已經變做所講號做長期戰爭喇。

4 號做長期戰爭就是咱此旁銃後的國民與佬彼旁銃後的國民在相台。

近代戰《きんだいせん》は兵力《へいりよく》のみの戰《たゝかひ》ではなく、實《じつ》は國家全體力《こくかぜんたいちから》の戰《たゝかひ》であります。

戰《たゝかひ》が長期間《ちやうきかん》に亙《わた》り擴大《くわくだい》すれば、國內《こくない》の總《すべて》が之《これ》に伴《ともな》ふて大《おほ》きくなります。

今回《こんくわい》の支那事變《しなじへん》は愈々擴大《いよいよくわくだい》して、永引《ながび》き、とうとう長期戰《ちやうきせん》に這入《はい》りました

所謂長期戰《いはゆるちやうきせん》といふのは我方《わがはう》の銃後《じゆうご》の國民《こくみん》と相手國《あひてこく》の銃後《じゆうご》の國民《こくみん》との戰《たゝかひ》であります。

高等警察用語　一

—〔 57 〕—

「高等警察用語　別科」

『語苑』1938.11（第31巻第11号）

はいけません

第三三巻第九号（四〇年九月）の「高等警察の部」第二三課は「高等警察」である。「高等警察は、ラヂオのアンテナのような役目をしたり、防空の監視哨のような任務を持っている」として、その目的は「例えば国家存立の根本を破壊したり、又は社会の安寧秩序を紊すようなもの。此等各種事件の発生を防止し、已《すで》に発生せる事件は極力之を鎮圧するのである」とする。最後は「支那事変や世界戦争が永く続き、国民は非常な覚悟と努力とを要する時であるから、皆さんも如何なることがあっても誤った考を起したり誤ったことをしないようにして、共に地方の安寧を保持することが肝要であります」と結ぶ。台湾民衆と日常的に接する巡査らが、彼らに語りかけるような構成となっている。

第三四巻第九号（四一年九月）の「外事警察」第三四課は「総力戦」である。「謀略戦には破壊謀略と思想謀略」があるとして、「スパイを放って敵国民の思想を混乱せしむる様な行為は思想謀略である。現代の戦争は漸次長期戦の傾向を辿りつつあり、其の内容は武力戦と以上述べた様な秘密戦である。そこで諸君、戦争に勝つためにはこの秘密戦に対する警戒を要します。国民は防諜と云う観念が旺盛でなくてはなりません」と導く。全警察官を動員して、台湾民衆の活動するあらゆる場面に高等警察・外事警察のアンテナを張り巡らした。

三年間の連載が完結した四一年一〇月の時点で『語苑』は『警察語学講習資料』に改題されるが（未見）、「終刊に際して」には「時局の重大化に従い、警察官各位の語学研究は益々重要を加え、用語は益々複雑となり、説明は更に剴切《がいせつ》を要し、常に民衆の心声を聴き、且つ彼等に感動を与え、以て皇民練成の目的を達し、島内の守は微動だもせぬ安全性を持せねばならぬ、語学の重要性は昔日の比ではない」とする。

生活のすみずみにまで及ぶ監視——戦時下高等警察の諸相

戦時体制の進行とともに高等警察・外事警察の活動は活発化の度を高めた。そのいくつかの側面をみよう。

高等警察に関する講習は一九二〇年代から実施されてきていたが、四〇年代になると戦時下の高等警察に即したものとなった。一九四〇年一月の台北州の高等外事講習では、五日間の日程で州郡警察署の高等外事関係者ら五一人が受講している。講習科目は「国際的思想戦の現状」「支那側の思想謀略に就いて」「事変下の特高警察」「事変下の外事警察」などで、参加者による「座談研究」もあった（『台湾警察時報』第二九二号、一九四〇年三月）。

こうした講習を月並みとして、「日米開戦前の一触即発の危機を前にして決戦体制下に於ける警察事務に携る幹部の心身を鍛錬する」という趣旨の警務局保安課主催の高等警察講習会が、四一年一一月、四六人の高等警察従事職員を対象に一週間の日程で開かれた。会場は国民精神研修所となり、「全く行《ぎょう》的訓練、精神鍛錬を主に、講義を第二義的に実施された」。「左右翼運動に就て」の講師には内務省警保局事務官丹羽喬四郎が招聘された。「時局下服務に就て」を台北憲兵隊長の石田乙五郎が担当している。

起床後の「禊《みそぎ》・国旗掲揚・宮城遥拝　神拝」から始まり、「静座・神拝」後に就寝となる。禊の冒頭にある「天之島舟」とは「全員は一列円陣に整列して、その景、わが天照民族が天之島舟に乗って大海原を公航し、世界の大八島《おおやしま》に雄飛した当時の壮途を叫びつつ、一律一斉に声を合せて櫓を漕ぐままの動作を百千万回反復する」というものであった。丹羽事務官や保安課長らの講義は「孰れも国体の尊厳性と我等の覚悟に付《つき》説く処符節を合せた様に同様であって、本件に就いてもはっきり時局の波を悟り得た」とされる。警察以外にも頻繁に実施された各種の講習は「行的訓練、精神鍛錬」の場に様変わりしたが、高等警察の場合には「時局下に於ける官吏として確固たる揺るぎなき信念の養成」（保安課長後藤吉五郎の指示）がとくに強調された（以上、笠原正春「高等警察講習会を顧みて」『台湾警察時報』第三一五号、一九四二年二月）。

警務局保安課や各省の警務部特高課などからの指示に従うだけでなく、第一線の警察官も主体的に自発的に高等警察の改善に取り組んでいく。その一例は、四〇年二月の『台湾警察時報』（第二九一号）に掲載された高雄州警務部の警部補樺島克己の「視察と報告――高等警察事務の研究」にうかがえる。実際の職務に即したもので、たとえば報告例の文例とした「皇民化運動による服装改善に対する言動に関する件」では、ある司法書士が「皇民化運動の一つとして便利安価なること世界無比なる台湾服の着用を禁止せられつつあるは残念なり」と述べたとする。これに樺島は「昨日迄の住み慣れた生活環境が急角度に転換して行く、一足飛の皇民化その行方にいろいろの声があろう。それ等を如実に報告しなければならぬ」と注記している。この例にみられるように、戦時下の高等警察の視察眼は一般民衆の生活の隅々にまでおよんだ。

このように高等警察の規模が拡充し、存在意義が引き上げられているという自負が高まると、その活動はより権力的に傲慢なものになっていったと思われる。その傾向は従来からあったが、戦時体制の進行のもとで民衆生活の隅々まで監視と統制は強まり、高等警察は絶頂期を迎えつつあった。そうした状況を目の当たりにして、二〇年代から「高等警察の捜査振り」に苦言を呈してきていた台南地方法院検察官長の石橋省吾は四〇年一一月の『台湾警察時報』（第三〇〇号）に寄せた「検察制度の新体制」で、次のように痛烈に批判する。

高等警察の対象は概して国賊、非国民の類であり、社会全般の憎悪の的である関係上、之等事件の検挙に際し多少の不法手段に訴えても、世人は敢て之を非難せず、寧ろ、無理をしてもかまわぬから悪人原《ママ》を根こそぎ検挙されんことを期待する傾向に在る。また、一般刑事事件の捜査に密偵を使うことは全く無くなったのであるが、高等の犯罪に就いては、犯罪の性質上、Sを使用する方が効果的であるが為めに、往々にして、良からぬSは事件検挙に便乗して平素の私怨を霽《は》らさんと企て、司法警察官も彼等の術中に陥り、無辜《むこ》を羅致するが如き不祥事を招来することも絶無ではない

「多少の不法手段」とは長期勾留や拷問による供述の強要などを指すだろう。「S」とはスパイを意味する。石橋はこれらを高等警察の「宿弊」と呼び、その打破を求めた。石橋にとっては「国家の康寧を脅《おび》やかす奸悪の徒を漏さず検挙する」ことは絶対的に必要事であるが、そのために「迂闊《うかつ》に権限のみ拡大」してはならず、「有能の士」の人選が何よりも重要とする。

おそらくこの石橋の苦言と提言が届くことはなかった。それは間接的には、次節でみるようにアジア太平洋戦争下における治安維持法と他の治安諸法令の運用がより活発になることで証明できよう。そこでは検挙・取調において「不法手段」や「S」の駆使がおこなわれただろう。

そうした高等警察なりの苦心の末の検挙や検察局送致は、戦時下における治安の確保に大きく寄与したとして表彰され、警察官の目標とすべきものとされた。『台湾総督府官報』では治安維持法違反事件の検挙に関して三件の表彰が確認できる（いずれも事件の内容は不明）。

四二年三月一九日、台南州警部深沢力雄は「治安維持法違反事件の検挙に関し功労抜群にして、一般の亀鑑たる」として「功労記章」を付与された。同時に、台南省警部村上照之助ら五人は「功労抜群」として「彰功状」を、総督府事務官藤沢清ら六人も「功労ありたる」として賞状と賞金を授与された。

四三年八月二三日、元台北州警部御幸《みゆき》政市ら二人が「功労抜群」として「彰功状」を授与された。同時に総督府書記官鈴木利茂ら六人が賞状と賞金を授与されている。

四五年一月一六日、陸軍司政官横田道三と書記官浜崎良三は「高雄州警察部長として治安維持法違反事件の検挙に膺《あた》り克《よ》く部下を指揮監督し、挺身捜査の陣頭に立ちて事件の全貌を究明検挙し、叛逆を未然に防止し、支那事変及大東亜戦争下に於ける本島治安を確保するを得たる功績顕著なり」として「特別賞詞」を受けている。同時に総督府事務官青柳克己ら四人が「功労不尠《すくなからず》」として賞状と賞金を授与された。

総督官房法務課の法務局への格上げ

一九三四年七月に思想検察官の増員と思想判官の配置が実現して以降、新たな拡充はおこなわれなかった。前述したように、台北地方法院から台中地方法院への思想判官流用が、三八年一二月の台湾総督府法院職員定員令中改正の際に正式なものとなった。この改正では勅任の判官・検察官の増員がなされている。「台湾司法官は台湾に於て之を養成することの困難なるに鑑み、従来専ら内地判検事より之を求め」ていたが、朝鮮と比べても勅任官の定数が限られているため「内地より優秀なる司法官を招聘するに際し支障尠からざるものあり」という理由である。それまでの二人を六人に増加する。

添付された二八年から三七年までの「最近十年間法院判官検察官年齢別内地転入転出者及退職者数調」によれば、「内地より転入」は八二人、「内地へ転出」は二〇人で、台湾で「退職」した者は四二人となっている。また、「最近十年間に於ける司法官試補委託数」は一七人となっている（「公文類聚」第六二編・一九三八年・第三三巻）。採用直後の「試補」期間の養成を日本国内の裁判所や検事局に委託することがおこなわれていた。

朝鮮では基本的に自前で「司法官試補」を養成するとともに、裁判官・検事ともに朝鮮司法内でキャリアを完結させる仕組みが構築されていたのに対し、規模の小さな台湾においては日本国内からの人材移入が必須だった。しかし、勅任官定員の絶対的な不足のために「内地より優秀なる司法官」招聘がネックとなっており、その解消を図ろうとした。

四〇年三月、総督官房法務課が法務局に昇格した。台湾総督府法院職員定員令中改正によるもので、二五年の行政改革によって法務部が縮小されて以来、法務課は事務官一人（課長）と属七人という体制であった。法務局となり、局長（勅任官）一人、事務官一人、属五人の増員が実現する。庶務係と民刑課・行刑課がおかれ、民刑課は民事係・刑事係・調査経理係に分かれた。刑事係の分掌の一つに「思想犯罪に関する事項」がある。

この改正の必要性については、現法務課の貧弱さが強調される。判官・検察官を「適材適所に之を配置し、又内地との間に人事疎通の途を講」ずる必要のため、「本島の如き狭隘なる範囲内に於ては克く司法官の将来に希望を付与して、其の沈滞を防ぎ、且内地との交流人事の円滑を期」す役割を法務課長の責務とする。また、「本島に於ける司法官は民族性並に風俗慣習を異にする多数福建族、広東族を対象とし、而も本島統治の法院に立脚して適切なる法の運用を為さざるべからざるの地位」にありながらも、「司法官は其の職務の性質上動《やや》もすれば一般社会の現実に疎遠と為」るため、「克《よ》く司法事務を指導して過誤なからしむる責任の地位に在るは之亦法務課なり」とする。高等法院長・高等法院検察官長、あるいは警務局長などと対応・協議するには、奏任官の法務課長では不均衡となっていた。

さらに、戦時体制ゆえの理由を次のように掲げる（以上、「公文類聚」第六四編・一九四〇年・第四二巻）。

> 本島は地理的には南支と一衣帯水の間に、人種的には福建族、広東族、大多数を占むるの実情に在り、依て事変の影響、殊にコミンテルン、中国共産党の魔手に対しては万全の警戒を為さざるべからず、検察局指導の任に在る法務課に於ては之が対策を考究せしめ、警察当局及軍部との緊密なる連絡の下に銃後の治安維持に付万遺漏なきを期するの要あり

中村八十一
『台湾人士鑑』1937

この改正により、局長には法務課長だった中村八十一（三〇年四月、室蘭区裁判所検事から台北地方法院検察官に転官）が昇任した。民刑課長には高等法院

覆審部判官の遠井金三九（三四年九月、大阪区裁判所判事より台湾・高等法院覆審部判官に転官）が、行刑課長には高等法院検察官の稲田喜代治（転官時期は不明）が就いた。翌四一年四月、民刑課長に稲田が転じ、行刑課長には堀田繁勝（三一年二月、東京地裁判事から台南地方法院判官に転官）が就く。

なお、四二年一一月一日、戦時下の行政簡素化実施により、法務局は法務部となった。中村は少し前に高等法院検察官長に転出し、法務部長には稲田が就いた。

四一年七月、全島司法官会同が開催された。長谷川清台湾総督は訓示のなかで、治安状況について日中戦争の長期化と統制経済の進行にともない「一部島民中には窮屈を歎じ、不満倦怠《けんたい》を招来して不知不識《しらずしらず》の間に反戦的思想に陥り、或は帝国の経済産業に不安の念を抱きて時に秩序を紊《みだ》る者無きを保し難い」という認識を示し、「治安確保の完璧」を期すために「苟《いやしく》も我国体に背反せるが如き不逞の徒に対しては彼等を慴伏《しょうふく》〔恐れてひれふすこと〕せしむるに足るべき法規を整備して之が絶滅を図り、国家の存立を脅威するが如き外諜活動に対しては之を完全に破摧《はさい》すると共に、斯《か》くの如き重大犯罪に対しては強力にして統一ある捜査を実施して迅速適正なる裁判を庶幾《しょき》し得る法的体制を確立すること喫緊の要務」と強調した。

この会同では国防保安法について多く論及されたが、改正治安維持法については「改正の諸点は既に各位が実務の経験上改正の必要を痛感せられて居た点」（中村法務局長指示事項）とされるほか、新たに規定された検察官による「司法警察官の訓練」についての注意にとどまった（以上、『台法月報』第三五巻第八号、一九四一年八月）。

第一回司法保護実務者錬成会における高等法院検察官下秀雄の講演記録「戦争と犯罪」が『台湾司法保護』第八一号（一九四一年一〇月）に掲載される。「今次事変に乗じ本島に於ては所謂不逞陰謀等を企図した者も多数あり。之は幸に悉《ことごと》く未然に検挙した、或は既に確定判決を受け、或は今尚捜査中のものもある」という点の一部は、次節で触れるものに相当するだろう。下はつづけて「本島特種事情として山間僻地に居住する無智蒙味な民衆中には動《やや》もすれば迷信を信じ、荒唐無稽なる造言を盲信し、軽挙妄動する虞《おそれ》がある。それには聖戦の目的なり、帝国の実力なりを認識せしむる必要がある」と述べる。そこで想起され警戒されているのは、一九一〇年前後の苗栗事件や西来庵事件などの「匪徒事件」と思われる。次節でみるように、宗教団体・集団に治安維持法や他の法令をもって襲いかかっていくのも、こうした警戒にもとづいている。

新治安維持法の施行と「予防拘禁」の未施行

一九四一年三月一〇日、大幅な「改正」をおこなった新治安維持法が公布され、五月一五日に施行となる。朝鮮においては新聞でも大きく報じられたが、台湾においてはわずかに翌一六日の『台湾日日新報』に「改正治安維持法　本島にも施行」という見出しで、古山春司郎高等法院検察官長談による主な改正点の解説にとどまった。「予防拘禁」については「所謂非転向の思想犯人を社会より隔離し、其の改悛を促がす目的に他ならぬ」とするように、台湾での施行は当然とされているように読める。

ところが、前日一四日、政府は「台湾に於ける思想犯人の現状に鑑み、当分の内、予防拘禁は之を行わざるものと為す」という措置をとった。朝鮮では「予防拘禁」に固執して先行実施するほどだったが、台湾においては施行の直前に未施行となった。その理由を次のように説明している。

台湾に於て現在受刑中の思想犯人は四十七人にして、現状に於ては当分の内、予防拘禁所収容者は毎年数人を出でざることとなり、且《かつ》其教養の程度も低く、彼等を思想的にするも以て社会全部に亘る思想指導の能力あらず、畢斯《ママかか》る少数の思想犯人を対象として今直に予防拘禁制度を採用するは妥当ならず、依て之が必要を認めらるるに至る迄、台湾に於ては当分の内、改正治安維持法第三章規定に拘らず、予防拘禁は之を行わざる旨の特例を設けんとすこの予防拘禁制を実施しないという判断は、中央の司法省や拓務省によるものだったと推測される。思想犯保護観察制度が実施されていない現状も考慮されただろう。一方で、実施しないという判断はおそらく台湾側にとって不本意なものだった。先の古山高等法院検察官長の談話で未施行に言及していないことに加えて、台湾側が次のような説明資料を準備していることに注目するからである。

台湾総督府官房企画部の用紙に「改正治安維持法特例勅令問題事項」として「一、予防拘禁制度の採否　二、法律施行後特例改正の前例」などがあげられている。推測を重ねれば、施行を目前に控えて予防拘禁制実施を中央の意向にしたがって「当分の内」は断念するも、将来における実施の可能性を残しておきたいという意図が読みとれる。

「改正治安維持法特例勅令案資料」として「最近の転向者の数及其の釈放状況」などの数値をあげる。四一年五月現在の思想犯受刑者四七人のうち四一年から四四年までの釈放予定者は一〇人で、四五年以降は三七人となる。この四七人は「転向」が六人、「非転向」が三人で、残り三八人は「未定」とする。また、過去一〇年の釈放者六〇四人では約九割は「再犯の虞先づ無きもの」だが、一割程度は「再犯の相当濃厚なるもの」とみなす。過去一〇年の受刑者一八五人では初犯が一七〇人、再犯が一五人となり、再犯率は八％とする。このような数値を並べたうえで、「本島に於ける思想犯は強度の民族意識に基き、又は民族意識より階級意識に進展し、台湾の独立乃至支那復帰を策せるものにして、彼等の根強き士気は容易に払拭し得ざるべし、依て過去に於ける釈放者総数中一割内外、即ち五〇名乃至七〇名は将来予防拘禁の必要あるものと認めらる」という予測を導いている（以上、「公文類聚」第六五編・一九四一年・第一巻）。かなり過大な見通しである。

新治安維持法については、四一年九月の『台湾警察時報』第三一〇号に台南地方法院検察官長の石橋省吾が「改正治安維持法解説」を寄稿している。「現行治安維持法を全般に亘って改正し、罰則を整備強化して其の完璧を期し、特別刑事手続を創設して検挙より裁判に至る迄其の手続を迅速適正化し、予防拘禁制度を確立し、非転向分子をして乗ずる所なからしむるは現下喫緊の要務なりと信ず」という観点からの簡略な逐条解説で、台湾の現状に即した論及はなく、予防拘禁制度の台湾での未施行にも触れていない。

その予防拘禁の目的についての認識は「詭激《きげき》思想を抛棄《ほうき》せず、再犯の虞顕著なる者に対し、国家治安に対する危険を予防すると共に、他面行刑の効果の及ばざりし点を補い、改悛を促す為に、一定の条件と手続との下に彼等を社会より隔離して危険思想の伝播を防止し、併《あわ》せて強制の方法に依って思想の改善を図り、以て忠良なる帝国臣民たらしむるに在る」というもので、「改正」趣旨をそのまま肯定したものとなっている。台湾での未施行に未練があるようにも読める。

二 新治安維持法による民族独立運動への追撃

民族独立運動への最終的追撃

前掲の**表7**によれば治安維持法違反事件で検察官受理人数が一九三六年に最大となるのは衆友会事件による警察からの大量送致を反映するが、三七年から三九年にかけては受理人数および起訴者数も激減する。四〇年になると、検察官の新受理人数一四一人、起訴者数六二人と急増する。四一年と四二年の数値は不明ながら、四三年の検察官の司法処分人数は二一一人にのぼり、そのうち四七人が起訴となる。四四年と四五年にも多数の治安維持法違反事件があった。

このようにみると、三〇年代後半から四〇年代という日中全面戦争・アジア太平洋戦争期において、台湾の治安維持法運用はさらにもう一つの山を迎えていることがわかる。しかも後述するように量刑の重さは際立っており、民族独立運動に治安維持法が追撃的に襲いかかり、徹底的に根絶を図ろうとしたといえる。

大蔵省管理局『日本人の海外活動に関する歴史的調査』通巻第一七冊（台湾篇第六分冊の四）の「付録　台湾統治概要」は「共産主義運動」について台湾共産党結成や検挙に触れたのち、「其の後国民精神総動員運動の抬頭、日支事変の勃発等に依る国内体制強化等、急激なる社会状勢の進展に伴い、遂に再起不能に陥り、特に大東亜戦争勃発を契機として大東亜民族たるの自覚と過去の思想的誤謬を反省し、何れも良民として転向するに至り、遂に本島思想界より其の影を没するに至りたるものなり」としている。一方、「民族主義運動」については、次のようにとらえている。

> 特に緒戦に於ける大戦果は島民大衆に日本国力の再認識と大東亜新秩序建設の確信を与え、期せずして有識者を主謀者とする事件の他は何れも無智無頼の徒輩を中心とする分散的個別的な、然も小規模なる計画に終るの状況を示し、本島治安上憂慮すべき傾向認められざりしが、昭和十八年南方戦線に於ける日本軍の転進以来、戦況漸次不利となるや、米英軍の本島来攻を予想し、日本の敗退を必至なりとする敗戦思想漸く醸成せらるるに及び、本島の独立又は中国復帰を目的とする民族運動は漸次抬頭の気運を示し、各地に分散的なりとは謂《い》え不穏の傾向を生じつつありたるも、島民の大部分は戦局の前途を注意しつつ、表面極めて平静に今次戦局の急転〔敗戦〕に遭遇したるものなり

日中戦争全面化以降、四五年の敗戦まで「共産主義運動」はほぼ完全に「再起不能」に追い込まれていた。「民

族主義運動」については逼塞化させつつも、戦況悪化のなかで「漸次抬頭の気運」が生じていた。こうした封じ込めにやはり最大の威力を発揮したのは、治安維持法の追撃的な運用であった。三〇年代後半から四〇年代の治安維持法の適用はほとんど民族独立運動に向けられたといってよい。

四〇年五月に台湾軍司令部が作成した「支那事変と本島人の動向」（第三〇号）に、「本島人の不敬罪及治安維持法違反検挙事件」という文書がある。治安維持法違反事件では「被疑者十二名は年齢二十歳乃至三十歳の青年にして且つ官庁勤務者多く、何れも民族意識濃厚にして、常に台湾統治に内台差別あり、本島人の向上を阻止し愚民政策に依り島民の発展を阻害するものなりとして不満反感を抱き、予て台湾独立乃至中華民国復帰を念願しありたるもの」とされる。

中心人物とされた新竹州勧業課雇の施儒珍は、その「共産主義秘密結社」と新竹庶民信用組合書記補楊金輝らの「民族主義的秘密結社」を合流させて組織の拡大を図ろうとしていたが、日中戦争開始とともに「日本を敵視すること極めて深刻となり、民族意識濃厚の度を加え」、元台湾民衆党幹部の黄旺成の指揮下に実行運動着手の計画を進めているところで、四〇年四月、一斉検挙となった。その後の司法処分の状況は不明である。

この文書では警察での取調時の「被疑者の心境」に注目している。彼らは「転向」を拒絶するとともに、それは「本島四百五十万の台湾人が斉《ひと》しく腹蔵する」もので、「放棄することは絶対永久に不可能」として、次のように「豪語」したという。

台湾人は公学校時代迄は真に日本国民たらんと純真なる気持にて日本の教育を感受するも、中等学校時代になると「自己は台湾人なり」との意識の下に内地人に対する抗争心を生じ、専門学校時代になると「我等の祖国は支那なり、我等の同胞は漢民族なり」と確然たる民族意識の下に内心悉く抗日的思想に培われつつあるも、「能ある鷹は爪を隠す」の諺の如く其の本心を隠蔽しあるものにして、如何《いか》に官憲の弾圧行

わるるとも台湾人青年層の潜在意識を如何ともすること能わざるべし

検挙・取調にあたる高等警察から事件概要の通報を受けた台湾軍司令部では「被疑者の心境」に驚愕すると同時に、「大部の本島人に関する限り其程度に深浅こそあれ殆んど通則と評するも過言にあらず」ととらえている。ここから台湾人の「皇民化」が一朝一夕に行かないという現状を踏まえて、今後は「官民の今数倍努力と真剣味とを要する」と注意を喚起している（以上、「陸支密大日記」一九四〇年、第二一号、防衛省防衛研究所図書室所蔵）。

一九三七年・三八年の対岸・島内の民族独立運動弾圧

前述した一九四〇年二月の外事警察の拡充の際に作成された説明資料には「本島に対する諸種の策動亦漸く熾烈と為り」として、三七年・三八年に「対岸に於ては台湾籍民を中心として」中華台湾革命党、台湾革命党、台湾同胞抗日復土総連盟、中国台湾鋤奸団特派委員会、光復台湾同盟会、台湾革命青年行動委員会、台湾民族革命総同盟などの「不逞団体を組織し、台湾の祖国復帰を画策すると共に、島民の抗日団体への参加を強調するもの噴出し」と観測していた（これらのうち半分は未検挙。「公文類聚」第六四編・一九四〇年・第四〇巻）。厦門在住の台湾人民族主義者による台湾同胞抗日復土総連盟は、三七年の結成直後に参加者四、五人が検挙されたという（向山寛夫『日本統治下における台湾民族運動史』、一九八七年）。

これに関連して、かつて台北地方法院判官であった勝山内匠は大阪控訴院検事などを経たのち上海に駐在していたが、四〇年八月の司法省刑事局『思想月報』第七四号に台湾革命団体連合会の結成について報告している。『台湾先鋒』掲載の李友邦報告の翻訳で、「台湾革命運動が台湾全島に普遍すれば台湾の治安は自然擾乱化となり、日本の侵略政策もそれに依って相当の打撃を受けることは必定であり、又対支作戦の烽火も中途にてその発展を喰止めることが出来るであろう。之を見ても、台湾の革命運動と祖国の抗戦とが如何に密接の関係を有するかを大体に於てその一端を覗い知ることができる。即ち台湾の革命運動が強化するに従って、祖国の抗戦に対する援助が大きくなる」などとあった。当然、こうした動向への台湾側の警戒は高まっただろう。

先の説明資料では、対岸の活発な民族独立運動に影響され、「本島一部民衆中に之に眩惑盲動するものを生じ」たとある。その事例としてあげられたのは江保成事件、興中会事件、潘敬銀事件、王憲桐事件、林森煊事件などで、いずれも三七年から三八年にかけて検挙捜査中とする。江保成事件については次項でみることとし、興中会事件についてみると、日中戦争全面化以降、三七年一二月、在台中国人が興中会ないし台湾華僑抗日救国会という抗日秘密結社を組織したとして約三〇〇人を検挙した。向山『日本統治下における台湾民族運動史』によれば、「全くの冤罪で証拠がなかったために、取調べは長期にわたり、官憲は証拠に代る自白を強要して逮捕者に苛烈な拷問を加えた」という。多くの獄死者を出した。三二人が刑法の対敵通謀罪で起訴され、四三年の第二審でいずれも懲役一八年から一五年の刑を科せられた。

以上の事件の検挙の経過や検察送致・起訴などの司法処分の状況については、四〇年に至って検察送致・起訴にまで進行したと推測される。それが前掲の**表7**にある四〇年の検察官の新受理人数一四一人、起訴者数六二人の過半を占めるだろう。四〇年の不起訴者は六九人と多いが、これには「大部分中国人にして、事変に乗じ台湾の支那復帰をさくしたるものなるが、事件当時既に主なる者は逃亡帰国したる為、捜査困難となり挙証十分なる能わず、中止処分に付せられたるものなり」という注記が付されていた（以上、「公文類聚」第六四編・一九四〇年・第四〇巻）。

江保成事件

一九三七年・三八年段階の対岸・島内の各種事件のうちで、江保成事件が起訴者数の多さや主要人物に対する重罪という点からみても最大の規模であったと推測される。

高雄州旗山郡の江保成が「住民多数の参加をえて企図し、一九三八年（昭和一三年）初め蜂起直前に発覚して弾圧された抗日蜂起計画」で、「住民の多くは、西来庵事件の軍隊による住民に対する暴圧を見聞し、抗日気分が旺盛であった」という。江保成自身、「一七、八歳で西来庵事件に参加し、蜂起鎮圧後に指名手配されながら一五年も山中に潜伏して時効完成後に自首して免訴された経歴」だった。

三七年一二月三一日の警察官吏派出所襲撃計画は警察の探知のために未遂に終わり、一斉検挙がおこなわれた。江保成らは山中に逃走したが、江も三月初旬に検挙された。四〇年二月五日、治安維持法違反で一〇九人が検察局に送致された（以上、向山『日本統治下における台湾民族運動史』）。

四〇年九月二〇日、台南地方法院の予審が終結した。予審判官岩淵止は江保成ら四六人のうち四四人を公判に付す決定をおこなった。予審中に死亡した三人は公訴棄却となった。司法省刑事局『思想月報』第七八号（四〇年九月）に収録されたこの終結決定書をみていこう。

在台湾華僑の統括組織である台湾中華総会館は高雄州に旗山中華会館を設けると、台湾奪還を実現するために台湾奪還陰謀秘密会を開催し、「民族意識に燃ゆる本島人同志」の獲得をめざすことになり、江保成に働きかけたとする。江保成については「性奸智に富み、詭弁に長じ他人を籠絡するに巧にして、夙《つと》に民族意識に燃え、帝国の台湾統治に反感を抱き居りたる者」とされる。この旗山郡の州境地帯にはかつての西来庵事件の影響がなお残り、「不逞の徒に策動され易き温床地帯を形成し居りたる」とされた。

三三年、江保成は旗山中華会館の阮宝治から「将来日支開戦の際、台湾を奪還に来る支那軍に加担する本島人同志を募集し、之を旗山中華会館に加入せしめ、愈々《いよいよ》右開戦の場合、台湾進攻の支那軍に協力し山地に於て謀叛を起し、日本軍の後方攪乱を企図せられ度き旨依頼され」、快諾したという。そして、「自己を首領とし中国の援助を受け、暴力手段を以て台湾総督政治を転覆し、台湾を中国に復帰せしむべき我が国体の変革を目的とする秘密結社を組織せんことを決意し」、三七年四月、「台湾華僑抗日救国会」旗山支部を結成した。

江保成は三三年六月から三七年六月にかけて各地で「祖国中国の過去の台湾統治を謳歌すると共に帝国の搾取圧迫の不法性、中国の国力兵力武器等の強大優秀性、暴力に依る台湾総督政治の転覆及台湾の中国統治下に復帰の確実性等に関し自己の抱懐せる意図信念を披歴し」、同志の獲得に奔走する。その結果、江と各被告人の間に「無名の秘密結社」を結成し、それらを大組織にまとめたうえで、一二月には翌年一月一日を「暴動決行」と決め、警察官派出所などの襲撃を準備したという。この決行前に一斉検挙となった。

こうした行動は「国体」変革を目的とする結社の組織、および加入という治安維持法第一条の前段と後段に該当するとして、公判に付す決定となった。

判決は四〇年一二月に下され、江保成は死刑、五人が無期懲役、五人が懲役一五年などの厳罰が科された（『思想月報』第七九号〔一九四一年一月〕、判決文は不明）。江は高等法院上告部まで争ったが、四一年九月一〇日に上告は棄却（判決文は不明）となり、九月二二日に死刑が執行された（『台湾総督府官報』に公示）。この死刑判決は台湾の治安維持法運用において最初であり、しかも判決確定直後に死刑の執行となったことは、台湾総督府が民族独立運動への断乎たる処断方針を示したといえる。

向山『日本統治下における台湾民族運動史』は、「江保成抗日陰謀事件が匪徒刑罰令の犯罪構成要件に該当しながら適用を免れ、治安維持法で処理されたのは、主に匪徒刑罰令の適用によって島内外に抗日ゲリラ活動が旺盛であった領有直後のことを台湾人に想起させ、島内の治安情況に不信の念を懐かせることを避けようとした官憲の意図による」と指摘する。妥当な指摘とはいえ、治安維持法による処断もかつての匪徒刑罰令に劣らないものだった。

もう一つ、『思想月報』（第七九号、四一年一月）に治安維持法違反事件の予審終結決定書が収録されている。四〇年一二月二八日、台南地方法院の予審判官岩淵止が台湾同胞抗日復土総連盟の薛応得ら五人に治安維持法第一条第一項前段と後段を適用し、公判に付した決定である。検挙や台湾への移送、警察・検察の取調状況などは不明である。

台湾同胞抗日復土総連盟は「日支開戦の機に乗じ中華民国蒋介石政権の対日交戦を援助し、中国をして勝利に導き、同国援助の下に暴力手段を以て台湾総督政治を転覆し、台湾を中国の統治下に復帰せしめ、台湾人の更に大なる自由と解放とを求むる我大日本帝国の国体を変革することを目的とする秘密結社」とされた。

薛応得は台湾文化協会や台湾民衆党に入党し、厦門で医院・薬局公司などを経営していた。「夙に民族意識に燃え、日本帝国の台湾統治に反感を抱き居」り、総連盟を結成して活動するほか、秘密結社の台湾革命党にも参加していたとする。日中戦争が全面化し、三七年八月下旬に厦門日本領事館が引き揚げると、薛は「俄然活発なる活動を起し、在厦門中国政府要人等と緊密なる連繫を保つと共に多数会員を獲得し、台湾要塞地帯の偵察報告及其の地図等を作成して中国政府に提供する等積極的党活動を展開し来りたる」とされた。その後の公判や判決の結果は不明である。

「帝国の本島統治に不満」を標的に

一九四〇年に治安維持法の運用は検察官受理一四一人、起訴六二人と前年から急拡大した。向山『日本統治下における台湾民族運動史』が四一年五月の治安維持法違反検挙事件として、「三民主義台湾青年党事件」を取りあげている。台南州東石郡の公学校教員李欽明ら数人が「中国と相呼応して日本を敗北させ、台湾の中国復帰を実現しよう」と組織したもので、取調の際に李らは「堂々と信念をのべ」、懲役一〇年以上に処せられたという。

四二年の状況は不明である。四三年になると、「思想・時局関係犯罪事件検察官処分事件要旨表」によって概要が判明する。起訴は五件四七人、起訴猶予は二件一〇七人、その他一三人、未済一件四四人で、処分合計は八件二〇一人となる（処分合計は検察官受理数とみてよいだろう）。治安維持法違反事件については、次のような注記が付されている。長いが、重要な記録なので引用する（以上、台湾総督官房法務部民刑課「高等法院検察官長より通報（治安維持法、国防保安法の刑事手続を受くべき事件）」、国史館台湾文献館所蔵）。

一、帝国の本島統治に不満を抱ける台北州基隆郡下在住の金鉱業従業員請負業者等が日支事変勃発するや、日本軍の敗退、支那軍の台湾来攻は必至なりとして秘密結社を組織し、来攻する支那軍を援助し、本島の支那復帰を企図す（一件七十一人、前年未済、起訴二十三名、起訴猶予三十五名、死亡十二名、嫌疑不十分一名）

一、帝国の本島統治に不満を抱ける台南州嘉義市周等郡下等在住の本島人が事変勃発に伴い一部在住支那人も加入せしめたる秘密結社を組織し、前記類似の陰謀を企図す（一件八人、前年未済、起訴二名、起訴猶予一名、未済五名）

一、曾《かつ》て無政府主義運動の為処罰せられたることありたる本島人を中心として事変の勃発に乗じ、前同様の陰謀を企図す（一件二十二人、前年未済、起訴一名、起訴猶予二十一名）

一、寺廟廃止、神像焼却の政策に反感を抱ける台南州北港郡下在住の農民を中心とし、同郡及同州東石郡下在住の一部本島人が類似宗教団体を組織し、支那事変に際し支那側と呼応し台湾の独立を企図す（一件十人、前年未済、起訴二名、起訴猶予八名）

一、昭和十五年中に処罰されたる江保成一派事件（台南高雄州下に於て帝国の統治に不満を抱ける本島人が日支事変に乗じ秘密結社を組織し、台湾の支那復帰を企図したるもの）の関係者にして、其の後発覚検挙したるもの（一件一人、前年未済、起訴猶予）

一、台北州在住の支那人が大東亜戦争の勃発せんとするに際し秘密結社を組織、米英軍に呼応し暴動を起して本島の支那復帰を企図す（一件十九人、前年未済、起訴七名、未済十二名）

一、帝国の本島統治に不満を抱ける高雄州下鳳山郡、同東港郡下等在住の本島人を中心として秘密結社を組織の上、大東亜戦争勃発するや、帝国の敗退、米英支連合軍の台湾上陸は必至なりとし、連合軍に呼応、台湾の独立を企図す（二件四十九人、前年未済、起訴十二名、起訴猶予三十七名）

一、帝国の本島統治に不満を抱ける高雄州旗山郡下在住の本島人を中心として秘密結社を組織し、前記類似の陰謀を企図す（一件二十七人、未済）

一、其の他中止事件を再起の上、起訴猶予の処分に付したるもの一件四名

一、以上の中、七件一五九名は昭和十七年中に処分未済なりしものなり

「帝国の本島統治に不満」とあるようにすべてが民族独立運動に属するといってよい。まず日中戦争期では先の江保成事件と同様に中国軍来攻の際に加担する秘密結社を組織し、後方攪乱をおこなって台湾独立を企図するという構図である。基隆郡や嘉義における弾圧事件については不明である。高雄州鳳山や東港についての事件についていては後述する。基隆郡下の秘密結社事件で死亡者が一二人と多くなっていることは、取調中の残虐な拷問の多用を推測させる。

次に「寺廟廃止、神像焼却の政策に反感を抱」いて「類似宗教団体」を組織し、台湾独立を企図するものに対する弾圧である。すでに不敬罪の発動に際して類似宗教に関連したものが目立ってきていたが、それが治安維持法の発動にも至った。実際には他にもあったと思われる。日本国内、そして朝鮮においてもそうした状況

は生まれていた。

東港鳳山事件

アジア太平洋戦争期になると、連合軍の台湾来攻に加担し、後方攪乱に従事して台湾独立を企図したという治安維持法の発動が散見される。

前項引用中の高雄州鳳山郡・東港郡下の事件については、敗戦後の一九四六年一月に事件の中心人物の一人で、潮州郡特高警察課長だった仲井清一に対する報復殺害事件に関連した史料が手がかりとなる（この殺害事件については和田英穂「台湾における戦後処理の問題点――台湾人処理方法と東港鳳山事件をめぐって」を参照〔『尚絅学園研究紀要』A．人文・社会科学編　第五号、二〇一一年〕）。それは台湾省行政長官公署高雄州接管委員会による「日人仲井清一被人殴斃詳情在偵査中」に作成された「東港鳳山事件の概要」という文書である（「東港鳳山殺人」、国家発展档案管理局所蔵档案）。仲井殺害事件後に、おそらく敗戦前の特高資料をもとにして、元特高関係者と思われる日本人によって書かれているが、その間の事情は不明である。

日米開戦を前に、島内には「台湾は最悪の場合、作戦遂行上抛棄され、内地と中断さる、戦争に日本が勝っても負けても本島人に損はない」などの流言が飛ぶ一方、高雄州では米英軍の来攻に備えた日本軍の軍事施設の急拡大にともなって「軍人軍属の部落民に対する暴行、軍の威を借る軍関係者の横暴等に基因し、厭戦気運並に反軍的感情醸成せられたる」という状況だった。「東港鳳山事件の概要」によれば、同事件は次のようなものとされる。

本事件は民族的偏見より我一視同仁の台湾統治に信倚《しんい》せず、我国力を過少《ママ》評価せし一部本島人有識者階級が日英米国交関係緊迫するや、日英米開戦必至にして開戦せば帝国敗戦は決定的にして、米英軍来攻亦《また》必然的なりとし、其の機会を利用し全島一斉に蜂起し来攻米英軍を援助し、之をして台湾を占領せしめ、台湾より帝国の勢力を駆除し、以て台湾の独立を実現せんと計画したるものなるが、其の関係者の大部分は智識階級者にして各地方の指導的立場に在り、且つ運動主能部《ママ》は自由職業者なるため其の運動手段は常に合法的組織を利用する等巧妙なる秘密活動を継続し来りたるものなるが、米英軍の上陸予想地点たる東港鳳山両郡下に亘り、而して組織活動熾烈化し、米英軍来攻を昭和十七年一月頃と予想し着々と武装蜂起計画を進めたりしものにして、其の計画蠢動《しゅんどう》深刻且《か》つ熾烈なるものありたり

「捜査処理経緯」によると、四一年八月、開戦となって「支那軍の飛行機が空襲して来たら、我等は真先に桜井巡査をやっつける」という黄允南の放言の探知を端緒に、「何物か秘密計画あるに非ずや」と内偵を進め、一一月八日、「不穏事態防止の為の早期検挙」として黄ら二二人の検挙が開始された。「内容に付ても判然たらざりし結果、其取調困難を極めしも、遂に陰謀計画あること判明せり」というが、「判明」に至るまでには猛烈な拷問による事件のフレーム・アップがあったことは間違いない。

しだいに州会議員で開業医の呉海水と弁護士の欧清石を中心とする陰謀事件とする構図ができあがり、「両人の検挙に重点を置き、之が捜査取調を進め」、鳳山方面だけでなく東港方面へも範囲が広がった。四三年九月一五日の第一一次まで断続的な検挙がつづくなかで、四二年六月八日に呉海水が、九月二三日に欧清石が検挙された。二人については「何れも台湾統治は一視同仁の実なく、人材登用の不公平、教育機会均《ママ》等、内台人差別待遇ありとし、台湾人は被征服民族なるが故に常に悲惨なる生活を忍従し居るを以て、政治的社会的に自由を得んためには台湾総督政治を転覆し、台湾の独立を企図せざるべからざる信念を抱懐し居りたる」とされる。

呉は鳳山方面で「本陰謀計画遂行のための無名秘密結社」を、欧は東港方面で「無名秘密結社」を組織し、

それぞれ同志や資金の募集に努めたとされる。欧の場合、四二年三月までの間に「東港方面に於ける軍事施設其他の状況調査、計画実行方法等に関する具体的方針等に関し会合謀議を為し」たという。東港方面では「知情加入其他関係者」約二〇〇人が検挙されたが、欧らの起訴処分後は大部分が釈放されたという。また、鳳山事件では鳳山街の現職助役ら一二人が検挙され、さらに「知情加入其他関係者」六〇数人が取調をうけたという。全体では三〇〇人近い検挙者と多くの証人の取調があったと推測される。

東港鳳山事件の拷問図「座飛行機之図」
国家発展档案管理局（台北）所蔵档案

四二年一二月九日の第一〇次検挙前後に警察から検察局への送致が始まったらしく、一四日から鳳山事件に対する下秀雄（高等法院検察官）、鳥飼虎雄（高雄地方法院検察官）の取調が始まり、四三年九月から林藤香（高等法院検察官）、西川金矢（台北地方法院検察官）に取調が引き継がれ、一一月一四日に呉海水ら二人が高雄地方法院に予審請求された。この段階で三三人が起訴猶予となっていることは、事件の虚構性を推測させる。四三年六月からは林藤香と佐々木道雄（台南地方法院検察官）により東港事件の取調が始まり、九月一五日に欧清石ら一〇人が予審請求された（四人は起訴猶予）。四四年一月八日に東港事件の、三〇日に鳳山事件の予審が終結し、一二人全員が公判に付されることになった。

二つの事件についての高雄地方法院の公判状況や判決は不明である。東港事件では欧清石は死刑に、張明色（東港漁業主事）が無期懲役となるほか、三人が懲役一五年という重罪だった。

「無名の秘密結社」の組織が「国体」変革＝台湾独立を目的とするとみなされ、治安維持法第一条の適用となった。結社への「知情加入」でも懲役一〇年と七年が各二人、五年が一人だった。全員が上告したが、高等法院ではやや減刑された（後述）。

鳳山事件の判決でも結社行為と目的遂行行為が認定されたが、呉海水は懲役一五年、蘇泰山（鳳山国民学校保護者会長）は懲役一〇年となり、それぞれ服罪した。

「東港鳳山事件の概要」の判決一覧表には、欧清石と洪雅（懲役七年）が四五年五月三〇日に「爆死」したとある。台北大空襲の犠牲になったと思われる。また、「概要」には四人の受刑中の「病死」が記されている。拷問を原因とする獄中死であった可能性が高い。

仲井殺害事件に関連して行政長官公署高雄州接管委員会に提出された「鳳山人民呈訴」には東港事件の冤罪の訴えのほか、「加害者姓名及所属官衙名表」として法院判官・検察官・高雄州警察部高等係員・東港憲兵隊員の名前、欧清石を筆頭とする被害者一七八人の名前が列挙される（事件のために八人が「死亡」とする）。そこには「極刑拷具列記」として「世界未曾有之飛刑拷具」などの三つの挿絵（「はじめに」扉と二四五頁）とともに、「先用威嚇」「火烙」「大咬豚」などの説明がなされ、黄允南ら四人の拷問死（四二年一月から四三年五月）が記されている。

台湾独立・中国復帰を志向する運動への発動

一九四四年についても台湾総督官房法務部民刑課「高等法院検察官長より通報（治安維持法、国防保安法の刑事手続を受くべき事件）」が史料源となる。台湾の高等法院検察官長から司法省刑事局長・大審院検事総長・朝鮮総督府法務局長・同高等法院検事長・関東局行政課長・同高等法院検察官長・「満洲国」司法部刑事司長

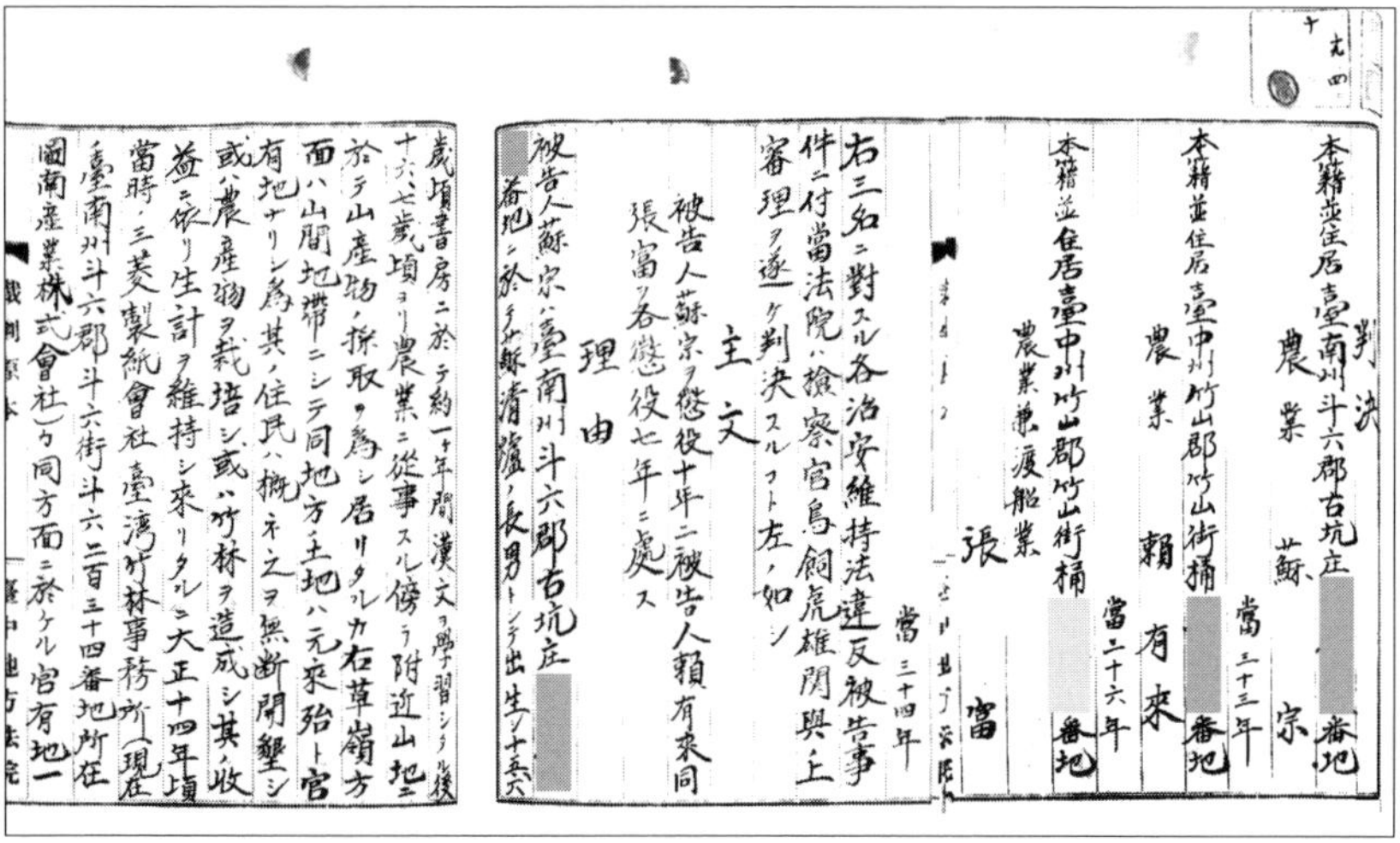
判決
本籍並住居臺南州斗六郡古坑庄[redacted]番地
農業
蘇　宗
當三十三年
本籍並住居臺中州竹山郡竹山街構[redacted]番地
農業
頼　有来
當二十六年
本籍並住居臺中州竹山郡竹山街構[redacted]番地
農業兼渡船業
張　富
當三十四年
右三名ニ對スル各治安維持法違反被告事件ニ付當法院ハ檢察官島飼虎雄関與ノ上審理ヲ遂ケ判決スルコト左ノ如シ
主文
被告人蘇宗ヲ懲役十年ニ被告人頼有来同張富ヲ各懲役七年ニ處ス
理由
被告人蘇宗ハ臺南州斗六郡古坑庄[redacted]番地ニ於テ小作業蒲瓊ノ長男トシテ出生シ十五六歳頃書房ニ於テ約一ヶ年間漢文ヲ學習シタル後十六七歳頃ヨリ農業ニ従事スル傍ラ附近山地ニ於テ山産物ノ採取ヲ為シ居リタルカ右草嶺方面ハ山間地帯ニシテ同地方土地ハ元来殆ト官有地ナリシ為其ノ住民ハ概ネ之ヲ無断開墾シ或ハ農産物ヲ栽培シ或ハ竹林ヲ造成シ其ノ収益ニ依リ生計ヲ維持シ来リタルニ大正十四年頃當時ノ三菱製紙會社臺灣竹林事務所（現在臺南州斗六郡斗六街斗六二百三十四番地所在圖南産業株式會社）ヲ同方面ニ於ケル官有地一

蘇宗・張富・頼有来に対する治安維持法違反事件判決
「司訓所―昭和十九年禁錮以上合議部判決原本」第六冊

宛に随時「治安維持法違反事件判決写結果通報」が通報されていた（この史料中には京都地方法院検事正や徳島地方法院検事正からの「治安維持法違反事件判決写結果通報」も収録されている）。高等法院検察官長は、同じ報告を法務部長・地方法院検察官長・各州知事・憲兵隊長らにも通報している。そのなかに治安維持法違反事件として、法院の判決結果四件、地方法院検察局からの予審請求一件が含まれる。

三月一五日の高雄地方法院の判決は前述の「旗山・鳳山・東港事件」に対するもので、欧清石に死刑、張明色に無期懲役、郭生章ら四人に懲役一五年、三人に懲役一〇年、二人に懲役七年、一人に懲役五年という厳罰が下された。一一月一五日の高等法院上告部判決では欧清石は無期に、張明色が懲役一五年、三人が懲役一三年、二人が懲役一〇年、一人が懲役七年、二人が懲役五年とやや減刑され、刑が確定した。欧清石らは獄中死する。四五年九月に出獄できたのは一三人中四人のみだった。

四月一〇日、台中地方法院は蘇宗に懲役一〇年、張富と頼有来に懲役七年を言渡した。この事件に関する検挙や検察局送致の状況などは不明だが、二月二四日の予審終結決定とともに判決文が残されている。三菱竹林事件で田畑山林などを取りあげられ、強制的な賃貸契約を結ばされていた蘇宗は「台湾に於ける帝国の統治に民族的反感を抱」いていたとされ、さらに「祖父・伯父が土匪討伐の際に日本軍に銃殺されたことを聞知、愈々帝国に対し怨恨を深くし密《ひそか》に右鬱情を霽《は》らし、本島人に対する圧迫を排除すべき機会の到来せんことを念願するに至れる」という。「将来帝国の統治を推翻することを目的とする結社を組織するに当り、同志糾合の手段として相互扶助を標榜する結拝（神前で義兄弟を誓うこと）を盟約し置くに如《し》かずと思惟し」、日中戦争の全面化以降は中国軍の台湾来攻時に蜂起し、独立を企図して秘密結社の組織を決意したとされる。

頼と張も「夙に民族意識に燃え、支那事変勃発して戦火拡大するや、物資、特に飯米の不足を来し、各所に畜牛の徴発多く、又防空施設及該訓練の実施せらるるは敵機来襲必至の状勢に在るが為なり等の噂を聞くに及び、該事変は近き将来に於て帝国の敗戦に帰すべしとの民族的反感より発したる希望的妄断を為し居りたるものなるところ」、蘇宗の企図に賛同し、三八年三月に「無名の秘密結社を組織」し、適当な人物の物色と加入を勧誘することを協議決定するほか、六回にわたって「所謂相互扶助を標榜する結拝を為し」たとされる。肝心の秘密結社が「無名」であるなど、事件の実態は茫漠としており、中国軍来攻時の蜂起なども警察・検察による空中楼閣の類であろう。

しかし、公判では蘇宗に対する司法警察官の訊問調書などが証拠とされ、有罪が認定された。「国体」変革の結社組織という新治安維持法第一条前段を適用し、懲役一〇年などを科した（「司訓所―昭和十九年禁錮以上合議部判決原本」第六冊）。

五月一六日、台南地方法院は陳龍旗に懲役一三年、葉連捷に懲役六年の刑を言渡した。これに先立つ三月一四日、台南地方法院は范本梁に懲役一二年を科していたが、五月三一日の高等法院上告部の判決は范の上告を棄却した（四五年に獄中死）。これらの事件についても具体的な内容は不明である。なお、新台湾安社事件で二八年二月二七日の台南地方法院判決で懲役五年を科された范本梁と同一人物の可能性がある。

七月四日、台北地方法院検察局（検察官北川定務）は謝氏娥・中山英昌ら三人を台北地方法院に予審請求（起訴）した。謝は「医師の立場より漢民族を救済せんと念願し居り」、「支那事変勃発するや帝国は人道を無視し、支那を侵略せんとするものなりとし、更に戦局の進展に伴《つ》れ漢民族は帝国の侵略に遭い、既に滅亡に瀕せるものと妄断し、寧ろ漢民族の一人として民族と共に滅亡せんと決意し、昭和十七年六月頃より重慶に至り、女軍医として蒋介石軍に協力せんことを企て、渡支の機を窺い居りたる」とされた。

中山英昌については台北工業学校四年生の頃、「内地人生徒が本島人生徒に暴行を加えたること等より内地人に対する反感憎悪の念を抱き、次で内地人の本島人に対する侮蔑的言動或は官憲の島民に対する専恣《せんし》横暴の所為ありとして、内、台差別的待遇存するものと做《な》し、殊に本島人は元来漢民族なるを以て帝国の統治下に在るは島民の最も不幸とする所なるにより、寧ろ台湾を支那に復帰せしめんと念願し居りたる」とする。

謝氏娥や中山英昌らは四四年一月頃から交友を重ねていたが、「互に共鳴して更に民族意識を鞏固《きょうこ》にし、茲に台湾をして帝国統治権の支配より離脱せしめ、以て国体を変革する事を目的とし、其の目的の実現に関し協議をなさんことを企て」、重慶の蒋介石軍の一員として活動することや、重慶軍の台湾進攻時には一斉蜂起し、謝氏娥は「毒物を兵営内の水道に注入して将兵屠殺の為毒物の準備を為し」、中山は勤務先の炭鉱からダイナマイトを持ちだして手榴弾を製造することなどを協議したとされた（以上、「高等法院検察官長より通報（治安維持法、国防保安法の刑事手続を受くべき事件）」）。その後の予審、公判・判決がどうなったかは不明である。

四五年一月一六日の『台湾総督府官報』は寥大賓の死刑執行を公示する。どのような犯罪とされたのか不明だが、常習賭博、殺人、治安維持法違反などの併合罪で四四年八月一日に台南地方法院で死刑判決が下されて

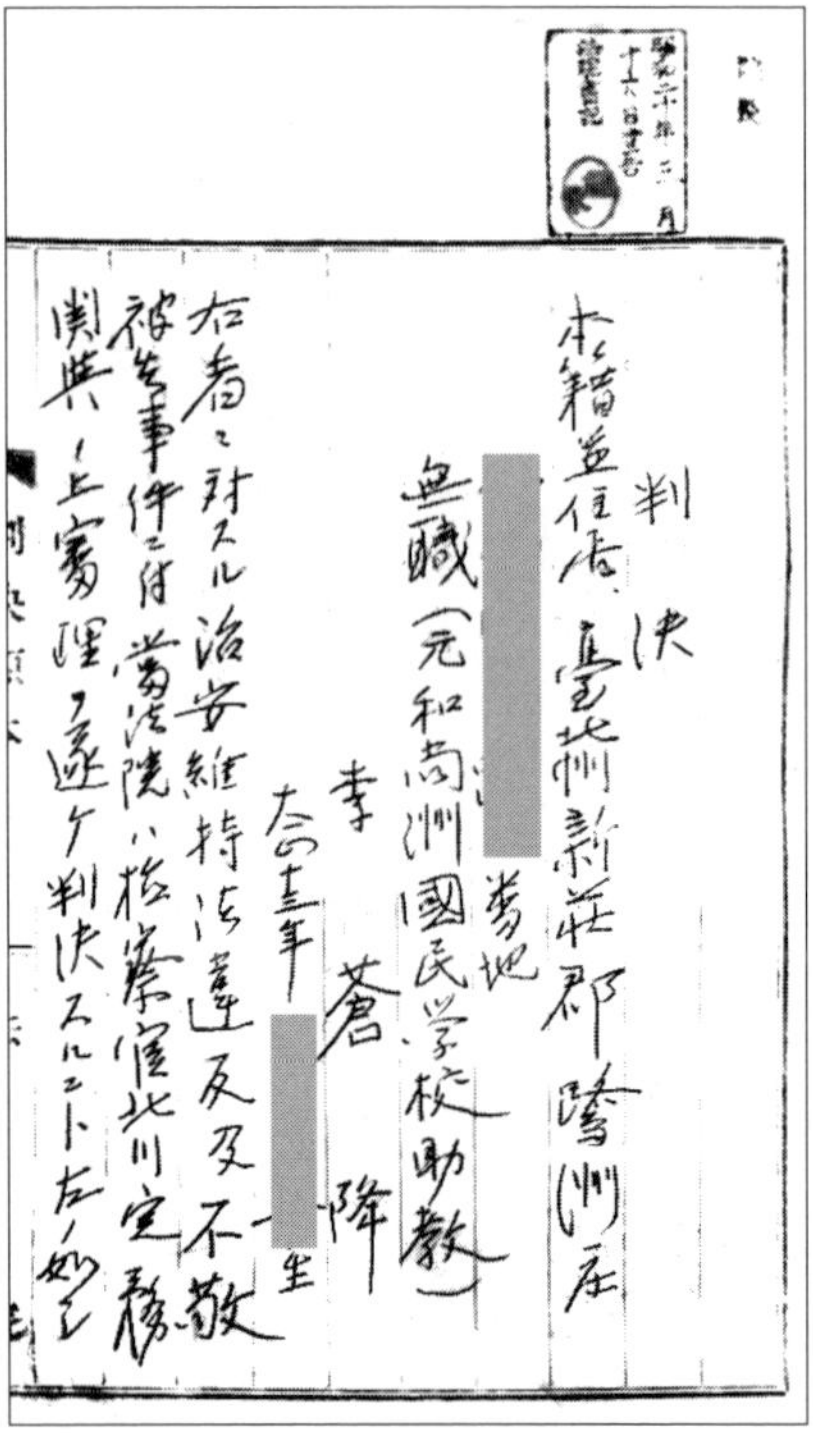

判決

本籍並住居　臺北州新莊郡鷺洲庄　番地

無職（元和尚洲國民学校助教）

李　蒼　降

大正　年　生

右者ニ対スル治安維持法違反及不敬被告事件ニ付当法院ハ検察官北川定務関与ノ上審理ヲ遂ケ判決スルコト左ノ如シ

李蒼降に対する治安維持法違反事件判決
「台北地院―刑事判決原本昭和二〇年第三冊三月」

いた。一二月二〇日には高等法院上告部で上告が棄却となった。この確定を受けて、一月一〇日に刑が執行された。

現在のところ、治安維持法違反事件として最後とみられる判決は李蒼降に対するものである。四五年一月一二日、台北地方法院予審（予審判官上野謹一）は新治安維持法第五条（「国体」変革の協議・煽動）を適用して、公判に付す決定をおこなった（「台北地院―予審終結決定昭和二〇年」）。そして、三月一六日、台北地方法院判決（裁判長二反田真一、検察官北川定務）は李蒼降に懲役五年を言渡した。

李は「濃厚なる民族意識の懐持者」とされ、「大東亜戦争に於ける日本の敗戦の危機到来に乗じ、島内に革命的の暴動を企図して帝国の統治権を覆滅すべしとの信念を抱懐するに至り」、四三年一〇月頃には「台湾の支那復帰に関する計画書を作成」したとする。「低調なる民族意識は民族文化の振興に依りてのみ躍動せしめ得べきものなりとの信念に基き」、中学時代以来の友人に「本島人大衆、殊に青年階級の民族意識昂揚の基底たるべき民族文化の発揚振興の為めには書籍又は雑誌等の平易なる記事を以て直接大衆及青年層を啓蒙すべきか、又は是等の指導的立場に在る智識階級の指導啓発を緊要とすべきか」について協議したことが罪に問われた（「台北地院―刑事判決原本昭和二〇年第三冊三月」）。

三　治安維持法以外の法令活用

不敬罪の発動

高等法院検察局が作成した一九四三年分の「思想／時局関係犯罪事件検察官処分表」には前述したような治安維持法違反事件も含まれるが、「思想犯罪」「時局犯罪」全体でみると検察官の処分（受理者数）合計は一七二件三八九人で、そのうち起訴が一〇三件一三三人となっている。治安維持法違反は受理者数の五割以上を、起訴者数では三割以上を占め、戦時下の「思想／時局関係犯罪事件」では主たるものであったことがわかるが、同時に治安維持法以外の法令によって補完されることで戦時下の治安が確保されていたことにも目を向ける必要がある。

治安維持法違反以外で多いのは不敬罪や陸・海軍刑法違反、言論出版集会結社等臨時取締法違反などで、それぞれ起訴では四件四人、一五件一五人、三件三人となっている。ほかには要塞地帯法、防空法などがある。業務上横領や詐欺／横領なども「時局犯罪」として分類されているだろう（台湾総督官房法務部民刑課「高等法院検察官長より通報（治安維持法、国防保安法の刑事手続を受くべき事件）」、国史館台湾文献館所蔵）。

前節で台湾軍「支那事変と本島人の動向」第三〇号（一九四〇年五月）から施儒珍らの治安維持法違反事件をみたが、そこでは台北帝大医学専門生ら二人の不敬罪にも言及されていた。具体的な内容は不明だが、ある会合の席で「我《わが》　皇祖皇宗並に皇室に対し極めて不敬の言動を為したり」という。

一九四三年七月七日、台北地方法院単独部（判官福田重雄）はカフェ女給秋本芳江に懲役八月を言渡した。戦時下で稼業収入が激減したことなどからこの女性は「不運を痛嘆するの余《あまり》、自棄的心情に陥り」、新聞に掲載された天皇の写真に対して「自身の悲境は戦争に基く増税、酒類の値上等に原因するものにして、右は　天皇陛下の御仕業なりと思惟するに至り、茲に勃然として　陛下に対し奉り憎悪感を覚え、遂に　御尊顔の部分の紙面を毟《むし》り取」ったことが不敬行為とされた（「台北地院―刑事判決原本昭和一八年第七冊七月」）。この事件は先の「思想／時局関係犯罪事件検察官処分表」中の不敬罪での起訴の一つかもしれない。

四四年一月二九日、台中地方法院単独部（判官二反田真二）は一九歳の中学生陳栄昌と鄭栄華に言論出版集会結社等臨時取締法と不敬罪を適用して、それぞれ懲役二年六月を科した。「学業操行共に不良」で、陳は「校紀紊乱の廉《かど》により無期限謹慎の懲罰」を受けたことに反感を強め、鄭とともに「同校職員等を危害すべき目的」でハガキに「日本負ける　米英勝つ　日本語廃止　米英語使え　今上天皇死んだ　長谷川〔清〕総督死んだ」と記載して台湾総督宛に投函したとされた。これに不敬罪とともに、「時局に関し紊乱すべき事項を流布したる」として言論出版集会結社等臨時取締法を適用した（「台北地院―刑事判決原本昭和一九年第一冊一月」）。

五月一五日、台中地方法院単独部（判官佐山恭彦）は元青年学校助教諭吉村勝安に不敬罪で懲役二年を言渡した。「在住せる地の庄民等は日本精神を体得せず、旧来の陋習《ろうしゅう》に泥《なじ》みて得々たるもの多く、民族的反感を抱くものすらありたるを以て被告人は公憤に不堪《たえず》、之を匡正に焦慮し居りたる」ところ、「自己の神経衰弱」も昂進し、台湾人への民族的反感を募らせた結果、「軽率にも日本の国体の尊厳を冒瀆して其の憤懣の情を開発せんことを決意」し、「大東亜諸民族と相密計し米、英、ソと相計り、陛下を大匪賊頭と取扱い帝国を全滅し大和民族を皆殺せんとする時局下云々」「斬る　天皇死」などと書いて新聞社などに投函したとされた（「司訓

所―昭和一九年禁錮以上単独部判決原本仮綴〔四〕〕)。

なお、前述した李蒼降に対する判決では治安維持法違反だけでなく不敬罪でも処断されていた。台湾征服戦争時の北白川能久の「淫蕩無類」についての記述が「其の尊厳を冒瀆すべき不敬の行為」とされたため、量刑は加重されて懲役五年となった。

言論出版集会結社等臨時取締法の発動

言論出版集会結社等臨時取締法とはアジア太平洋戦争開戦直後の一九四一年一二月一九日に公布、二一日に施行された臨時の戦時法で、国家総力戦遂行の妨害となるものを排除し、国論の統一と流言蜚語の取締の徹底強化を目的とした。既存の陸・海軍刑法では「軍事に関すること」に限られ、警察犯処罰令では軽罪であったため、使い勝手のよい取締法が必要とされた。それらよりも刑罰を加重している。治安維持法違反とされる事犯が一定のイデオロギー性をもち、組織性・集団性を有するのに比べて、臨時取締法違反では思想性・イデオロギー性の薄い個人的言動が対象となった。日本国内では違反とされる事件は偶発的、無知に起因する場合が多く、大半は警察・憲兵段階で訓戒・釈放され、検事局への送致・起訴率は低い。おそらく台湾でも同様と推測されるが、よりきびしく運用された可能性が高い。

四二年八月八日、台北地方法院単独部(判官平田半)は郵便局雇員の呂火土に臨時取締法第一八条を適用し、懲役八月を言渡した。呂は局内の便所の壁に「守れ、支那の蒋介石」と落書きをしたことが「時局に関し人心の惑乱を誘発すべき事項を流布した」とされた(「台北地院―刑事判決原本昭和一七年第八冊八月」)。

四三年九月、台南地方法院検察局では総督府気象台の雇と技手を起訴猶予にしている。「高千穂丸の遭難〔基隆沖で米潜水艦により撃沈され、乗客乗員八〇〇人以上がなくなった〕は下関駅長のスパイ行為によるものである、其の為同駅長は家族と共に銃殺された」と語ったことが「時局に関し人心を惑乱すべき事項を流布したるもの」として検挙・起訴されたが、「思慮浅薄なる青年の不用意の失言」であり、被疑者も深く反省しているとしての判断となった（「昭和十八年本島職員犯罪報告綴（二）」「台湾総督府档案・法務、会計参考書類」、国史館台湾文献館所蔵）。「日治法院档案」資料庫に収録された臨時取締法違反事件から判断すると、四四年から活発に発動された形跡がある。

四四年二月三日、台北地方法院単独部（判官平田半）は苦力《クーリー》の陳亜柱に略式命令で懲役八月を科した。臨時取締法第一八条の適用である。陳は従弟が日本人苦力頭により殴打されたことや炭焼き業だった自らが零落したことについて、「台湾が大日本帝国の治下に在りて本島人は常に内地人に虐待せらるるが故なりと妄断し、極度に大日本帝国を嫌悪し、台湾を除きたる爾余《じょ》の大日本帝国を打倒し、台湾は本島人に依る統治を実現せんことを翹望《ぎょうぼう》し」、四三年六月、台湾総督府交通局倉庫の壁に「打倒日本」と大書し、「大東亜戦下時局に関し人心を惑乱すべき事項を流布したる」とされた（「台北地院―刑事判決原本昭和一九年第二冊二月」）。

九月一日、台北地方法院単独部（判官二反田真一）は発破夫の黄嘉善に略式命令で臨時取締法第一八条違反として罰金二〇〇円を科した。六月下旬、知人に次のように話したことが犯罪事実とされた（「台北地院―刑事判決原本昭和一九年第九冊九月」）。

日本はこんなに永く戦争して居るからもう戦力がない、中国の蒋介石は米英が援助するから必ず勝つ、現在支那はわざと日本軍に占領されて日本軍を奥地に引込んで居るが、日本は広大な土地を治める力がない、中国は仮令《たとえ》負けても滅亡しない、米英は金持で一日に戦艦数隻も出来る、しまいには日本は負けるに決って居る、現在の時局で支那から空襲を受けたら台湾は全滅されるだろう、我々は働いても仕様がない

九月一一日、台中地方法院単独部（判官橋爪八郎）は売薬商の王先家に略式命令で懲役四月を科した。王は

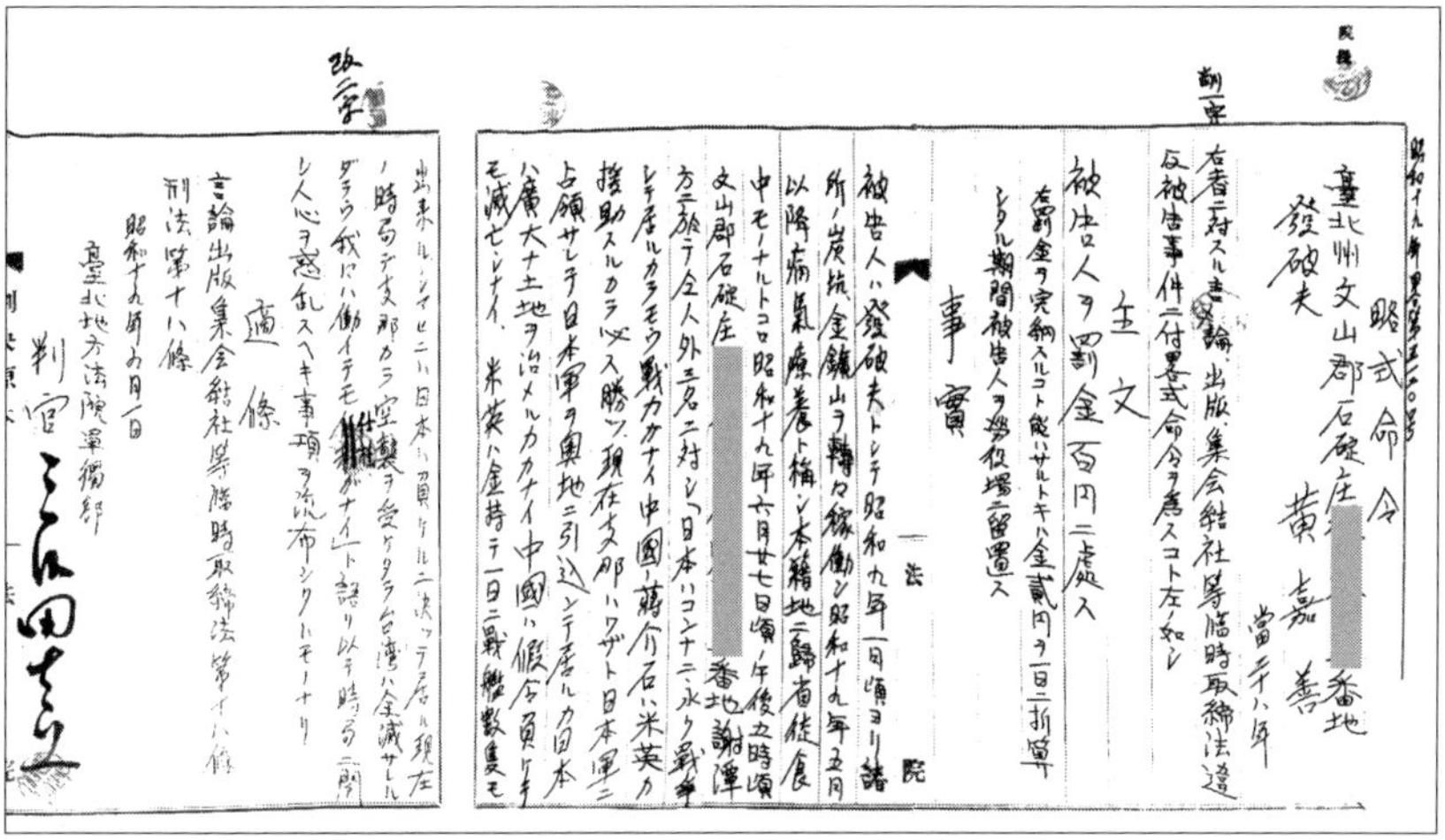
昭和十九年略第一二〇号

略式命令

臺北州文山郡石碇庄[redacted]番地
發破夫 黄嘉善 當廿八年

右者ニ對スル言論出版集会結社等臨時取締法違反被告事件ニ付略式命令ヲ為スコト左ノ如シ

主文

被告人ヲ罰金百円ニ處ス
右罰金ヲ完納スルコト能ハサルトキハ金貳円ヲ一日ニ折算シタル期間被告人ヲ労役場ニ留置ス

事實

被告人ハ發破夫トシテ昭和九年一月頃ヨリ諸所ノ炭坑金鑛山ヲ轉々稼働シ昭和十九年五月以降病氣療養ト稱シ本籍地ニ歸省徒食中ノモノナルトコロ昭和十九年六月廿七日頃午後五時頃文山郡石碇庄[redacted]番地謝潭方ニ於テ全人外二名ニ對シ日本ハコンナニ永ク戦争シテ居ルカラモウ戦力カナイ中國蒋介石ハ米英カ援助スルカラ必ズ勝ツ現在支那ハワザト日本軍ニ占領サレテ日本軍ヲ奥地ニ引込ンデ居ルカ日本ハ廣大ナ土地ヲ治メルカカナイ中國ハ假令負ケテモ滅セヌナイ米英ハ金持チテ一日ニ戦艦数隻モ出来ルシイセニハ日本ハ負ケルニ決ッテ居ル現在ノ時局テ支那カラ空襲ヲ受ケタラ台湾ハ全滅サレルダラウ我々ハ働イテモ[illegible]ガナイト語リ以テ時局ニ關シ人心ヲ惑乱スヘキ事項ヲ流布シタルモノナリ

適條

言論出版集会結社等臨時取締法第十八條
刑法第十八條

昭和十九年九月一日
臺北地方法院単独部
判官 [illegible]

黄嘉善に対する言論出版集会結社等臨時取締法違反事件判決
「台北地院―刑事判決原本昭和一九年第九冊九月」

生計困難となって「稍《やや》自暴自棄に陥り」、七月下旬、露店に於て「飯も腹一杯食べられぬ様な世の中に生きて居るより死んだ方が増しだ、自分は死ぬ気で居るから謀反や殺人なども平気で実行出来る旨」放言したことが、人心惑乱事項の流布とされた（「司訓所―昭和一九年禁錮以上単独部判決原本仮綴（四）」）。

九月一九日、台北地方法院単独部（判官佐山恭彦）は謝鄧氏東聯に略式命令で罰金三〇〇円を言渡した。六月、北部方面の女から聞いた話として「北部方面には若い女が多数慰安婦に徴発され、或者は顔色が悪く病気で帰され、或者はお腹が大きくなりお産の為に帰された、学校を卒業した元気な男は多数飛行機の色塗りに徴発されたそうだ」と語ったことに、臨時取締法第一七条の「造言飛語」が適用された（「司訓所―昭和一九年禁錮以上単独部判決原本仮綴（二二）」）。

台湾在住の日本人も処罰されている。一〇月一一日、台北地方法院単独部（判官二反田真一）は基隆市の会社員河村一男に罰金一〇〇円を言渡した（臨時取締法第一八条）。学制改革で進学の志望を断念した河村は「日本は科学力に劣って居るから何時も相手の真似ばかりしている、南方の戦局は日本が負けて居り……日本が戦争に負けて敵が台湾に上陸して来ても自分は英語が出来るから安心だ」と語ったことが、人心の惑乱とされた（「台北地院─刑事判決原本昭和一九年第一〇冊一〇月」）。

四五年になっても言論出版集会結社等臨時取締法の発動はつづく。一月二九日、台北地方法院単独部（判官平田半）は日稼の游春枝に懲役一年六月を言渡した（臨時取締法第一八条違反）。四四年一〇月一六日、五人の知人に「日本は勝った勝ったと発表しているが、事実勝ったとしたら何故日本の飛行機のみが墜落するか、墜落した飛行機は全部日本機ばかりで敵機は一機も墜落して居ないではないか、若し勝って居るとしたら、敵は台湾迄空襲に来ることは出来ぬ筈である、日本が勝った勝ったと言うのは民心を安定させる為である、日本は人も物も少いのに反し米国は人も物も多いから、米国は物質力で日本を潰《つぶ》して了《しま》う、此の戦争は日本が負ける」と「放言」し、「暗に我大本営の戦果発表を否定すると共に日本の敗戦必至を断定」するという軍事に関する「造言飛語」をなしたとされた（「台北地院─刑事判決原本昭和二〇年第一冊一月」）。

四月六日、台北地方法院単独部（判官平田半）は郵便集配手曹永錫に略式命令で罰金二〇〇円を科した（臨時取締法第一八条違反）。理髪店で曹は映画の幕合に「警察官が時局柄闇の品物を買わざる様慎めとの放送をしたが、今次闇の品物を買うなと謂うのは馬鹿野郎だ、闇の品物を食わねば餓死して仕舞う旨」話したことが、「経済統制を攪乱し、人心を惑乱すべき事項を流布したるもの」とされた（「台北地院─刑事判決原本昭和二〇年第四冊四月」）。

日本国内では四五年の言論出版集会結社等臨時取締法の発動状況が確認される。警察から送致された違反事件のうち、検事局が受理・起訴・判決確定などの状況を司法大臣・検事総長らに報告したもので、三月から一〇月まで二〇〇件弱の書類がまとめられている。それらのうち判決確定となったものとこの台湾の運用状況を比較すると、懲役刑においても罰金刑においても台湾での処断が総じて重いことがみてとれる。台湾では執行猶予が付された判決はないが、国内では懲役八月、執行猶予三年などの事例があった（拙著『「戦意」の推移――国民の戦争支持・協力』〔二〇一四年〕参照）。

陸軍刑法・国防保安法・軍機保護法の発動

戦時体制の進行とともに、防諜や造言飛語などに対する検挙と処断が増加し、厳罰化する。まず、陸軍刑法違反からみよう。

一九三九年四月二一日、台中地方法院単独部（判官福田重雄）は農民の陳別に「軍事に関する造言飛語」をなしたとして、陸軍刑法第九九条を適用し禁錮四月を言渡した。二月、知人に対して「日本は戦争に勝った勝ったと言って居ることは嘘で、事実は負けて居るのかもしれない」と放言したとされた（「司訓所―昭和一四年禁錮以上単独部判決原本第四冊」）。ここではまだ禁錮四月だったが、戦局の悪化とともにきびしい処断となっていく。

四三年九月一日、台中地方法院単独部（判官佐山恭彦）は飲食店並獣肉営業の趙従英に懲役三年を科した。「放蕩無頼」で周囲より「蛇蝎《だかつ》の如く嫌悪」されている被告は、四月、道路上などで多数の人に向けて「日本は貧乏で駄目だ、米英は金持だから必ず日本は負けて滅亡する、米英が勝つから俺は嬉しい……日本の国旗は使わないので捨てろ、米英の国旗を用意しろ、近い内に必ず米英の兵が上陸して来る、日本は負けるから防空用の砂袋や水等は用意しなくともよい」と「放言」したとされた。趙は控訴したが、一一月一六日の台中地方法院合議部の判決（裁判長上田幸治）も懲役三年と変わらなかった（「司訓所―昭和一九年禁錮以上合議部判決原本第六冊」）。

四五年一月二九日、台北地方法院単独部（判官平田半）は職工の陳李財に懲役三年を科した。「生来饒舌にして国家観念劣しき」被告は鉄道工場の機械組立を指導するイギリス人「俘虜」と親しくなり、四四年五月頃から数回にわたり、「国語（日本語）又は所作等より日本に於ては今次戦争の為物資の欠乏甚《はなはだし》く、多く国民は粥をすすり居り、従て其の他の食糧品、衣料品、日用品の配給も殆んどなき状態なりと告げ……日本は今重慶政府と戦争中で日本は盛《さかん》に重慶を爆撃して居るが、兵力が少いから結局負ける、独逸も露国と戦争して居るが結局負けると国語にて語」ったことが「軍事に関する造言蜚語」にあたるとされた（「台北地院―刑事判決原本昭和二〇年第一冊一月」）。

軍機保護法違反とされたのは、要塞地帯への立入や写真撮影などである。それらが意図的でないとされると、略式命令で罰金刑となることが多かった。

四二年五月二七日の台北地方法院合議部（裁判長遠井金三九、検察官北川定務）は米国領事館通訳兼書記の林炳垣と同書記の陳可興にそれぞれ懲役四年を科した。国防保安法・軍機保護法、そして軍用資源秘密保護法の違反である。林は領事館内において「我国の国防上の利益を害すべき用途に供せらるる虞れあることを知り乍ら」、『台湾日日新報』や『興南新聞』などから米穀増産十か年計画・ガソリン其他代用燃料・志願兵制度・防諜などに関する記事を切り抜き、経済その他の情報収集にあたったこと、『台湾農会報』の米穀に関する記事を英訳し、報告書として提出したことなどが「軍事上の秘密を外国に漏洩」したとされた（「台北地院―刑事判決原本昭和一七年第五冊五月」）。

前述した一九四三年分の「思想／時局関係犯罪事件検察官処分表」には治安維持法違反事件などとは別枠で、「間諜／軍利妨害」があり、三件一一人が起訴となっている。その注記によれば、中国人がジャンク船で交易中に日本軍艦の動静などを探査したことが「間諜／軍利妨害」とされた。国防保安法違反と推測される。そして、この表を含む台湾総督官房法務部民刑課「高等法院検察官長より通報（治安維持法、国防保安法の刑事手続を受くべき事件）」には、四四年の具体的な判決内容も載っている。

浙江省寧波の魚商劉忠明やジャンク船船員王阿道ら七人は国防保安法の「間諜容疑」で四三年一二月、高等法院上告部に予審請求され、四四年二月にその予審が終結した。四四年四月五日の高等法院上告部の判決は劉ら三人に懲役一五年、二人に懲役一二年などの重刑となった。国民党関係者から物資の交易をしつつ「台湾に航し、軍隊、艦船、砲台、飛行機等の配備状態、並洞頭〔温州市〕台湾間に於ける海上の帝国艦船の警備の状況、港湾及び上陸地点、都市等の状況を探査して報告」することを依頼され、四四年一月にそれを実行したことが「敵国たる支那重慶政府の間諜を為したる」とされた。もう一つ、同様なジャンク船船長に対する七月一日の高等法院上告部の判決も懲役一五年となっている。

「高等法院検察官長より通報」綴の最後にあるのが、基隆市の漁業者劉林明・陳朝祥・邱清塗に対する四五年四月二五日付の高等法院上告部への予審請求である。罪名は「外患陰謀」で、起訴事実は三人が四四年六月頃から「大東亜戦争の現況より案じ台湾には近く敵の大空襲及敵軍の上陸あるべしと為し、斯る時期に上陸敵軍と呼応し、庄長外《ほか》資産家を襲撃殺害し、食糧其の他の金品を奪取し、食糧を敵軍に提供して助命を計るに如かずとの不逞思想を抱懐し居りたる」ところ、米軍機による空襲を受けると、「敵軍の上陸あるべく、右陰謀決行の時期迫れりと為し」たことが「敵国に軍事上の利益を与う」とされた。「待機」中に検挙となった。予審終結決定や判決がどうなったかは不明である。

「高等法院検察官長より通報」綴には、四四年九月二二日付で台北地方法院合議部になされた予審請求がある。「戦時騒擾」や傷害致死などの罪名である。台湾要塞化のためのラオ公用地建設に動員された特別勤労報国隊〈約三千人〉とその宿舎のある宜蘭市の住民の対立を原因に、相互の報復合戦がおこなわれるなかで発生した騒擾であった。被告とされたのは報国隊の荘水木ら八七人で、宜蘭市民は含まれていない。この司法処分の結果もわからない。

おわりに

台湾国家人権博物館特別展「私たちのくらしと人権」
中央の横断幕には「慶祝光復台湾」とある
(snet-taiwan.jp)

敗戦と治安体制の動揺

大蔵省管理局『日本人の海外活動に関する歴史的調査』通巻第一七冊台湾篇の「台湾統治概要」には、戦局末期には各地に分散的ながら民族独立運動の「不穏の傾向を生じつつ」あったものの、「島民の大部分は戦局の前途を注意しつつ、表面極めて平静に今次戦局の急転に遭遇したる」とある。この一九四五年八月の敗戦から一〇月の国民政府軍の進駐、そして中華民国の治安体制へと転換していく経緯を素描しよう。

ソ連の対日宣戦と進攻、ポツダム宣言の受諾などの報が伝わると、総督府は「当面の警察措置」として、八月一三日、「一、現在の平静状態を変革する行動は其の善悪に拘らず断乎之を取締ること　二、非常事態の発生に当り、其の措置を誤り徒《いたずら》に流血の惨事を招来するが如きことなく、慎重適切なる処置に出づること」という方針をとった。さらに一五日以降には次のような措置を実施した。

一、此の際、特に軽挙妄動を戒め、島内に対立を助成するが如き行動を為さしめざること

一、極度に内勤事務を圧縮し、特別警備隊の強化並に派出所勤務に之を充当し、警邏、巡察、不審尋問等に従事せしむること

一、思想動向、経済治安に関する情報の積極的蒐集を為すと共に、之が敏速なる通報連絡を為すこと

一、本島独立を希望する気運に付ては厳に之が査察を為し、独立運動を策する動向は断乎弾圧すること

敗戦の事態にも台湾における治安体制は存続・機能していたので、民族独立の動きにもっとも警戒を払い、「断乎弾圧」する姿勢はそのまま不変だった。

台湾総督府警務局では八月中に二度、「大詔渙発後に於ける島内治安状況並警察措置」をまとめている。その第一報では「全島民は余りにも事の意外に極めて深刻なる衝動に駆られ、一時呆然として其の言う所を知ら

ず」だったが、一時の「暗澹たる空気」が落ち着くと「民心漸次平静に帰し、現在に於ては感情に激し静謐《せいひつ》を紊るが如き事象発生の懸念無き迄に至りたるも、敗戦に伴う人心不安は覆《おお》うべからざるものあり」と観測している。そのなかでも注目すべき事象として、敗戦の発表後、「一部本島人の内地人に対する態度は極めて横柄にして、脅迫行為に出づる者も散発しあり」とする。また、国民政府軍の進駐後に「加えらるべき圧迫迫害は想像以上のものあり」とも予想する。そのうえで「本島治安の将来の見透し」について、「維持は漸次困難となるべき」とみている。

八月下旬と思われる「大詔渙発後に於ける島内治安状況並警察措置」第二報では、「治安状況も良好にして、現在迄何等の憂慮すべき事態の発生を見ざるも、他面民衆に対する警察力の漸次弱化するは止むを得ざる所にして、之が軽視の傾向漸く現れ、且一時の感傷より醒めて内台間に稍《やや》疎隔傾向を生じ、漸次不穏なる一部底流を生じつつあり」とみている。

有産階級や「皇民化せる青壮年」の間では重慶政権下においては「今日の如き安居楽業は到底望」めないとして、「本島の実情に応ずる自治体の樹立を要望、更に進んで本島独立を希求する」気運が濃厚とする。中国への復帰ではなく、台湾としての独立を志向する動きがあった。警務当局ではこれを「五十年の治政に対する成果」としつつ、現情勢下では認容しがたいとして、「阻止乃至民心指導」に努めているとする。

当面の治安上の憂慮すべき問題としてあげるのは、第一に民族独立運動系の「思想要注意人物」の動静である。日本国内でも朝鮮でも「満洲国」でも敗戦必至となるなかで、要注意人物の再リスト・アップと検挙・勾留などの「非常措置」を準備していたが、台湾では「本島接収前後に混乱を予想し、此の間隙に乗ずる不穏策動の懸念なきに非ざるも、目下憂慮すべき具体的事象発生なき」という見通しだった。

第二に「一般本島人中濃厚なる民族意識保有者の動向」である。これは把握しきれていない層に対する警戒で、「日本統治に対する不満反感より内地人に対し反感嫉視《しっし》し、或は内地人個人に対する怨恨報復を企図する徒輩の動向にして、重慶政権に切替えられたる混乱に乗じ反感怨恨に対する報復乃至は重慶政権に対する媚態策として在台内地人に対し迫害を加うべき気勢」を感知していた。なかでも「警察官に対する反感憎悪は極めて深刻にして、就中《なかんずく》特殊勤務者、即ち刑事、高等特務、経済専務、思想犯取調等に従事したる者に対しての反感憎悪は想像以上深刻なるものあり」と戦々恐々としている。

おそらく八月一五日以降、「民衆に対する警察力の漸次弱化する」なかで、新たな治安維持法や他の治安諸法令の発動はなかったと思われる。実質的にそれらを行使する力をもはや保有していなかったというべきかもしれない。

九月上旬より中旬にかけての治安状況の認識は警務局「大詔渙発後に於ける島内治安状況並警察措置」の第三報に示される。「本島民に光復（祖国復帰）意識初めて明確に体得せられ、特に壮年層を中心に高揚して、稍《やや》内台摩擦の方向へ展開する虞《おそれ》ありたる」一方で、「警察力は愈々《いよいよ》後退し、遵法意識は地を払い社会秩序はようやく困《ママ》乱せんとするに至り、国家権力の基礎を失いたる警察は其の執行に著しく困難を加え、無警察乃至《ないし》反警察的事案次第に多きを加え来れり」と悲観的である。ただ、その進行は「緩慢」なため、「概ね表面的平静を保持しある状況」とするが、国民政府進駐が予定される一〇月中旬以降は「死力を尽すも猶《なお》無警察に近き状態に陥るべき」と予測している。

こうした状況に、九月一〇日、国民政府軍進駐に対応する渉外機関とするために警務局と各州警察部に警備課、各庁警務課に警備係を新設した。さらに各州庁に特別警備隊を新設・増員した（以上、『資料集　終戦直後の台湾』第一巻所収）。日本国内と同様に軍隊の解体に備えて、治安警備力の強化を図ろうとした。

警察への反発と責任追及

この警務局自身の敗戦後の治安状況認識を、別の資料からあとづけてみよう。

駒込武『世界史のなかの台湾植民地』（二〇一五年）には「曾健民の研究によれば、多くの台湾人は高圧的な植民地支配の終焉を歓迎したものの、なかには戦争の終結に呆然とする者もいた。さらに、台湾は地上戦の戦場とならなかったために、総督府と日本軍は八月一五日以後も戦中と同様の威圧的な空気とともにその場に存在しており、しばらくは喜びを公然と表現することすらも困難であったという」とある。朝鮮においてはソ連軍が進攻してきており、八月一五日には朝鮮総督府はその権力行使を断念し、朝鮮民衆は文字通り「光復」、つまり独立を獲得したが、台湾の場合には総督府による支配は動揺しつつも、まだ存続し機能していた。

一九四六年二月一〇日付で外務省管理局南方課（斎藤）がまとめた「台湾の現況」をみると、「終戦前の島内情勢」は「台湾全島要塞化の目標の下に軍官民の意気高く、正に其の最高潮に達し」という状況であったが、八月一五日を機に一転する。「終戦直後は全島民を挙げて呆然とし、只管《ひたすら》静観の態度を持し居りたるも、日時の経過に伴い、台湾人の対内地人感情漸く悪化し、新聞及各地に於て結成せられたる三民主義青年団、学生連盟等に於ては日本誹謗の論盛《さかん》に行われ、警察の無力と相俟って各地に暴行、強盗、強要、立退要求等頻発し、或は従来の警察署、警察官吏派出所の襲撃、或は会社工場団体の指導者を殴打し、或は学生は登校せんとする内地人子弟を殴打する等の不祥事件」が発生する事態となったのである（『資料集　終戦直後の台湾』第一巻）。

敗戦後、日本政府は植民地の現状の情報収集に努めていた。九月二八日の閣議では、一三日付の「台湾治安概況」（陸軍の用箋に記載）が配布されている。そこでも八月一五日直後は「極めて平静」であったが、「時日の経過と共に漸次悪化の傾向あり」として具体的な事例を次のように列挙している。

●八月末、台南州（北港）下に於て本島人八名共謀の上、内地人殺傷の目的を持って鉄製鋒先を製作しつつありたる事実を発見、未然に之を防止し得たり
●又新竹州に於て夜間巡査二名通行中、数名の部落民は之を殴打せり
●更に台北州下に於て部落民共謀、警察官派出所を襲撃せんとしたる陰謀を未然に発見、事なきを得たり

また、「思想方面に於て、共産主義運動並に国民党運動を展開せんとする兆候看取せらる」とする。このような現状から、「愈々《いよいよ》重慶軍の上陸、我皇軍の武装解除、台湾総督府撤収後の本島人の内地人に対する圧迫等、治安上相当重大化する」と予想している（「閣議事項綴」一九四五年、国立公文書館所蔵）。

四六年四月二日付で新竹州総務部総務課の河野格が作成した「終戦後に於ける新竹州の諸状況概要報告」には、「警察力は終戦後、府州当局の民心安定治安強化策の指示にも不拘《かかわらず》、漸次弱化の傾向を表し、警察官殴打傷害事件各所に頻発し、派出所包囲による寄付金返還強要事件等あり、一面強窃盗の横行漸次活発化し、治安紊乱《びんらん》の徴を呈せり」とある。

五月一三日付の台湾総督府残務整理事務所「終戦後在台邦人の蒙りたる迫害状況（議会説明資料）」では「官公吏に対する迫害の状況」について、次のように記している。

官公吏中最も迫害を蒙りたる者は地方警察官なり……経済統制に関するもの多数……亜《つい》で思想外諜事件検挙に対する報復を企図し、中には支那事変発生当時に溯《さかのぼ》り司法処分の効果を否定するの訴を提起し、日本統治時代当然の権限に基き正当なる法律手続の下に完結せる事案に関し、官憲を謀殺し、元高等法院長、判官（裁判官）、検察官（検事）、司法警察官等多数を告訴し、中国側司法機関に於ても之を受理し、告訴人に拘引状を執行せしめ、右官憲を逮捕拘禁し、審訊《しんじん》せるが如き（本案は後、陳儀長官の指示に依り引揚最終時に打切られたり）、又は家族を人質として帰国を阻止するが如き人道上問題となるべき事案を惹起

せり……結局警察は終戦後死亡三名、逮捕拘禁せられたる者五十余名、暴行傷害を受けたる者二百人以上（何れも概数推定）に達する犠牲を出せり

思想犯罪の処断にあたった高等警察・思想検察・思想判官らが告訴され、中国側司法機関がそれらの検挙や「審訊」にあたっていた（陳儀長官の指示で打切り）ということは注目に値する（以上、『資料集　終戦直後の台湾』第二巻）。これに関連して、大蔵省管理局『日本人の海外活動に関する歴史的調査』（通巻第一七冊　台湾篇第六分冊一、二）は「旧時代の国事犯は勿論直《ただち》に解放されたが、其の被疑者や既決服役中の者達は其の審理裁判に当った警察官、法院の判官、検察官に対する直接間接の報復となった。（程度の差があるが）其の為に犠牲となりて生命を失った警察官、帰国途上に於て呼び戻されて逆に審判の座に置かれた裁判官もある」とする。一般官吏と司法官で検挙されたものは二〇人以上、暴行傷害は一〇〇人以上という（『資料集　終戦直後の台湾』第一巻）。

抗日蜂起の容疑で治安維持法違反を問われ、重罪を受けた旗山・鳳山・東港事件関係者の「怨みは甚だ深く、捜査と検挙を指揮した終戦時の高雄州警務部特高係長、元同州潮州軍警察課長の仲井清一警部は、終戦後の一九四六年（昭和二一年）一月四日に進駐した中国軍の憲兵隊に呼び出されて事件関係者などに惨殺され、裁判に関係した判官と検察官も投獄された」（向山寛夫『日本統治下における台湾民族運動史』）という。

以上のように警察についてはある程度把握できるが、司法に関わる資料は乏しい。八月一五日以降、思想犯罪に対する起訴や予審終結決定・判決などがあったのかどうかも不明である（朝鮮においては公判中の治安維持法違反事件は「棄却」となる）。わずかに四六年四月二日付の前掲「終戦後に於ける新竹州の諸状況概要報告」中にある「終戦後台湾に於ける刑務所収容者の処置に関する件」についての記述が参考となる。

（八月一五日以降）原則として刑務所収容者は其の儘となし、只管《ひたすら》所内の平静を図ることとなしたるが、只《ただ》台湾の特殊事情より発生したる犯罪なる思想犯（台湾の中華民国復帰を企図したるものにして治安維持法

の適用を受けたるもの）（台湾には共産主義による受刑者なし）、国防保安法違反及軍事関係犯罪、外患罪等の適用を受けたる者に付ては最早《もはや》拘禁の目的消滅せるものと解せらるるのみならず、中国側の進駐あるときは第一着手として此種犯罪者の釈放を命ずるは必定なりと予想せられたるを以て、無用の拘禁を避くる意味に於て各刑務所とも同年九月十四日付を以て……先づ治安維持法関係の既決囚約六十数名を刑の執行停止により釈放し……且之種犯罪の未決囚も同時に保釈又は責付《せきふ》（親属などに預けて刑の執行を停止すること）により夫々《それぞれ》釈放し

国民政府軍進駐後の一一月二日には、「至極平穏裡に台湾省高等法院庁の接収を完了せり」という（以上、『資料集　終戦直後の台湾』第一巻）。

新竹州では八月一五日の時点で「治安維持法関係の既決囚約六十数名」が刑務所で受刑中だったこと、その「刑の執行停止」による釈放が九月一四日であったこと、「国防保安法違反及軍事関係犯罪、外患罪等」などの受刑者や未決囚も釈放されたことがわかる。検察段階の思想犯罪被疑者もこれらに準じて釈放されたと推測されるが、警察段階の被疑者の取扱は不明である。台湾全体での「治安維持法関係の既決囚」の釈放などがどの程度の規模となったかもわからない。

朝鮮における思想犯罪受刑者や被疑者の大部分の釈放は「光復」直後の八月一五日から一六日に実現するが、台湾においては日本国内と同様に連合国軍進駐となる前の九月中旬になって実行された。日本国内や「満洲国」では責任追及を恐れて思想犯罪関係の書類が大量に処分されたが、台湾の場合はそれほどでもなかったのかもしれない。「日治法院档案」資料庫として地方法院段階の膨大な民事・刑事事件関係の資料の現存がそれを示唆する。

駒込武は前掲書において林茂生が、東港事件の「首謀者」として獄中死した弁護士欧清石の「獄舎の風は酸

にして打料は顫《ふる》える」という「獄中吟」を雑誌『政経報』四五年一二月号に掲載し、「之を読するに一字一血、日吏の惨酷無道、人をして切歯痛恨せしむる」と文を寄せたことを紹介し、「帝国日本の暴力により葬り去られた者への哀悼に発しながら、この暴力を担った日本人官吏による「惨酷無道」の責任を問おうとする態度がそこにある」と論じた。

台湾における治安体制の消滅

一九四五年一〇月五日、台湾前進指揮所主任葛敬恩が率いる国民政府軍の第一陣が台湾に到着し、六日から執務が開始された。台湾省行政長官兼台湾省警備総司令に任命された陳儀の到着は遅れ、それまで「当地一切の行政司法事務は従来の如く台湾総督府以下原有各級機関に依りて現状を維持継続せしむ」などという指令が発せられた。一〇月一五日前後と思われる中華民国台湾省行政長官公署の指令には「聞く所に依れば台湾全省各地に於て頻りに財物を強奪し、森林を盗伐し、黄牛を盗み之を密殺し、秩序を破壊し、衆人を集め賭博を為すことありと、実に不法の極みなり、速かに調査捕縛の上処断すべし……目下日籍官憲は依然確実に責任を以て地方の治安を維持し、怠慢不注意なることあるべからず、総て中華民国の法律及本処の命令措置に違反せざる様心掛け、依然服務を継続して行政を中絶せしめざる様、斯くて秩序は確保せらるべし」とあった（以上、『資料集　終戦直後の台湾』第二巻）。

陳儀

民俗学者で台湾総督府情報部嘱託であった池田敏雄は一〇月一〇日に訪ねた石橋警察部長から「正式の接収あるまで、

日本側官憲は現任務を続行せよというも、民衆が警察を信用しなくなった現在、警察行政ははなはだ困難なり。竊盗、殺人、強盗など横行す」と聞き、「民衆はこれら犯人をかばい、警察の威信を失墜させることに、むしろ快感を覚えている」と日記に書きつけている（池田「敗戦日記」『台湾近現代史研究』第四号、一九八二年一〇月）。

一〇月二四日、重慶から陳儀が到着し、二五日に台湾受降典礼（受降式）がおこなわれた。台湾が正式に接収され、「中華民国法制はこのときより台湾に施行されることとなった」（王泰升『台湾法における日本的要素』）。ここに台湾総督府による植民地統治は終焉し、それを強力に支えた治安体制、具体的には警察機構と司法機構も消滅した。敗戦とともにすでにその効力を実質的に喪失していた治安維持法や他の治安諸法令の廃止の日時は、総督府統治が消滅した一〇月二四日といえる。それを法的に確認したのが、台湾行政長官公署が「台湾省民を搾取・圧迫するすべての法令を廃止と指令」（笹本武治・川野重任編『台湾経済研究資料編』）した一一月三日となるだろう。

一一月一日から台湾総督府と第一〇方面軍の所属機関と部隊の接収が開始され、約一カ月で完了する。地方の官衙や陸海軍部隊などもやや遅れて接収となった。

前掲新竹州総務部総務課「終戦後に於ける新竹州の諸状況概要報告」によれば、日本行政機関の接収後、警察部の各課長は留任した。治安については「強窃盗の横行激しく集団強盗の出没尠からず、日本人本島人の別なく襲撃せらる有様なる……一般民の中国警官に対する態度は揶揄《やゆ》的にして警察の威力更に無く、治安益々紊乱の状態に陥りつつあり」という状況だった。なお、「蕃情」について「現在日本人警察官は其儘《まま》留用せられ居る為め一般に平穏なるも、中国人官吏の派遣に対しては之を喜ばざる傾向にあり、将来の事態は注目に値するものあり」とある。

四六年二月一〇日の青柳報告「台湾事情」には「警察威信なし」とし、台北北警察署が一〇月白昼に「無頼漢約二〇〇名」によって襲撃され、警官二人が死亡するほか、北署管内派出所は全部襲撃を受けたという（『資料集　終戦直後の台湾』第一巻）。

五月二四日の「留台日第四報」にも「終戦後、台湾総督府の警備力弱化したるに乗じ、都市と村落とを問わず治安は急激に悪化し、特に日本人に於ては民族的の反感よりする暴行為も加わりたる為、不安甚しく増大し」とある（『台湾引揚・留用記録』第一巻）。

この前後の状況を『台湾経済研究資料編』年表から関連事項を拾ってみよう。

45．12．20　台湾民衆、警務処の日本籍警察の留用に反対
46．1．15　台湾省漢奸総検挙に関する規程を公布
　　1．22　台北市民千余名、物価暴騰抗議にデモ
　　2．3　警備総司令部公告：台湾省の漢奸検挙数は、澎湖県を除き、総計三百件に達したという
　　3．20　警備総部参謀長柯遠芬、治安の悪化に鑑み国府軍を警備に当らしめて匪徒の消滅を計ると声明

二・二八事件から「動員戡乱時期国家安全法」へ

「台湾における治安維持法」のたどった軌跡は、ほぼ一九四五年までで一応の終結となる。戦後の日本においても、韓国においても、その治安維持法体制は断絶しかけたにもかかわらず連続継承され、それぞれの戦後史および現代史に大きな影をおとした。国民党政権下の「中華民国」となった台湾においても、同様に「治安維持法」的なものの再現があったことは確かであるが、それを論じることは私の能力のおよぶところではない。

本書が終始依拠してきた王泰升の成果を最後も借りることで、その連続継承の一端のみを確認しておきたい。

二・二八事件

「法の暴力」が再び猛威を振るったのである。

「中国の内地から来た国民党政権の台湾人に対する扱いは、日本植民政権よりも「悪かった」」。そして「「少数（族群）の統治」を維持するために、恐怖政治を行い、民衆を威嚇した」。「一九四七年に起きた「二二八事件」で、台湾本地人は日本統治中期の経験によって政府の施政に抗議の意を表わしたが、国民党当局の中国から派遣された軍隊によって鎮圧された。兵隊による横暴な殺人行為、とくに本地の政治的指導者に対する不法な逮捕監禁ないし殺戮は、まるで日本人が西来庵事件を鎮圧したことを思い出させ、人びとは意気消沈し、落胆した」（王〔鈴木敬夫訳〕「植民地下台湾の弾圧と抵抗——日本植民地統治と台湾人の政治的抵抗文化」『札幌学院法学』二一巻一号、二〇〇四年九月）。

二・二八事件の犠牲者の数は一万八〇〇〇人から二万八〇〇〇人と推定されている。

王『台湾法における日本的要素』（二〇一四年）には「一九五〇年代から一九八〇年代の後期まで、国民党政府は、中国から移植してきた「動員戡乱《かんらん》（反乱鎮圧のための総動員）、戒厳法制」に従い、情報部門と軍事審判機関により、「合法的に」いずれのエスニックグループ〔本省人と外省人〕にも存在した政治に異議をとなえる者たちを鎮圧した。戦後の国民党執政時期において、死刑を科すことが多かった「懲治叛乱条例」等は日本統治時代の「匪徒刑罰令」の焼き直しであり、一九八七年の戒厳令解除後、公布された「動員戡乱時期国家安全法」はあたかも日本統治時代の「治安維持法」のようであった」と論じている。

このうち、「一九五〇年から一九五六年の間、軍法機関によって処理された政治犯の中で死刑に処せられた政治犯は四六一人であり、三八人だけが無期懲役に処された」という（王「植民地下台湾の弾圧と抵抗」）。

あとがき

一九八〇年代後半、韓国と台湾における軍事独裁政権から脱却して急激な民主化へと進む流れは、二一世紀になってからの香港の民主化運動とともに東アジアの社会変革への大きなうねりとなり、市民間の連帯の気運も生みだした。同時期の日本においてはいくつかの新たな兆候をみせつつも、大きな流れとならないまま現在に至っている。そして、現在の香港は暗転して、国家安全維持法（二〇二〇年）下の逼塞を強いられる事態となった。

韓国や台湾における第二次世界大戦後の長い軍事独裁政権の存続に大きな役割を果たしたのが、それぞれの強固な治安体制であった。それを構成する治安法令（韓国においては国家保安法〔一九四八年〕や社会安全法〔一九七五年〕など、台湾においては懲治叛乱条例〔一九四九年〕）、その運用にあたる軍隊・警察・検察の治安機構・機能、そして反共を掲げる治安理念は、戦前日本統治期の治安体制を継承したものであり、残滓という側面も強くもつ。そうした意味で、両国の軍事独裁政権下の抑圧取締に日本の植民地統治は深くかかわっていた。

韓国・台湾いずれにおいても、軍事独裁政権に立ち向かう運動・思想は厳重で苛酷な弾圧取締によって大きな犠牲を強いられた。その実態は、戦前日本の植民地統治期の治安維持法違反者の犠牲さえも上回る。韓国の場合、韓洪九《ハンホング》（聖公会大学）さんのご教示によれば、その要因としては日本の植民地統治からの連続継承の面だけでなく、戦後のアメリカ軍政下の反共政策を考える必要があるという。台湾においては、蒋介石国民党政権の一九二〇年代以降つづいた反共政策の延長線上としても考えるべきだろう。

このような視点に立って戦前から現代に至る東アジアの情勢を眺めわたすとき、台湾と朝鮮という二つの植民地統治を支える治安体制がどのように形づくられ、植民地統治に反対する運動・意識をどのように抑圧し、取締をおこなっていったのかを考えることは、すぐれて現代的な問題といえよう。そのなかで植民地において治安維持法がどのように運用されていったか、可能な限りその実態を具体的に明らかにするという一つの課題が浮上する。本書はそれを台湾において試みた結果である。

しかし、こうした意義づけができるようになったのは私がこの主題に取り組んで、おぼろげに道筋がみえてきた時点以降のことであり、当初は主題として成立しうるのか心もとないものであった。今から振りかえれば、それは私を含めて過半の日本近現代史研究において近現代台湾史への関心が相対的に低く、論及も少ないという状況を反映している。朝鮮・韓国史、および東北部（「満洲国」）を含む中国史への関心と論及と対比すると、それは明らかであろう。

たとえば、本書でもIとしてあつかった時期、つまり日清戦争後の新領土としての台湾領有をめぐって、すでに一九八〇年代後半から「台湾植民地戦争」（大江志乃夫『日露戦争と日本軍隊』、一九八七年）、「日台戦争」（檜山幸夫『日清戦争　秘蔵写真が明かす真実』、一九九七年）、「台湾征服戦争」（原田敬一『日清・日露戦争』、二〇〇一年）などと新たな意味づけがなされてきてはいるものの、少なくとも私はそれを受け止めていなかったといわざるをえない。匪徒刑罰令について認識したのも、ごく最近である。

また、台湾近現代史のなかでも理蕃政策や保甲制度などへの研究の蓄積は多いものの、社会運動に対する抑圧取締では高等警察以外の司法的処分への関心と論及はほとんど見られなかった。許世楷『日本統治下の台湾——抵抗と弾圧』（一九七二年）や若林正丈『台湾——変容し躊躇するアイデンティティ』（二〇〇一年）には抵抗運動・民族運動への言及はあるが、「治安維持法」は一度も登場していない。背景には依拠すべき史料が少ないという制約もあった。

その史料的制約を一挙に打破したのが、台湾大学法学部の王泰升先生による「日治法院档案」資料の発見と整理・公開である。王先生は二〇〇〇年に「日本統治時代における司法文書の「発見之旅」」（王「日治法院档案の整理と研究」『台湾史研究』、二〇〇九年六月）に出発し、台北地方法院や司法官訓練所などに眠っていた植民地期の民事・刑事判決類を発見し、それらの整理とデータベース化を精力的に進め、ついに二〇〇八年に台湾大学図書館内に「日治法院档案」資料庫として公開するに至った。本書は文字通りこのデータベースにもっとも多くの学恩を負っている。それだけでなく、これらの新たな資料群を駆使して論述された王先生の植民地統治における「法の暴力」の論理とその実証的な考察にも大きな示唆をうけている。

＊

そして、この「日治法院档案」資料庫への具体的な道案内をしてくれたのが、許仁碩さん（現在、北海道大学大学院メディア・コミュニケーション研究院助教）である。許さんは台湾大学法学部在学中に王先生の「日治法院档案」資料データベースの構築にかかわった経緯を詳細に語ってくれただけでなく、「日治法院档案」資料庫・国立台湾図書館などの閲覧手続きや史料の所在についても懇切なアドバイスを惜しまれなかった。さらに、台湾にとどまらず韓国や香港における民主化の動きや見通しなどについて、自身の実践的経験を含めて解説してくれたことも大いに刺激となった。

治安維持法の「悪法」性をできるだけ広い視野から解明したいという一念から、朝鮮の場合と同様に、これまで未踏査の領域だった台湾近現代史の一端に踏み入ってしまったが、何とかかたちをなしえたのは王先生と許さんの導きのおかげにほかならない。お二人に心からのお礼を申しあげる。

この「日治法院档案」資料庫を糸口に、国史館台湾文献館や国立台湾図書館、国家発展档案管理局などの所蔵史料にもたどりつくことができた。それらの史料群の整理と公開にあたられた档案館・図書館の方々のご努力にもお礼を申しあげる。

＊

ほぼ本書の原型が固まった二〇二二年七月、「日本統治時代から戒厳令の時代、民主化を経て現代まで、白色テロの傷を負いながら生き抜いた」一九三〇年生まれの蔡焜霖の「人生でたどる、激動の台湾現代史」を描き出した『台湾の少年』（游珮芸・周見信作、倉本知明訳）が刊行された。とくに一九五〇年代、高校時代の読書会参加を理由に政治犯とされ、一〇年の刑を言い渡される第二巻の場面は、日本統治時代の治安体制そのものを見る思いだった。そして、太平洋上の緑島の収容所できびしい労働を科される蔡青年の姿は、本シリーズ第六巻『「満洲国」の治安維持法』であつかうことになる戦時下「満洲国」の監獄や矯正輔導院の強制労働を彷彿とさせるものとなった。

しかし、こうした強権的で不条理な境遇におかれたにもかかわらず、収容所生活を生き抜き、釈放後は当局の監視の目が光るなかでたくましく創意工夫に満ちた文化運動をつづける姿は、日本統治下の台湾知識人・民衆の不屈の精神をも類推させてくれた。

＊

本書もまた六花出版の山本有紀乃さん、黒板博子さん、岩崎眞美子さんらの丁寧で的確な編集によって刊行の運びとなりました。あらためて深くお礼を申しあげます。

二〇二三年三月二一日

荻野　富士夫

わ

や

ら

た

さ

主要人名索引

あ

な

は

ま

や

ら

た

索引

主要事項索引

あ

か

さ

［治安維持法の歴史Ⅴ］

台湾《たいわん》の治安維持法《ちあんいじほう》

著者――荻野富士夫
発行日――二〇二三年五月二五日　初版第一刷
発行者――山本有紀乃
発行所――六花出版
〒一〇一―〇〇五一　東京都千代田区神田神保町一―二八　電話〇三―三二九三―八七八七　振替〇〇一二〇―九―三二二五二六
校閲――黒板博子・岩崎眞美子
組版――公和図書デザイン室
印刷・製本所――モリモト印刷
装丁――臼井弘志

著者紹介――荻野富士夫（おぎの・ふじお）
一九五三年　埼玉県生まれ
一九七五年　早稲田大学第一文学部日本史学科卒業
一九八二年　早稲田大学大学院文学研究科後期課程修了
一九八七年より小樽商科大学勤務
二〇一八年より小樽商科大学名誉教授
主な著書　『特高警察体制史――社会運動抑圧取締の構造と実態』せきた書房、一九八四年／増補版、一九八八年／増補新装版　明誠書林、二〇二〇年／『戦後治安体制の確立』岩波書店、一九九九年／『思想検事』（岩波新書）二〇〇〇年／『特高警察』（岩波新書）二〇一二年／『日本憲兵史』日本経済評論社、二〇一八年／『よみがえる戦時体制』（集英社新書）二〇一八年

ISBN978-4-86617-169-2　